MÉMORIAL

DU

CONSEIL DE JURISPRUDENCE,

Séant à Paris, rue de Monsieur le Prince, n°. 12
près l'Odéon.

OU

TABLEAU ANALYTIQUE.

des décisions du Conseil;

Rédigé par LOUIS-FRANÇOIS-AUBIN LEFEBVRE, ancien
Avocat, Fondateur, en l'an neuf, de l'Université de Jurisprudence, Membre de plusieurs Sociétés savantes, Directeur-général du Conseil.

TOME PREMIER.

Quand la loi est claire, il faut la suivre ;
quand elle est obscure, il faut en appro-
fondir les dispositions ; si l'on manque de
loi, il faut consulter l'usage et l'équité.
PORTALIS.

PARIS,

AU CONSEIL DE JURISPRUDENCE.

M. DCCC. XI.

AVERTISSEMENT.

Le Directeur général du Conseil de Jurisprudence ayant promis de faire réimprimer les travaux du Conseil, depuis sa formation, remplit aujourd'hui les engagemens qu'il a pris.

Les deux volumes qu'il publie forment tout ce qui est sorti des presses de l'établissement, depuis le 1er. janvier 1808, jusqu'au 1.er janvier 1811.

A compter de cette dernière époque, l'ouvrage sera continué par numéros composés de deux feuilles, de quinzaine en quinzaine, *prix 15 francs* par année, rendu franc de port.

Les trois premiers numéros de l'an 1811 paroissent maintenant. Désormais la publication de l'ouvrage n'éprouvera aucun retard, l'abondance des matières permet d'en donner l'assurance la plus positive.

Si l'envoi du Mémorial ne s'est pas fait jusqu'ici avec une sévère exactitude, cela tenoit à des circonstances particulières qui n'existent plus.

L'on peut le dire, cet ouvrage est unique dans son genre, et le Conseil de Jurisprudence, le seul établissement qui existe en France, et qui mette ses travaux au grand jour : en les soumettant volontairement à la censure publique il paye une dette à la société qui confirme la pureté de ses motifs.

IDÉE GÉNÉRALE

Des Travaux et du Systéme d'Organisation du Conseil de Jurisprudence.

Ce Conseil, dont l'existence remonte au 1.ᵉʳ vendémiaire an 9, (22 septembre 1800), faisoit partie de l'*Université de Jurisprudence*, adoptée par l'Empereur en l'an 12, et dont les travaux ont été consacrés et sanctionnés par la loi du 22 ventose même année (1)

Depuis que cet établissement est connu

---

(1) Avant l'institution des Écoles de droit actuelles la science de la jurisprudence étoit enseignée dans des établissemens particuliers, auxquels l'Université de Jurisprudence servit de modèle. La théorie y fut appuyée de la pratique, et tout en formant des avocats et des publicistes, on créoit des orateurs par des préceptes et des exemples d'éloquence. Sa Majesté l'Empereur et Roi, à qui rien n'échappe, a reconnu l'utilité de notre institution, à l'instar de laquelle S. M. I. a ordonné l'organisation des Ecoles de droit; approbation immortelle qui

sous son nouveau titre, l'immensité de ses travaux en atteste le succès.

Le Conseil est gouverné administrativement par un DIRECTEUR-GÉNÉRAL, qui a pour collaborateurs, *douze Vérifica-*

---

fut et sera toujours la plus honorable, comme la plus précieuse récompense de nos veilles et de nos sacrifices.

Il est sorti de l'Université de Jurisprudence *quatre cents cinquante élèves* qui y avoient été envoyés de toutes les parties de l'Empire; presque tous exercent aujourd'hui la profession d'avocat près des Cours et des Tribunaux; plusieurs siégent dans la magistrature, et l'on en compte d'assez heureux pour avoir mérité la confiance du MONARQUE, et obtenu des fonctions d'Etat.

Il étoit impossible que cet établissement n'obtint pas des succès notables : le concours des branches d'enseignement propres à compléter l'éducation civile des citoyens voués à des fonctions publiques, la juste célébrité des professeurs et des membres de l'Université, ne pouvoient manquer de produire d'heureux résultats: M. le Comte MURAIRE, Conseiller d'Etat et premier président de la Cour de cassation, a honoré l'Université de sa présidence; M. GEOFFROI, si célèbre dans la carrière littéraire; M. GUICHARD, auteur d'ouvrages estimables de jurisprudence; MM. MORAND, PIGEAU, AGRESTI, tous trois Membres de l'Ecole de droit de Paris; M. PEUCHET, l'un des rédacteurs de la Statistique générale de l'Empire, étoient nos professeurs; MM. POIRIER, PORCHER, JOLLY, de CORBERON, LA CRETELLE aîné, LE VASSEUR, de MONTLAUSIER, avocats célèbres de Paris, composoient le Conseil.

En disparoissant comme école, l'Université de jurisprudence laisse de grands souvenirs et des traces vivantes de sa haute efficacité dans la génération qui commence, et dont les écoles perpétueront les sciences par le mode introduit par nous, et conservé par le plus sage et le plus puissant des Monarques.

teurs-généraux ; un par trois Cours impériales, et *cent-trente-deux Inspecteurs-généraux ;* un par département : les Vérificateurs résident à Paris, les Inspecteurs, dans le département qui est désigné à chacun d'eux.

Le Conseil, composé d'anciens membres de l'Université, tous avocats d'une réputation fondée sur des travaux éclatans, donne des consultations sur toutes espèces de matières ; il est divisé en huit sections.

I.re Section. *Affaires civiles.*

IIe. Section. *Affaires criminelles, correctionnelles et de Police ; demandes en graces.*

IIIe. Section. *Affaires de commerce.*

IVe. Section. *Affaires attribuées au conseil des prises maritimes.*

Ve. Section. *Affaires en cassation civile.*

VIe. Section. *Affaires en cassation criminelle.*

VIIe. Section. *Affaires contentieuses dont la compétence est dévolue par les lois au Conseil d'Etat.*

VIIIe. Section. *Affaires de comptabilité dont la connoissance appartient à la Cour des Comptes.*

Le Conseil tient, tous les quinze jours,

une séance générale alternativement présidée par l'un de ses membres.

La marche que l'on emploie pour résoudre les questions qui lui sont présentées, rend en quelque sorte ses décisions infaillibles.

D'abord, l'affaire consultée est soumise à un examen préparatoire dans les bureaux du Directeur-général, ensuite elle est envoyée aux Membres composant la section compétente : la première décision portée, un comité particulier fait un nouvel examen : si l'affaire présente des doutes, alors elle est discutée par les membres du Conseil en assemblée générale, ainsi une affaire subit, dans le même moment, tous les degrés d'examen que la loi exige pour les affaires portées devant les Tribunaux.

Indépendamment des consultations, le Conseil défend les particuliers devant les Cours et les Tribunaux établis dans l'Empire.

Pour mettre le public à même de jouir de ses décisions, il a été établi des Correspondans dans toutes les villes où siégent les Cours impériales, les Cours d'assises, les Tribunaux de première instance et de commerce, il y en a aussi dans les arrondissemens des justices de paix.

Les Correspondans adressent au Conseil les mémoires sur lesquels leurs cliens veulent obtenir des consultations. Ces mémoires doivent énoncer les noms des parties, les faits précis de la cause, et contenir l'énumération des questions à résoudre.

Les mémoires doivent être signés par les jurisconsultes, avoués ou autres Correspondans.

Le Conseil desire ce concours : 1°. pour ne point examiner le mémoire d'une partie, à l'adversaire de laquelle il auroit pu déjà donner une consultation sur le même objet ; 2°. pour ne pas être induit en erreur sur la nature ni sur le point de la difficulté.

MM. les Correspondans doivent avoir soin de laisser au Conseil le temps convenable pour rendre sa décision, et de ne réclamer célérité qu'autant qu'elle est nécessaire ; mais dans tous les cas possibles, un mémoire à consulter n'est jamais plus de vingt jours sans être répondu, d'après le mode employé par le Directeur-Général, pour l'expédition des affaires.

Plusieurs Correspondans auroient desiré que le Conseil fixât, dans ses Programmes, le prix de ses consultations ; cette mesure n'a pu être adoptée, c'est

(vij)

*en général l'importance de l'affaire, l'é-
tendue du travail et les facultés des Parties, qui sont la base des honoraires ;
mais ils sont toujours réglés de manière
à ce que les cliens n'ayent qu'à se louer
d'avoir mis leur confiance dans le Conseil.*

Outre ses Correspondans généraux et particuliers, le Conseil a un Directeur départementaire dans chaque département, et un Directeur d'arrondissement dans le lieu où siége un Tribunal de première instance. Ces Agens entretiennent des relations immédiates avec le Directeur-Général, l'Inspecteur-Général, et avec Messieurs les Correspondans-Généraux.

Le Conseil a aussi des Agrégés dans toutes les parties de l'Empire français, et chez les puissances chez lesquelles le Code Napoléon est en vigueur.

Messieurs les Correspondans et Messieurs les Notaires et Avoués du Conseil pourront recevoir la qualité de Membre agrégé, s'ils sont licenciés en droit.

Sont agrégés de droit au Conseil, Messieurs les Présidens et Juges des Cours et Tribunaux ; Messieurs les Procureurs-Généraux, Avocats-Généraux et Procureurs-Impériaux ; Messieurs les Inspecteurs, Directeurs et Professeurs des Fa-

(viij)

cultés de Droit, MM. les Avocats qui ont dix années d'exercice en cette qualité, MM. les Juges de paix licenciés en droit, ou qui ont exercés des fonctions qui leur en ont, de droit, conféré le titre.

Toute agrégation au Conseil peut être accordée sur la demande qui en est faite, en justifiant des qualités ci-dessus requises.

ORGANISATION GÉNÉRALE.

D'après les statuts, le Conseil de Jurisprudence doit avoir, dans chaque chef-lieu de département, un Directeur départementaire, dans chaque lieu où siége un Tribunal de première Instance, un Directeur d'arrondissement, il doit avoir en outre auprès de chaque Cour Impériale un Correspondant général, un Avoué, un Notaire et un Huissier; auprès de chaque Cour d'Assise, un Correspondant-général, un Avoué, un Notaire et un Huissier; auprès de chaque Tribunal de première Instance, un Correspondant-général, un Avoué, un Notaire et un Huissier; auprès de chaque Tribunal de Commerce, un Défenseur, un Notaire et un Huissier; auprès de chaque Justice de paix, un Correspondant-particulier, un Notaire et un Huissier.

Les Directeurs départementaires et d'arrondissemens , les Correspondans-généraux, les Membres agrégés doivent être choisis dans la classe des Magistrats et des Jurisconsultes les plus recommandables. Les autres Agens du Conseil, parmi ceux de chaque état qui jouissent de la meilleure réputation ; les Correspondans-Généraux , autant que possible, parmi les Avocats plaidans.

Messieurs les Inspecteurs-Généraux , surveilleront, chacun dans leur département, l'organisation de manière , à ce que tous les citoyens puissent jouir des avantages de cette institution.

MEMORIAL.

Le Conseil publie un Mémorial ou tableau analytique de ses décisions, format in-8°. , quarante-huit feuilles par an en vingt-quatre fragmens, de quinzaine en quinzaine, autant cependant que le choix des matières peut le permettre. L'abonnement est de 15 fr. par année, franc de port. En attendant la publication de l'*Encyclopédie judiciaire* et l'organisation du *Bureau patriarchal universel* dont on fera paroître particulièrement le programme. Le Conseil continuera de donner tous ses soins à un ouvrage qu'il desire rendre digne de la réputation de ses membres, de la confiance de ses lecteurs et de l'opinion généralement manifestée.

On s'abonne à Paris, au Conseil de Jurisprudence , dans les départemens, chez les Inspecteurs-généraux, les Directeurs départementaires et d'arrondissemens, et chez MM. les Correspondans et autres Agens du Conseil.

Le Conseil de Jurisprudence a vu avec une sorte de félicité, que ses travaux ont produit beaucoup plus d'arrangemens que de procès. Qu'un grand nombre de Juges de paix, de Maires, de Pasteurs ont consulté comme conciliateurs, en annonçant l'intention d'obtenir plutôt une opinion arbitrale que les bases d'une action ou d'une défense judiciaire. Par l'effet de cette prudence, la discorde n'a pas troublé tant de famille, et la paix de l'ame a accompagné dans son champ le cultivateur reconcilié avec son voisin.

Le Directeur-général du Conseil, ancien Avocat, Fondateur, en l'an IX, de l'Université de Jurisprudence, Membre de plusieurs Sociétés savantes.

LEFEBVRE.

MÉMORIAL

DU

CONSEIL DE JURISPRUDENCE.

Du 15 janvier 1808.

LE DIRECTEUR-GÉNÉRAL a ouvert la séance par le tableau des services que l'*Université de Jurisprudence* a rendus, depuis l'an 9, (1800) au barreau, a la génération actuelle et aux particuliers qui ont consulté les membres de cet établissement : il a ensuite développé la nécessité de restreindre l'Université en un Conseil de jurisprudence, où le même foyer de lumières produira plus d'utilité parce que son influence se divisera sur beaucoup moins d'objets.

« En l'an 9, continue le Directeur général, les ténèbres de la barbarie révolutionnaire couvroient encore la plus belle partie du monde, naguère la plus éclairée, et ce qui pouvoit faire craindre de la voir long-temps rester plongée dans cette sorte de cahos, c'étoit le mépris des sciences dans lequel on avoit élevé la jeunesse.

» Mais l'esprit naturel, l'honneur, l'amour-propre et le génie national qui distinguent le Français, nous rassurèrent ; et rattachant notre espérance à ces qualités, nous conçumes le projet d'élever une nouvelle école de droit, d'ériger des chaires corrélatives, simuler un Tribunal, pour exercer les élèves à l'oraison et à la plaidoierie, et de former un Conseil composé de jurisconsultes désignés par l'estime publique et par leurs succès.

» Vous avez vu, Messieurs, accourir en foule et de tous les points de la France, des jeunes gens impatients de connoître le droit; vous avez vu leur ardeur, leur émulation, et leurs talens se développer par une application et des progrès qui justifièrent l'opinion que nous avions conçue de nos compatriotes. Vous voyez aujourd'hui ces jeunes gens revêtus d'un caractère public, ramenant par leur éloquence les beaux jours du barreau, et marchant, les uns sur les traces des *Gerbier*, des *Tarjet*, les autres sur celles des *Seguier*, et des *Daguesseau.*

» A l'imitation de l'Université, l'Académie de Législation s'éleva et reçut dans son sein presque le même concours d'élèves.

» De ces deux établissemens brillèrent les premières étincelles de la récivilisation, enfin elle reprit toute sa splendeur par l'institution des Écoles Impériales de droit.

» Ces institutions impériales ne pouvoient être rivalisées par des établissemens particuliers; mais en cessant l'enseignement, l'*Université de Jurisprudence* a reçu une sorte d'immortalité. NAPOLÉON LE GRAND, nous conféra le pouvoir de donner à nos élèves des brevets équivalens aux lettres de *Bachelier;* nous pouvons nous flatter, MESSIEURS, d'avoir reçu un titre de gloire qui a couronné nos travaux dans les bornes mêmes que l'autorité souveraine a posées.

» Vous n'aurez plus le spectacle intéressant d'une jeunesse dont l'intelligence s'épanouit, d'une jeu—

nesse qui, par une instruction mâle, reçoit ce caractère de maturité si nécessaire à quiconque se destine à la profession d'avocat ; mais vous continuerez, comme par le passé, à les guider par vos solutions ; à discuter les questions les plus simples comme les plus compliquées ; à donner des avis sages ; à éclairer les parties sur leurs intérêts, et souvent prévenir des procès ruineux par votre manière de distinguer et de séparer le juste de l'injuste, et convaincre le plaideur le plus opiniâtre.

» Vous avez pensé que nous devions conserver de l'Université de Jurisprudence, le Conseil qui en faisoit partie, et publier les solutions qui en émaneront ; l'empressement avec lequel on invoque de toutes parts vos lumières justifient cette idée. Il semble même qu'affranchi des soins qu'exigeoit l'enseignement, le Conseil de Jurisprudence a acquis plus de confiance encore ; et en effet, sa marche, quant aux consultations, est plus rapide qu'auparavant,

» Nous n'avons pas cru devoir publier le *Mémorial de jurisprudence*, avant d'avoir une législation complette.

» Dans un ouvrage destiné à établir, d'une manière invariable l'opinion universelle sur tous les points de droit, sur les lois du commerce et sur les règles nouvelles relativement à la procédure, il ne faut rien insérer de provisoire, et jusqu'ici beaucoup de matières n'ont pu être traitées et jugées que suivant des règles à la veille d'être abrogées ou modifiées.

» Nous sommes arrivés à l'époque précise où la législation a réuni tous ses flambeaux. Au Code NAPOLÉON ont succédé les Codes du Commerce et de Procédure civile : ces corps de lois sont en vigueur ; il en naîtra fréquemment des questions nouvelles : vos solutions seront nombreuses, fondées sur l'esprit, le sens des lois et l'équité naturelle, et appuyées de jugemens et d'arrêts lorsque l'espèce soumise à votre examen aura été jugée par les Tribunaux ou par les Cours : dans les cas contraires, elles auront l'autorité de la sagesse qui préside à vos délibérations.

» C'est seulement de l'époque actuelle que date la Jurisprudence française.

» Dans le choix des matières dont sera composé le Mémorial, vos lumières nous seront d'un secours infaillible : devant contenir beaucoup de solutions par mois, nous aurons soin, ou de les varier, ou tout au moins de n'en multiplier chaque espèce qu'afin de former une sorte de faisceau de sentimens, d'opinions et de décisions pour ne laisser aucun doute sur chaque genre de difficulté, décidé de cette manière, et par une espèce d'unanimité.

» Quoique ces opinions, ces décisions soient émanées d'esprits et d'autorités dispersées sur divers points de l'Empire ; elles n'en formeront pas moins un corps de jurisprudence ; elles n'en seront que plus infaillibles, car venant de plusieurs sources respectivement indépendantes, et reposant sur les mêmes principes, sur les mêmes motifs, elles auront acquis le caractère de vérité et d'autorité qu'imprime à tout point de droit l'opinion universelle, c'est-à-dire, la sanction la plus irrécusable et la plus morale qu'il y ait dans le monde.

» Nous vous avons proposé, MESSIEURS, de retrancher du Mémorial toute espèce de discussion ;

vous avez pesé les raisons que nous en avons données, nous attendons le résultat de votre délibération sur ce point ».

Le Président du Conseil. — « MESSIEURS,
nous nous félicitons tous d'avoir pu contribuer à
l'action d'un établissement qui a communiqué son
être aux Écoles de droit. Le plus puissant des MO-
NARQUES, le génie le plus fécond, qui, crée avec
tant de combinaisons, de sagesse et de rapidité, n'a
pas dédaigné la création de l'*Université de Jurisprudence.* SA MAJESTÉ l'a adoptée dans son ensemble et l'a honorée d'un grand et mémorable
privilége en donnant le titre de *Légiste* aux élèves
qui en avoient suivi les cours, et en leur déférant
la capacité légale de recevoir le grade de *Licencié*
en droit.

» C'est-là le monument le plus glorieux de nos
travaux.

» Les établissemens conservateurs et propaga-
teurs des sciences appartiennent à l'histoire; le
nôtre a reçu le sceau de son utilité de la main la
plus puissante : sans NAPOLÉON LE GRAND, l'*Université de Jurisprudence* n'eut été que le chaînon,
à la vérité marquant, qui a rattaché les antiques
Ecoles aux Ecoles modernes de droit; par le Monarque, cette institution a acquis une part dans
les fastes de la postérité.

« Ce n'est point une chimère, MESSIEURS, et vous
le savez mieux que moi, que la reconnoissance de
nos neveux, des générations, est le prix des grands
talens, des conceptions généralement et perpétuellement utiles, des grandes vertus, des grandes et
sublimes actions.

» Nos jeunes confrères diront à leurs enfans que
nous leurs avons r'ouvert la carrière, et les prin-

cipes qu'ils ont reçus de nous et des célèbres professeurs qui ont si honorablement rempli nos vues, se perpétueront par le souvenir de la source où ils les ont puisés, et par la tradition qu'ils en feront successivement pour éclairer et diriger d'autres générations.

» Dans l'énumération que fera l'historien des institutions qui ont marqué les prémières années du grand siècle, on y verra les Écoles impériales de droit, desquelles il sera impossible de séparer l'*Université de Jurisprudence;* enfin elle sera classée, sinon parmi les prodiges de nos jours, au moins parmi les établissemens de première utilité; et la vérité est que par elle on a vu sortir, comme d'un tombeau, la science du droit, l'art de l'éloquence, la résurrection du barreau et de la magistrature.

» J'ai pu, MESSIEURS, oublier un instant la modestie dans laquelle plus que personne je dois me renfermer, pour porter mes regards sur le titre d'honneur acquis par le corps auquel j'ai l'avantage d'appartenir ; c'est vous, MESSIEURS, que j'ai félicité.

» Maintenant il nous reste à parcourir une carrière moins étendue, ou plutôt nous sommes revenus à celle que le sort nous a ouverte à notre arrivée au barreau.

» Nous sommes rentrés dans les bornes de la consultation......; que dis-je? cette sphère est immense : elle est infinie par la diversité et la perpétuité des questions; elle est neuve par l'état naissant de notre jurisprudence.

» Nouvelle législation, nouveau mode : le fond et la forme reposent sur les règles anciennes, mais indépendamment des modifications positives, il résulte de notre constitution civile , et de nos mœurs, qui ont subi une plus grande révolution qu'on ne le pense généralement, des modifications de fait beaucoup plus multipliées que celles qui se remarquent dans la comparaison des lois anciennes et nouvelles.

» Notre sphère est immense, car la clarté des lois et la précision des formes ne suffisent pas pour assurer l'action volontaire de la justice parmi les hommes; car l'intérêt personnel apprécie rarement les dispositions les moins équivoques et les plus correctes; car la mauvaise foi et les passions y cherchent toujours un sens injuste ; car enfin les meilleurs esprits ne sont pas d'accord sur la volonté du législateur, tant l'intelligence humaine est in-suffisante, imparfaite. Et comment seroit-il possible que les circonstances infinies qui varient et multi-plient les espèces permissent de prévoir tous les cas? Vous le savez, MESSIEURS. Autant de nuan-ces, autant de matière à difficulté ; et la source en est malheureusement et perpétuellement féconde.

» C'est un désordre insensible pour le corps so-cial, mais qui se disperse d'une manière bien fu-neste sur les particuliers et sur les familles.

» Notre ministère doit avoir pour objet prin-cipal de ralentir le cours, et diminuer le volume de ce mal qui participe de notre espèce et de l'essence des sociétés.

» Notre ministère ne doit pas être un vain es-poir pour l'homme juste qui réclame de nous, soit un guide pour sa conscience, soit un moyen pour la conservation de ses intérêts légitimes.

» Notre ministère ne doit pas être sans effet sur l'esprit de l'homme injuste ou passionné; nous devons intimider son audace ou sa passion par la sainteté de nos maximes, par la force de notre raisonnement , et par cette proscription respectable qui émane de la justice et de la conscience.

» Notre ministère est grave, délicat, indépendant. Notre indépendance consiste dans la vérité à laquelle nous appartenons, et dans. le droit de la faire entendre en faveur de la justice dont elle est la source.

» Si en remontant à cette source première on peut s'égarer encore, au moins on ne tombe pas dans le dédale où jettent la prévention, la partialité, et plus encore la négligence de la lumière principale.

» La délicatesse de notre ministère consiste dans la pudeur de cette indépendance tant vantée et si méconnue , dans cette fierté de l'honneur que nous regardons comme le sanctuaire de la confiance publique.

» Enfin la gravité de notre ministère est et doit être la physionomie de notre conscience.

» Du moment où nous commençons l'examen d'une question, nous n'appartenons plus à l'humanité; l'amour de la justice est notre unique affection.

» C'est cette impassibilité, secondée par une étude opiniâtre, par une intelligence heureuse, qui ont marqué les œuvres de *Domat, de Pothier*, etc., du sceau de l'équité. N'y retrouve-t-on pas ce que la raison suggère à tout honnête homme, et tout ce que l'homme de bien voudroit entendre prononcer dans sa propre cause?

» Il est pourtant vrai de dire qu'il ne suffit pas, pour être légalement équitable ; d'examiner les questions de droit dans leurs rapports avec l'équité naturelle. •

» Le système général de la législation civile tient à un principe public qui ne laisse parfaitement entier aucun intérêt particulier. Le lien social soumet à son ordre le lien des familles, et à celui-ci l'intérêt et les conventions des citoyens. Le Jurisconsulte doit exercer son ministère en publiciste, comme le Juge doit remplir le sien par le concours de ces deux qualités; guidés par le respect dû à la volonté publique, au système social, aux bonnes mœurs, occupé du véritable point de l'affaire, il aperçoit, il trouve nécessairement tous les rapports au maintien desquels est subordonné le droit commun.

» Une des plus fréquentes questions qui occupent notre ministère, et qui font retentir aujourd'hui les temples de la justice, c'est de savoir si une femme peut se séparer de son mari pour causes de sévices, injures graves, mauvais traitemens, etc.

» Nous avons pensé (et les Tribunaux ont manifesté la même opinion), qu'en cette matière, il faut que les faits dont se plaint la femme soient caractérisés, datés, précisés, circonstanciés et concluans. Par notre sévérité nous avons arrêté le cours de beaucoup de ces scandaleuses actions. Nous avons considéré, premièrement, que l'institution du mariage est de droit public, qu'il intéresse l'état, la société et les familles, qu'il en résulte des rapports nombreux et respectables dont la plupart tiennent à l'ordre universel; et, secondement, que cette foule de demandes en divorce et en séparation de corps est encore une suite de cette licence qui a produit tant et de si funestes dissolutions et de désordres. Autant l'esprit d'indépendance, qui s'est emparé du sexe a fait de progrès, autant il faut opposer à ce débordement une digue irrésistible. Il ne faut pas que l'honnêteté de la femme soit flétrie par les injures d'un mari indigne de l'apprécier ; il ne faut pas que les jours de ce sexe aimable et foible soient en péril sous la puissance même de ceux qui doivent le protéger et le défendre, mais il ne faut pas non plus confondre avec l'injure grave, des reproches souvent provoqués, avec les sévices et mauvais traitemens, des emportemens, blâmables sans doute, mais qui sont fréquemment l'effet d'une offense à laquelle ne peut être insensible l'homme d'honneur, le père de famille délicat, moins touché encore de ce qui le blesse personnellement, qu'inquiet sur les mœurs de ses enfans, témoins d'inconséquences graves ou de licences corruptrices.

» Nous avons vu une jeune femme riche, fonder sa défense dans une demande en alimens formée par son mari détenu pour dettes, à la suite de revers notoires, sur ce qu'il jouissoit du pain que lui procuroit la rigueur de ses créanciers ; former ensuite contre lui une demande en séparation de corps, fondée sur une lettre par laquelle il lui reprochoit l'abandon où elle le laissoit, et sur de mauvais traitemens invraisemblables, impossibles... Ainsi, elle demandoit que pour prix de ses torts, de sa dureté, de la violation d'un des premiers devoirs du mariage que la justice lui accordât l'indépendance : et elle n'avoit que dix-neuf ans ! ! ! (*).

(*) Dans le même temps, ce qui forme un contraste consolant, admirable, une Dame naïvement pieuse, tout récemment maltraitée par son mari, lui écrivoit de chez

» En professant un respect inaltérable pour les institutions fondamentales, le Jurisconsulte ne fait que se renfermer dans les bornes où le place son premier devoir; il ne fait que remplir le vœu de la société entière. Toutes les conventions qui ne peuvent se dissoudre que par l'intervention d'une autorité publique, sont de nature à mériter le plus scrupuleux examen.

» Telle est une des règles générales que nous avons suivie, que nous suivrons toujours; sur ce point nous nous honorons de publier notre profession de foi.

---

son père, où elle étoit allée passer quelque jours. « Je
» t'aime comme si tu ne m'avois pas frappée, et lorsque
» tu m'injurie ou me maltraite, je ne sens d'autre dou-
» leur que celle de te voir offenser Dieu et compromet-
» tre ton salut. J'espère que le Sauveur du monde exau-
» cera mes prières; je lui demande aussi pardon pour
» moi de la part que je puis avoir dans tes violences,
» car j'ai sans doute des torts que je n'ai pas l'intel-
» ligence de comprendre. Tu ne peux t'imaginer avec
» quelle tendresse j'implore pour toi la bonté divine....
» Ne te livres pas trop aux reflexions que fait naître
» dans la solitude le souvenir d'excès incompatibles avec
» un cœur bon et honnête comme le tien; oublies-les
» comme je les oublie moi-même, et permets-moi de
» t'exprimer les sentimens qui m'unissent encore plus
» étroitement à toi que les nœuds du mariage....
Cette sublime résignation, cette douceur touchante, firent voler le mari aux pieds de sa respectable femme; tous deux vivent au sein du bonheur et de l'harmonie, et leurs enfans sont pressés à la fois dans les bras des deux époux ainsi rapprochés. Combien de femmes feroient mieux d'employer les moyens que leur a donnés la nature pour resserer le lien du mariage, que pour le rompre, des moyens que leur suggèrent souvent des personnes intéressées à cette dissolution!

» En annonçant le *Memorial* comme le recueil de nos solutions, le Conseil de jurisprudence peut paroître s'être interdit la publication de jugemens et d'arrêts qui seuls peuvent former et fixer la véritable jurisprudence. Nous avons, au contraire, arrêté que ces décisions seront précieusement recueillies, attentivement comparées, et très-exactement publiées et classées autant qu'il sera possible.

» La seule restriction que nous ayions crue nécessaire, consistera dans la concision des motifs qui les auront déterminées.

» En général, l'unique objet des lecteurs est de connoître les points de fait et de droit, l'application de la loi et des principes à chacune des espèces jugées.

» L'analyse des discussions, la relation de quelques passages d'un mémoire ou d'un plaidoyer remplissent oiseusement une majeure partie de l'espace des journaux de ce genre. En effet, l'Avocat, l'Avoué plaidant, a son mode de développement, de dissertation et de distribution : sa locution doit être appropriée à sa manière habituelle de voir, de sentir et d'exprimer ses idées ; les hommes de cette classe ne cherchent donc pas des moyens d'oraison dans les ouvrages de jurisprudence, mais bien des moyens de décision propres aux causes dont ils ont embrassé la défense.

» L'un de nos rédacteurs, qui a le plus travaillé dans cette partie, qui a successivement concouru aux annales de législation, aux journaux de Jurisprudence et du Palais, nous a prouvé que les analyses, les discussions, ne peuvent entrer dans cette sorte de production qu'au préjudice de la science.

» Nous rendons donc un service réel au barreau en supprimant l'*inutile*, dans le *Mémorial*,
pour y faire abonder le *nécessaire*.

» Par ce retranchement, il pourra comprendre
l'universalité des matières.

» On y insérera, avec plus d'étendue et d'efficacité qu'on ne l'a fait jusqu'ici, les *questions
commerciales*. Outre qu'elles ont l'intérêt qu'elles
offrent, dans tous les temps, elles ont et auront
encore celui de la nouveauté, jusqu'à ce que les
dispositions du Code régnant aient été bien en-
tendues.

» Si l'on ne peut douter que le commerce ne
constitue une des principales richesses d'un Empire, on ne peut nier que ses relations ne soient
de première importance ; cette vérité par elle-
même indubitable, est démontrée par la sollicitude
que les Souverains ont marquée pour le commerce,
en le plaçant sous les auspices d'une législation particulière, en confiant les actions qui en naissent à
des formes rapides comme le cours de ses opérations.

» Vous avez arrêté que cette législation, et les
décisions relatives, seroient un des objets de notre
attention particulière ; et le Directeur général,
pénétré de l'importance de cette partie du Mémorial, ne négligera rien pour se procurer tous les
matériaux nécessaires pour former un corps de
Jurisprudence propre à guider la classe des Négocians, et des Avocats qui font profession d'en soutenir et défendre les intérêts.

» Vous avez également arrêté que les décisions
administratives, celles de la *Cour des comptes* et
du *Conseil d'État*, seroient insérées dans le Mémorial. Cet objet, pour avoir peu d'étendue, n'en

sera pas moins d'une grande utilité ; les administrés
et les comptables y trouveront des règles salutaires :
les décisions du Conseil d'Etat, sur le pourvoi des
parties contre les arrêtés des Conseils de préfec-
tures, sont aussi indispensables à connoître que les
arrêts de la Cour de cassation ; elles ont également
pour objet, la violation, l'infraction, la fausse application, l'excès de pouvoir, etc., et constituent par
conséquent la jurisprudence souveraine.

 » Le *Conseil de Jurisprudence* s'assied à une
époque perpétuellement marquante, au printemps
d'une nouvelle civilisation où tout renaît ; à l'au-
rore d'un siècle où tout est éclatant et magnanime ;
où la législation est sans lacunes, où le barreau re-
prend sa décence, sa splendeur, et la justice sa
puissance et sa majesté.

 » Puissions-nous achever notre carrière par des
œuvres dignes de si grandes choses et de si belles
espérances ! »

COUR D'APPEL DE PARIS.

Mercredi dernier, 2 novembre 1808, la
Cour d'appel de Paris, toutes les Chambres assem-
blées, fit sa rentrée en robes rouges.

En retraçant la majesté des Parlemens, à de
pareilles solennités, ce spectacle imposant vient de
réparer l'amertume des souvenirs, et faire succéder
aux regrets la plus brillante espérance.

Dans S. A. S. l'Archi-Chancelier, la Magistrature a son Prince ; cet éminent degré de la hié-
rarchie judiciaire, a été en quelque sorte conquis

par ce Législateur qui a jeté les fondemens du Code Napoléon, et qui a mérité à la fois l'amitié du Monarque et la reconnoissance des peuples.

M.^{gneur} le Grand-Juge REGNIER marche sur les traces de ses illustres prédécesseurs ; il a laissé de beaux exemples au Barreau et dans la carrière plus vaste de la législation ; il en laissera de plus grands encore à ses successeurs.

Ses essais au Parlement de Nancy, furent des triomphes. Improvisant et parlant d'abondance, ses plaidoyers, quelqu'en fût l'étendue, sembloient avoir été médités long-temps et corrigés avec soin, tant ses moyens étoient solides, tant sa locution étoit belle et pure. Il n'abusoit pas des ressources de l'éloquence, mais il les distribuoit avec une noble abondance, une grace vigoureuse, toutes les fois que la nature de sa cause excitoit les élans de son esprit et de son cœur. Si ses discours étoient recueillis, on pourroit en élever un beau monument à sa gloire ; mais si ses paroles ne vont pas à la postérité, sa probité et ses vertus l'y accompagneront et le placeront à côté des *l'Hospital* et des *Daguesseau* (*).

(*) On ne peut louer le ministère de S. Ex. sans parler de MM. *Collenel* et *Bernardy*, Chefs de division. L'un fut successivement Avocat-général et Président au Parlement de *Nancy*. Appelé très-jeune au Parquet, il y fit briller à la fois les graces de l'adolescence et le talent de la maturité ; il eut l'avantage de s'asseoir sur le haut banc, avec le souvenir d'avoir dicté des arrêts presque toutes les fois qu'il avoit porté la parole.

L'autre, ancien Avocat, ensuite Législateur s'est distingué dans l'une et l'autre carrière. Il a long-temps ajouté aux travaux de sa division, le professorat du Droit romain dont il a enseigné les principes et les rè-

Sous de pareils auspices, la Magistrature du dix-neuvième siècle doit commencer un long règne de splendeur.

La Cour d'appel de Paris en marque dignement l'époque. Cette compagnie de Sages, ayant à sa tête M. le premier Président *Seguier*, s'applaudit de voir le descendant de Chanceliers de France occuper le fauteuil de ses ancêtres comme une sorte d'apanage de famille, et s'attacher à mériter un jour qu'un nouveau *Portalis* célèbre sa mémoire (1).

En payant un juste tribut aux talens et aux lumières de la Cour, nous rendons particulièrement le même hommage à l'un de ses membres, M. *Joly*, qui a bien voulu contribuer aux succès de l'Université de Jurisprudence. Doué d'une pénétration prodigieuse, il saisit à l'instant l'ensemble et les détails de l'affaire la plus compliquée, et les développe soudain avec tant de clarté et d'exactitude, que l'esprit des auditeurs est frappé des faits et des circonstances, comme l'œil peut l'être de la figure et des qualités d'un corps matériel. Il n'est pas moins riche de science que d'entendement ; ses talens et la sagesse qui l'ont fait appeler comme Ministre de la loi, le rendront cher à la magistrature.

M. le Procureur-général-Impérial *Mourre* prononça, à la séance dont nous rendons compte, une harangue dont on ne peut aussi bien faire l'éloge qu'en la publiant.

---

gles avec un grand succès. Ses nombreux élèves rivalisent aujourd'hui avec les savans du Barreau : enfin M. *Bernardy* a produit plusieurs ouvrages de Jurisprudence très-répandus et très-suivis au Barreau.

(*) L'éloquent *Portalis* a prononcé l'éloge de M. l'Avocat-général *Seguier* dans une séance académique.

Dans ce discours sont peintes, les mœurs, l'as-sénité, les affections de l'orateur. Toutes les vertus que recommandent la Religion et la patrie, la nature les a placées dans son ame ; heureuse alliance qui fait l'homme de bien, le Magistrat intègre, et le pouvoir de l'éloquence !

DISCOURS

de M. le Procureur-Général-Impérial, pour la rentrée de 1808 et la prestation de serment des Avocats et des Avoués.

MESSIEURS,

« C'est un jour solennel que celui qui réunit tous les Membres du Sénat, et autour de lui un grand nombre de citoyens, Ministres particuliers de la justice, unis à la Magistrature par les fonctions les plus importantes, qui vont déclarer dans un instant quels sont leurs devoirs ou plutôt leurs principes, qui vont en jurer la stricte observation, et donner ainsi à la société une garantie qu'elle avoit déjà dans leur conduite.

» La loi qui charge le Ministère public de faire entendre les premiers accens dans le sanctuaire de la justice, et d'y parler de l'observation des lois, du maintien de la discipline, nous rappelle de grands souvenirs. Elle rend pour ainsi dire présens dans cette enceinte et les Magistrats dont les vertus honorèrent leurs siècles, et ces hommes célèbres qui, dévoués à la défense de leurs concitoyens, servirent le public par leurs talens, les mœurs par leur conduite, et dont les exemples exerçoient continuellement une censure plus utile que celle de la parole.

» La Magistrature actuelle, le Barreau moderne, contemplent avec respect ces anciens modèles et n'en sont pas humiliés. La Magistrature, surtout, a cet avantage, qu'elle est dans les premières années de son institution. Le temps qui crée et qui détruit, qui donne les forces et qui les affoiblit, qui marque pour tous les Empires, comme pour toutes les institutions, le terme de l'accroissement et celui de la décadence, n'a point encore exercé ses ravages sur les Cours d'appel. Créées depuis quelques années, elles ont été données à la France par ce grand Génie qui lui-même fut un présent de la Providence. Fortes de leur jeunesse, de la ferveur qui en est toujours le caractère, fortes de leur bonne composition, fortes enfin des regards du peuple qui ne cesse d'être attentif que lorsqu'il cesse d'estimer, les Cours d'appel, disons-nous, sont dans une des plus belles périodes de leur existence. Les richesses qui entraînent tous les vices après elles, la langueur qui naît quelquefois d'une réputation assurée, les discordes qui agitent les compagnies nombreuses, dont les membres se connoissent peu, qui diffèrent par la naissance, par la fortune, par les habitudes, tous les vices enfin qui corrompent ou détruisent les plus belles institutions, ne se sont pas encore fait sentir.

» Nos Avocats ont fait leur réputation ou l'ont agrandie, dans un temps où les louanges n'étoient pas sollicitées, où il n'y a eu ni protection, ni bienveillance outrée, ni aucune sorte de prestige qui ait pu tromper l'opinion publique. L'orateur s'est recommandé lui-même : il s'est présenté seul avec son talent. Elle sera donc solide cette réputation formée, ou consacrée de nos jours.

» Les Avoués avoient à faire oublier les torts

de quelques individus, et à dissiper beaucoup d'injustes préventions : ils l'ont fait. Nous pouvons déclarer à la Cour qn'il ne nous est parvenu aucune plainte grave contre les Officiers ministériels placés auprès d'elle. Quelques légères réclamations ont été étouffées dès leur naissance ou par les éclaircissemens les plus simples ou par des sacrifices de la part des Avoués. La Chambre de discipline (et la Cour le sait bien) a toujours été juste, rigide, l'exemple du Corps entier ; et par les avis qu'elle nous a fait parvenir, elle nous a toujours paru animée de ce grand sentiment, qu'elle exerçoit une sorte de magistrature.

» Que reste-t-il donc à faire pour l'avenir ? que reste-t-il pour nous, Magistrats, qui sommes des hommes, pour ces défenseurs que l'esprit d'anarchie auroit voulu anéantir, mais que la raison et le besoin du peuple ont conservés, heureux d'être aujourd'hui réunis, de former avec eux-mêmes, avec la société, avec la Magistrature, un lien indissoluble, de prêter un serment cher à leur cœur et qui va leur donner la première existence politique ? que reste-t-il à ces hommes laborieux qui reçoivent dans leurs études les premiers témoignages de la confiance publique, dont la réputation est sans éclat, le mérite sans orgueil, et dont les services autrefois récompensés par les richesses, ne peuvent plus l'être aujourd'hui que par leur conscience, par l'estime des Magistrats, par celle de leurs cliens, et par cette idée attendrissante que s'ils laissent peu de fortune à leurs enfans, ils leur laisseront du moins une bonne renommée ?

» Que reste-t-il pour nous tous qu'une auguste cérémonie réunit en ces lieux, et qui, placés dans

le temple de la Justice, sommes plus immédiatement sous l'œil de l'Éternel ?

» C'est de prévenir le relâchement des mœurs
pour l'avenir, l'affoiblissement dans les principes,
la tiédeur dans nos travaux, l'esprit de dissipation
et le goût pour les plaisirs.

» Les lois en général gouvernent l'État : dans
leurs détails, elles règlent la conduite des Corps,
des Compagnies, et forment ce qu'on appelle la
discipline.

» Il est des signes certains d'après lesquels on
peut reconnoître si les lois seront observées. Il est
des vertus sans lesquelles on ne peut rien espérer,
ni pour les lois, ni pour la discipline.

» La religion, la probité, l'amour de la patrie,
les mœurs, voilà les bases de l'ordre social et de
toutes les institutions humaines.

» Occupons-nous aujourd'hui de leur importance, disons quels sont nos devoirs, et fixons-nous
sur les moyens de les remplir. Celui qui fait entendre sa foible voix ne s'isole point de cette assemblée, il se mêle parmi vous. Il sépare, pour
ainsi dire, son organe de sa personne. Il s'adresse
à lui-même des conseils qu'il croit toujours im-
portans pour la foible humanité. Il retracera des
maximes saintes dont on ne sauroit trop se pénétrer ; et croyez que ses paroles, après avoir frappé
vos oreilles, retomberont sur son propre cœur.

» La Religion suppose toutes les vertus, mais
elle a cela de particulier qu'elle les perfectionne.
L'honnête homme, suivant les maximes du monde,
calcule ses démarches ; il a une balance pour la probité. C'est le marchand qui part avec des subsis-
tances pour l'Isle de Rhodes où règne la famine. Il

a rencontré en route plusieurs autres vaisseaux chargés de bled. En avertira-t-il les Rhodiens? ou, ne disant mot, vendra-t-il son bled au plus haut prix? En ne suivant que des idées purement civiles, cette question fera un problême. Antipater répondra que le marchand doit déclarer tout ce qu'il sait. Diogène de Babylone soutiendra qu'il n'est pas tenu de révéler un fait qui lui est étranger, et qu'il lui suffit de s'expliquer sur la qualité de sa marchandise; mais l'homme religieux ne balancera pas : ce n'est pas sur sa pensée qu'il réglera sa conduite, c'est sur ses affections. Que d'autres hommes soient les amis de la vertu, il en sera le héros.

» Cependant la probité, prise isolément, produit encore de très-grands avantages. Sans elle il est mille crimes secrets que la loi ne peut atteindre. Nous ne supposerons jamais qu'il y ait parmi les hommes, que leurs fonctions appellent près de la Cour, quelque individu assez dépravé pour manquer au plus facile et au plus essentiel de tous les devoirs. S'il en existoit quelqu'un, nous ne doutons pas que la masse entière, comme une mer courroucée, ne rejetât cette écume. Ce n'est donc point d'une corruption honteuse que nous aurons jamais à nous plaindre; mais que les hommes qui reçoivent de leur travail une honorable rétribution y réfléchissent sérieusement. La probité consiste aussi à établir une juste proportion entre le travail et le salaire. Il est des plaideurs ingrats. Il en est quelques-uns qui, dans les premiers instans de cette joie, ou plutôt de cette ivresse que produit le gain de leur procès, ne voudroient mettre aucune borne à leur reconnoissance. Il faut alors que le défenseur en fixe la mesure. Il est beau de ménager le patrimoine de son client, après l'avoir sauvé. C'est ainsi que firent tant d'illustres Avocats dont la France peut s'énorgueillir. C'est ainsi que fit M. Ferey, qui renvoya souvent aux plaideurs une partie des honoraires qui lui étoient adressés par une libre et généreuse reconnoissance. Il n'est plus ce Jurisconsulte estimable ; que sa mémoire ne périsse jamais ! Il a légué à tous ses confrères la plus belle portion de son héritage (1). Les légataires seront dignes du testateur. Ils sauront tous lui ressembler.

» Si la probité unit les citoyens les uns aux autres, l'amour de la patrie les attache tous au même objet. Il leur donne une seule ame ; il les remplit du même esprit. C'est dans les Républiques que ce sentiment règne avec le plus d'énergie. Là, chaque citoyen partage l'autorité, il gouverne ou il croit gouverner. Dans les monarchies, l'amour de la patrie a moins d'activité, moins d'éclat; mais il ne s'y fait pas moins sentir à toutes les ames grandes et vertueuses. Imaginer qu'une monarchie peut se passer d'un pareil sentiment, c'est vouloir qu'une famille puisse être heureuse sans que les enfans s'unissent à leurs pères par leurs vœux, par leurs efforts, et qu'ils concourent avec lui de toutes leurs forces à la félicité commune : une pareille opinion est impie, elle est absurde. C'est sur-tout dans l'homme public que l'amour de la patrie doit exercer tout son empire ; il doit agrandir ses travaux, les embellir. Par lui l'ancien Magistrat ne se bornera pas aux devoirs rigoureux de son état, il tendra la main au jeune Sénateur qui marche encore d'un pas chancelant dans la carrière; il sourira aux premiers efforts de l'orateur, et l'encouragera

____

(1) Sa Bibliothèque.

de ses regards. Affable et accueillant pour les juges inférieurs, il les éclairera sur des points difficiles ; il leur communiquera ces grandes maximes que l'on conserve si bien dans les Cours souveraines , et répandra sur eux les rayons de sa sagesse : plus heureux , ce Magistrat , de leur être utile par ses bontés, que de leur faire sentir le poids de la dignité ou les rigueurs de la censure. Le Jurisconsulte qui a quitté le barreau avec une grande réputation, ne sera pas avare des trésors de sa science. Il fut jeune, et sentit les besoins des communications; ce qu'il désira des autres, il l'accordera à une jeunesse intéressante, avide d'instruction et de gloire. Combien est heureuse la capitale qui renferme dans son sein plusieurs de ces hommes distingués qui, consacrés tout entiers aux intérêts de l'État ou aux besoins des familles, savent encore trouver quelques instans pour répandre l'instruction sur ces disciples laborieux qui se pressent autour d'eux! Ils croient n'avoir pas rempli la journée s'il leur reste quelque chose d'utile à faire ; ils fuyent le repos et ne se délassent que par des bienfaits. C'est la Cour d'appel de Paris qui peut sur-tout s'énorgueillir de cette pensée ; c'est de son sein qu'est sorti cet homme célèbre que ses vertus et ses talens ont placé près du Chef de l'Empire (1). Qu'il nous seroit doux de le louer ! Mais nos paroles pourroient-elles rendre dignement les sentimens de tous ceux qui nous écoutent ? et l'histoire n'a-t-elle pas préparé son burin pour transmettre son nom à la postérité ?

» Quel est le sentiment qui peut produire une

____

(1) M. Treilhard.

vertu aussi expansive, si ce n'est l'amour de la patrie ? quelle idée aurons-nous de celui qui voudra séparer son intérêt personnel de l'intérêt public ? Bientôt il le séparera aussi de celui de sa profession. L'homme qui n'a pas à cœur la prospérité publique, devient indifférent pour l'honneur de son état. Mauvais citoyen, il est mauvais confrère ; tiède sur l'observation des lois, il abandonne entièrement le soin de la discipline. L'insensé ! il ne sait pas que le bonheur privé ne subsiste pas long-temps sans le bonheur public, et que l'homme qui exerce une profession n'est bientôt plus rien, si cette profession n'est honorée.

» Après l'amour de la patrie, que dirons-nous des mœurs ? Ce sujet est vaste, mais il est familier à tout le monde. Nous sommes bien éloignés de vouloir reproduire ce que tant d'écrivains illustres ont écrit sur cette matière ; et ne savons-nous pas que l'homme public est sans cesse exposé à tous les regards, qu'il ne peut faire un pas sans qu'il soit aperçu, qu'il ne peut dire un mot qui ne soit remarqué ? ne savons-nous pas que si le particulier trouble la société par la corruption de ses mœurs, l'homme public la scandalise ? ne savons-nous pas que les plaisirs qui, chez l'un, paroissent modérés, sont regardés comme excessifs dans l'autre ? ne savons-nous pas que lorsque celui-là manque aux convenances, celui-ci blesse la pudeur ? Et si le Magistrat d'Athènes, en voyant une belle personne, s'écrie : *Ah ! qu'elle est belle !* son collègue ne lui répondit-il pas : *Un Magistrat doit avoir non-seulement les mains pures, mais aussi les yeux et la langue.*

« Ce n'est donc pas des mœurs en général que nous parlerons, mais des mœurs considérées sous un aspect particulier , mises en opposition avec le luxe; le faste, les plaisirs bruyans, la vanité. Noble et touchante simplicité des mœurs, c'est vous qui êtes en ce moment l'objet de nos pensées ! ange tutélaire de l'homme public, c'est à vous que nous adressons nos vœux et notre reconnoissance! Oui , Messieurs, la simplicité des mœurs est le soutien le plus ferme de l'homme dans ses fonctions publiques; c'est elle qui le fait marcher d'un pas sûr dans le sentier de ses devoirs; c'est elle qui conserve à l'ame toute sa pureté, à l'esprit tout son discernement, à la raison toute sa force. Le temps, dont la course trop lente ou trop rapide au gré des passions , excite tant de plaintes et de murmures , a pour l'homme simple dans ses mœurs une marche uniforme ; il n'obtient de lui que de justes remerciemens. La journée qui finit laisse dans son ame d'agréables souvenirs ; celle qui commence y fait naître de douces espérances.

» Il en est de tous les ordres et de toutes les compagnies, comme des Empires eux - mêmes. L'on périt quand on s'éloigne de cette simplicité des mœurs qui fait la force morale, comme la simplicité des mets fait la force du corps.

» La simplicité des mœurs a rendu les Romains plus recommandables que leurs victoires. La magnificence et le faste ont préparé leur ruine.

» Le siècle de Périclès fut brillant sans doute , mais alors le goût du luxe s'empara des Athéniens, la simplicité des mœurs disparut, et ce funeste amollissement produisit leur servitude, contre laquelle l'éloquence de Démosthène ne put long-temps les defendre.

» Quel fut le plus beau siècle de l'Eglise ? c'est

sans doute celui des Jérôme, des Chrisostôme, des Augustins. Alors disent nos écrivains ecclé-siastiques, les mœurs étoient simples, les chefs de l'Eglise étoient les plus modestes, les plus ennemis de toute ostentation; alors, disent ces mêmes écrivains, les calices étoient de bois et les prêtres étoient d'or.

» Nous rendons hommage aux talens, au courage, au génie, quelque part qu'ils se trouvent; mais combien est plus grande l'impression que font sur nous ces rares qualités, quand elles sont jointes à la simplicité des mœurs! quelle différence ne mettons-nous pas entre Aristide et Sénèque, entre le chancelier Bacon et le chancelier de l'Hospital! qu'y a-t-il de plus touchant dans l'histoire que de voir ce même Aristide enterré aux dépens de la République, que d'apprendre que la fille du grand Fabricius fut dotée des deniers publics!

» Nous ne confondrons point la simplicité des mœurs avec une farouche austérité. Il est pour tous les hommes des agrémens dans la société; l'amitié se plaît plus particulièrement avec l'homme vertueux; les muses quelquefois lui sourient. Si la ville a des amusemens qui trompent une ame délicate et sensible, la campagne ne trahira jamais ses espérances. C'est-là que les Daguesseau, les Lamoignon, trouvèrent des plaisirs purs, des délassemens utiles. Fresne, Baville, fortunés séjours! champs aimés des cieux! vous serez éternellement remplis des plus doux souvenirs!

« Mais c'est à l'orateur que je dirai surtout: quittez quelquefois le séjour de la capitale, pénétrez dans le sein de la nature. Voyez cette forêt majestueuse, ces chênes antiques qui élèvent leurs têtes vers les cieux; ils donneront de la force à vos idées. Jetez les yeux sur cette campagne riante et variée, elle animera vos tableaux; entendez la mer courroucée, elle vient expirer sur ses bords; elle vous apprendra à braver l'audace de l'homme puissant, et vous vous direz que ces marches sacrées sur lesquelles sont élevés nos Magistrats, sont la barrière immuable contre laquelle viennent se briser tous ses efforts.

» Que nos cœurs abjurent en ce jour les amusemens frivoles, les plaisirs bruyans, le luxe, l'ostentation. Faisons de notre cœur le sanctuaire de toutes les vertus; aimons surtout la simplicité des mœurs; donnons l'exemple à notre siècle, et pensons sans cesse à cette balance de Critolaüs dans laquelle il disoit que si l'on mettoit d'un côté les biens de l'ame et de l'autre les biens du corps, avec tous ceux que la fortune distribue, ce côté-là l'emporteroit, quand même on mettroit encore de celui-ci et la terre et les mers (1).

» C'est par-là que nous assurerons pour nous, et peut-être pour tous les ordres de la société, l'observation des lois et le maintien de la discipline.

» Nous requérons qu'il plaise à la Cour admettre au serment les Avocats et les Avoués dont les lettres de licence, arrêts de réception ou diplômes, ont été par nous visés, et dont les noms composent une liste que nous avons déposée dans les mains du Greffier de la Cour, ordonner que conformément à l'art. 24 de la loi du 22 ventose

---

(1) Cicéron, sur la probité.

an XII , ces lettres de licence , arrêts de réception ou diplômes seront enregistrés ».

Conformément à ces réquisitions, les Avocats ont prêté le serment voulu par la loi.

Les anciens assis et les jeunes debout formoient une réunion grave et touchante. Parmi les uns il en est peu que l'estime et l'opinion publiques n'aient couronnés , parmi les autres, il en est beaucoup qui ont déjà obtenu le même avantage. M. *Deseze*, qui n'avoit pas besoin d'un événement immortel pour conquérir la renommée, voyoit son fils sur ses traces , et déjà sa jeunesse décorée de lauriers; M. *Porcher* voyoit aussi un confrère dans un fils estimable par des talens et une sagesse également précoces.

Avec M. *Poirier* , neveu de *Pothier* , et qui a hérité de sa pureté et de sa doctrine ; avec M. *Delamalle* , qui a mérité la réputation d'habile Jurisconsulte, de bon écrivain et de brillant orateur, étoit M. *de Corberon* , ancien Conseiller et fils d'un Président au Parlement, et qui s'honore de compter aujourd'hui parmi MM. *Roi, Bellard, Bonnet, Pérignon, Tripier, Chauveau - Lagarde, Berryer, Guichard, Chabroud, Piet, Giquel , Maille , Bithouzé - de - Linières , De Lacroix - Frainville , Guéral , Méjean , Armey , Dard , Badin, Delvincourt, Thilorier, Bavoux, Duverier, Loiseau, Sirey, Malleville, Emery, Dommanget, Couture, Boucher, Cellier, Carbonnier, Fressenel, Raoul, Huart-Duparc, Saladin , Geofrenet, Delahaye ,* etc.

Nous regrettons de ne pas donner la liste de tous les Avocats qui ont prêté leur serment, nous avons nommé ceux qui se sont présentés à notre esprit, et qui contribueront, avec beaucoup d'autres de leurs confrères, à la gloire du Barreau qui vient de renaître.

QUESTIONS ET SOLUTIONS.

Point de Fait.

PAR son testament, un père de famille du Brabant, interdit au tuteur de ses enfans de placer sur l'État les fonds qui pourroient provenir de sa succession.

Le testateur mourut sujet de la maison d'Autriche, et laissa des enfans mineurs.

L'empereur voulant faire une levée de fonds ou emprunt, rendit *un octroi* (une loi) par lequel il autorisa ses sujets à concourir à effectuer cet emprunt, nonobstant tous réglemens, ordonnances et coutumes à ce contraires.

Le tuteur plaça dans les fonds de l'État les deniers de ses pupiles : par l'événement et par le fait du Souverain, cette portion de leur patrimoine fut altérée.

QUESTION.

Le tuteur est-il responsable de cette altération, comme l'ont jugé le Tribunal de première instance et la Cour d'appel ; ou bien le tuteur est-il fondé à se pourvoir en cassation contre cet arrêt ?

SOLUTION.

Cet arrêt contrevient à l'octroi précipité, loi qui, en faisant cesser la volonté du testateur, a donné au tuteur la liberté de placer les deniers de ses pupiles le plus avantageusement possible, soit sur l'État, soit sur des particuliers, aux risques et périls des mêmes pupiles. Le droit commun dont procède la faculté de tester, peut être restreint et modifié par le législateur, et c'est le cas particulier. La prohibition testamentaire dont il s'agit doit être mise sur la même ligne et dans la cathégorie de la défense faite à un légataire de se marier ou de s'enrôler dans les armées de son Souverain, cette condition a toujours été regardée à Rome et en France comme non-écrite. Loi 63, §. 1.er, et loi 64, §. 1.er, *ff. De cond. et demons.* — Le Juge doit en étendre les dispositions à toutes les prohibitions nuisibles à la chose publique. Sans contredit, l'État a autant besoin de fonds pour se maintenir et se défendre, que de citoyens et de soldats pour peupler l'Empire et les armées.

Ces moyens indiqués et la violation d'une loi positive donnent ouverture à la cassation ; la Cour suprême les adoptera sans doute et n'oubliera pas cette maxime : *pactis privatorum juri publico non derogandum.*

Il ne faut pas croire que les lois des anciens Souverains du Brabant ne doivent pas être respectées et suivies relativement aux actes qui ont eu lieu sous leur règne. Les Tribunaux chargés de distribuer la justice aux peuples qui en ont fait partie, sont obligés d'appliquer les lois de la matière comme s'ils étoient encore les officiers du Prince qui a rendu ces lois.

QUESTION.

Une personne qui, au moyen d'une dot, a renoncé par son contrat de mariage à la succession de ses père et mère, est-elle fondée à former de leur chef une tierce opposition à un arrêt où ils n'ont pas figuré quoiqu'ils y fussent parties nécessaires ?

SOLUTION.

La personne renonçante n'ayant aucun intérêt à ce que la fortune de ses père et mère se soit augmentée , n'en peut avoir davantage à faire réformer un arrêt qui peut leur avoir été préjudiciable, elle n'est plus leur héritière depuis la renonciation , elle est donc sans qualité , et conséquemment non recevable.

Après avoir classé les solutions destinées au Mémorial , le Conseil a entendu un de ses membres sur les dangers d'une prétendue doctrine publiquement professée à Paris ; nous croyons devoir publier son discours par respect pour la morale et pour le maintien de principes de la législation et de la justice distributive et répressive.

DISCOURS.

Messieurs,

» Lorsque quelques esprits orgueilleux et rébelles enfantèrent de séduisantes absurdités pour faire rétrograder l'espèce humaine jusqu'à l'état de nature, état impossible et fabuleux , on ne vit pas qu'ils attaquoient l'autorité , la civilisation et les mœurs , ou si l'on s'en apperçut, on se flatta que leur système se discréditeroit par sa propre turpitude. On eût trop de confiance en la raison humaine : la révolution se fit ; rang, propriété , justice , tout disparut ; les sectaires eux-mêmes qui n'avoient professé le *nivellement* que pour abaisser les grands jusqu'à eux , précipités à leur tour au-dessous de la lie du peuple, virent avec effroi qu'ils avoient ouvert un cratère d'où l'enfer vomissoit sur les humains les plus horribles et les plus sanglans malheurs.

En vous remettant sous les yeux cette grande et terrible leçon, je ne veux humilier ni affliger personne, mon seul dessein est d'en faire un point d'utilité , une cause de sagesse.

Eh ! bien , cette infernale irruption eut pour cause un système moins dangereux que la crânologie.

L'un n'admettoit que des prérogatives à la vérité sauvages, l'autre admet la nécessité des crimes et les fait résulter d'une législation naturelle.

L'un supposoit à l'homme des penchans à l'harmonie sociale , une raison équivalente ou supérieure à tout code humain ; l'autre suppose des penchans contraires à toutes les lois humaines.

L'un attribuoit à notre espèce une dignité souveraine ; l'autre l'assimile au chien, au taureau , au tigre..... Enfin , l'un célébroit la nature , et l'autre accuse le créateur.

L'homme vertueux put s'abandonner aux attraits d'un monde idéal qui faillit renverser le monde réel ; mais quiconque n'a le cœur ni dépravé ni pervers, ne peut , sans reculer d'effroi , porter ses regards sur cette hideuse excroissance empirique, où viennent se naturaliser tous les vices , toutes les férocités.....

Vous frémissez, Messieurs ! ce frémissement est l'action de la vertu. Habitués à respecter les lois destinées au maintien de l'ordre, vous ne pouvez apprendre sans frayeur qu'on en attribue à la nature d'essentiellement meurtrières, tandisque tout révèle en nous, qu'elle n'a rien dicté, rien disposé que pour notre perpétuité et pour notre conservation.

Quoi ! les déréglemens, le vol, le meurtre seroient des lois supérieures à la législation sociale !

S'il étoit possible que cette horrible puissance ordonnât, il faudroit déplorer la fragilité de tout frein moral, supprimer toute espèce de chatiment.

Dans cette triste hypothèse, l'individu qui concevra quelques desseins malhonnêtes, quelques projets de vengeance et d'assassinat, ne s'arrêtera plus là où la réflexion pourroit le reporter à l'honnêteté, à la douceur, à l'humanité. Convaincu que l'action, dont pourtant l'idée l'épouvante encore, est pour lui une atrocité inévitable, il ne résistera point à sa destinée ; sa conscience s'anéantira dans cette fatale pensée ; le malheureux deviendra coupable par désespoir.

Alors, quand il nous naîtra un enfant, quel trouble dans notre ame ! Que sera-t-il ? Vertueux ou malfaiteur, suivant les décrets de la nature ! Et quand nous le presserons sur notre cœur, soudain l'horreur succédera à la tendresse ; car incessamment nous serons en proie à l'idée qu'il peut être né avec l'appétit du crime. Mon fils sera-t-il un brigand exécrable ? ma fille, hélas ! sera-t-elle une infâme prostituée ? Tous sont-ils ou non flétris par leur propre organisation ? Ces questions font mal.

Oh ! s'il étoit vrai que la créature naquît avec le besoin de faire le bien ou le mal, suivant le relief ou l'affaissement que la main du Créateur auroit dessiné sur son crâne ; s'il étoit vrai que la probité et la friponnerie, l'humanité et la cruauté, fussent également ordonnées par la souveraine des êtres ;

alors toute action seroit le résultat d'une obéissance nécessaire; alors il faudroit déchirer les cou-
ronnes que l'estime et le respect tressent à la vertu,
brûler nos codes, briser le glaive de la justice.....
Alors, ô nature! pusses-tu étouffer dans tes flancs
monstrueux le germe de l'espèce humaine, arrêter
pour jamais la reproduction.

Rassurez-vous, Messieurs, la doctrine du pro-
fesseur allemand n'est qu'une fable absurde.

Je le prouve d'abord, parce qu'il ne prouve
rien. Ses éminences, ses cavités, tous les signes
qu'il appelle à son secours, sont des accidens
muets auxquels il prête une signification imaginaire.

Certes, s'il étoit vrai que les secrets et les desseins de la nature eussent des révélations aussi
sensibles, ils n'auroient pas attendu la naissance de
M. Gall pour avoir une foule d'interprêtes; de
longs siècles auroient éclairé cette science avant
lui.

Je le prouve, parce qu'il ne vérifie jamais ses assertions que par des assertions, ou par des exemples
qui ne peuvent avoir aucune application générale,
ou par des inductions qui confondent notre espèce
avec la brute. Sa science (en crânologie) est de
tout affirmer; d'où il suit que pour le réfuter il suffiroit de tout nier : mais je ne resterai pas dans de
si misérables bornes.

Il n'est pas vrai qu'un écolier ait massacré et
brûlé plusieurs de ses condisciples : la première de
ces atrocités l'auroit fait au moins renfermer et
lier comme furieux.

Il n'est pas vrai que, devenu prêtre, il ait égorgé
deux sacristains : le premier de ces meurtres l'auroit conduit à l'échafaud.

Est-ce pour discréditer sa prétendue science, qu'il l'appuie d'impostures aussi évidentes, ou pour s'assurer jusqu'à quel point peut aller la crédulité dn peuple qui l'accueille ?

Dans le premier cas, il est louable ; dans le second, il outrage la Nation française.

Je ne parlerai pas d'une certaine séance qui auroit dû être présidée par le dieu P.....; elle est trop dégoûtante et trop scandaleuse pour ne pas s'ensevelir d'elle-même.

Je me borne, après avoir indiqué la fausseté des assertions du docteur, à prouver que les mauvaises actions, les crimes, les cruautés n'ont point pour cause aucune loi naturelle.

Et je pars de cette vérité incontestable, que tout ce que nous faisons d'après le vœu de la nature est une jouissance dont le souvenir est agréable, ou du moins n'a rien qui trouble notre conscience.

Au contraire, une faute se retrace en nous avec les tourmens du remords, d'où je tire la conséquence qu'elle n'a pas été le fruit d'une cause permanente ; car une cause pareille donneroit de l'attrait au souvenir, et feroit accroître le désir, le besoin de la renouveler.

En opposant à des indices arbitrairement expliqués, ce cri qui éveille tant de douleurs, ces déchiremens qui effectuent la plus pénible de toutes les expiations, je foudroie le système de la crânologie.

Non, la nature n'a pas la funeste puissance de nous donner à-la-fois les organes du crime, du repentir ou du châtiment? Ces deux organes s'excluent mutuellement? et comme le Tribunal redoutable où notre conscience prononce et exécute elle-même ses arrêts, siége dans le cœur de tout être non aliéné, il s'ensuit nécessairement que personne ne naît avec l'organe du vol, du meurtre. etc.

Veut-on avoir une preuve irréfragable que personne ne naît avec l'impossible organe du meurtre? On la trouve dans un peuple guerrier, dans les Romains. La vie des enfans, à Rome, fut en sûreté sous la puissance paternelle, à laquelle les lois avoient attribué le droit de vie et de mort. Si une partie des hommes naissoit avec le besoin de massacrer, l'histoire ne seroit-elle pas remplie de carnage? Je conclus donc encore de ce que les Romains n'ont pas commis fréquemment d'actes féroces, que la férocité n'a pas son organe.

Brutus a été assez horriblement vertueux pour condamner son fils à mort; mais s'il eût été bourreau au lieu d'être juge, le couteau lui seroit tombé des mains.

S'il est des hommes cruels, s'il est des tigres doux, ce sont des exceptions et non des règles.

Nous classer des organes essentiellement bons ou mauvais, c'est, loin d'avancer la science, la replonger dans le cahos. Les distinctions sont faites; il est des foux, des furieux, des êtres vertueux et des scélérats. Ces distinctions divisées et subdivisées, caractérisées et même nuancées, forment parmi nous une science produite par la civilisation et l'exercice de l'intelligence humaine. Que l'on change les noms et les causes, que l'on attribue à la nature ce qui est l'effet des accidens ou de la corruption, alors nous nous retrouverons dans l'ignorance originaire, nous ne nous comprendrons plus, et nous devrons ces ténèbres aux lumières du docteur allemand.

Nous manifestons des passions plus ou moins ar-
dentes, et c'est ce que le savant étranger vient nous
apprendre avec un langage nouveau , avec des
contes indignes de notre siècle ; mais ces passions
ne sont pas des lois, elles sont disciplinables ; bien
dirigées, elles font les talens utiles et les grands
hommes ; mais je dis plus, elles ne sont pas le produit de la nature : elles ont, sans doute, leur foyer
dans une partie quelconque de nous-mêmes ; mais
elles s'allument, s'irritent par des causes hors de
nous ; elles dégénèrent en vices par des rapports
dangereux, par des points de contact empoisonnés ;
en un mot, elles se corrompent quand l'ame croupit
dans l'oisiveté et dans la fange. La dépravation et
la corruption (mots qui ne sont pas vides de sens),
prouvent qu'originairement l'homme ainsi dégradé
étoit sain ; prouvent conséquemment que la nature
n'imprime pas au crâne la cause et la nécessité du
crime, et que le criminel a abdiqué sa destinée naturelle.

Voyez ces victimes de l'exemple : pendant trente
ans, tel a été homme de bien, qui est devenu un
brigand incorrigible. Il n'avoit pas l'organe du vol
ni du meurtre, puisqu'il fut probe, humain, dans
la plus forte effervescence de ses passions. Il a fré-
quenté des gens vicieux, il a contracté leurs vices ;
il s'est créé de mauvais penchans, de criminelles
habitudes ; la nature l'avoit formé, comme tous ses
semblables, pour le bien et pour l'utilité ; la mauvaise compagnie lui a fait perdre ses heureuses prérogatives ; de degré en degré il est descendu au
niveau du chien qui vole, de l'animal qui détruit :
suivant la nature et la morale, il fut homme de
bien ; suivant le mauvais exemple et ses vices con-
tractés, il devint coupable.

En attribuant les crimes à la nature, M. Gall attaque les lois, la justice divine et humaine ; il justifie la perversité, désespère l'être foible qui conçoit une mauvaise pensée, multiplie les coupables, les victimes, et met la société en péril.

Ou sa doctrine est vraie, ou elle est fausse. Dans le premier cas, il nous a appris à maudire la fécondité de nos compagnes, à redouter nos semblables et nos proches; et s'il ne nous donne pas de moyens curatifs, sa révélation est une cruauté. Dans le second cas, il outrage gratuitement la nature, l'espèce humaine, porte atteinte à la morale par des fables révoltantes, et fait une foule de dupes de sa science imaginaire..... J'ai exprimé mon opinion.

Le Conseil a partagé d'autant plus les principes professés dans cette opinion ; qu'il a été consulté sur la question de savoir si un accusé, convaincu d'un crime, peut présenter comme un moyen d'excuse la protubérance qui lui a fait la loi de le commettre.

QUESTIONS.

Madame Rosalie-Victorine D..... a été mariée en premières et secondes noces.

Par le premier de ses contrats civils, en date du 8 juin 1786, la dame Marie-Françoise D....., sa tante, lui a donné, en faveur du mariage, une ferme et des terres, sous les conditions : 1.º de la réserve, au profit de la donatrice, de l'usufruit du bien donné pendant sa vie durant; 2.º de reprendre les mêmes biens dans le cas où la donataire viendroit à la prédécéder sans postérité; 3.º à la charge d'une rente viagère au profit d'une des sœurs de la donataire, payable par celle-ci après le décès de la donatrice ; 4.° et à la charge, par la donatrice, de laisser et transmettre les trois-quarts du bien donné à ses frères et sœurs dans le cas où la donataire décéderoit sans laisser d'enfans.

Dans l'acte même, cette dernière clause est qualifiée substitution.

Veuve de son premier mari, madame Rosalie-Victorine a convolé à de secondes noces.

Dans le contrat de mariage, du 27 février 1791, la tante donatrice intervint, renonça au droit de retour, et permit à sa nièce de disposer du bien donné, enfin ratifia la donation aux mêmes *clauses* et *conditions* y détaillées.

La donatrice est décédée.

On demande : 1.° si la charge imposée à la donataire, par son contrat du 8 juin 1786, de transmettre à ses frères et ses sœurs les trois-quarts des biens donnés, dans le cas où elle mourroit sans enfans, est, ainsi qu'elle est qualifiée, une véritable substitution, et si elle se trouve abolie par la loi qui a fait cesser l'effet de cette espèce de disposition ?

2°. Dans le cas où l'obligation imposée à la donatrice ne seroit pas une substitution, seroit-elle une donation valable au profit de ses frères et sœurs qui n'y ont donné aucune acceptation ?

3°. Cette donation seroit-elle maintenue et confirmée par ces expressions *aux mêmes clauses et conditions ;* ou bien est-elle révoquée par la liberté accordée à la donatrice de disposer du bien donné comme elle avisera bon être ?

4°. En admettant l'affirmative, cette révocation seroit-elle valable ? la donatrice pouvoit elle

retirer un droit qu'elle avoit précédemment conféré ?

5°. Dans l'hypothèse où l'obligation subsisteroit
encore nonobstant les stipulations du dernier contrat, ne pouvoit-on pas regarder comme anéantie
la seconde disposition de l'art. 896 du Code Napoléon ?

SOLUTIONS.

Sur la première question.

Que l'obligation imposée à la donataire de conserver et transmettre les biens donnés à ses enfans,
ou à ses frères et sœurs est une substitution fidéï-
commissaire.

Ici toute distinction classique n'opéreroit que
des nuances déplacées, sans rien changer à la nature
de l'acte explicitement qualifié.

Ce qu'il s'agit de fixer, c'est que les biens étoient
grévés de la condition qu'ils seroient conservés et
transmis à autrui, et que dès-lors la donataire ne
pouvoit les aliéner.

Cet état de chose existoit à l'époque où les substitutions furent abolies par les lois des 25 octobre
et 14 novembre 1792.

Par l'effet de l'abolition, la propriété se seroit
trouvée réunie à la jouissance sans le droit de
retour.

Ce droit n'a pas été exercé; au contraire, le fait
s'est joint à la loi : dans le second contrat de mariage, en effet la donatrice a tout consolidé au profit de la donataire. Dès-lors s'est éteint le droit de
retour, seul obstacle qui s'opposât auparavant à
l'effet entier de la loi abolitive, d'où il suit qu'à

compter de cette époque la consultante devint propriétaire incommutable des biens donnés par le
concours de l'abolition, et de la volonté de la donataire, que dès-lors elle pût et peut valablement
les aliéner.

Sur la seconde question.

Que la stipulation en faveur des frères et sœurs
ne peut constituer une donation, ceux-ci n'étant
appelés qu'après les enfans nés et à naître, ils étoient
substitués. En restreignant l'acte à une substitution
vulgaire ils n'en seroient pas plus avancés, parce que
cette sorte de vocation n'a pas été exceptée de l'a-
bolition générale.

En transformant la substitution, les frères et
sœurs de la donataire n'y trouveroient non plus aucun avantage : 1°. parce que l'acceptation, qui est
de l'essence des donations, n'auroit pas eu lieu ;
2°. parce que le droit de retour l'auroit rendu
mobile à tel point que la volonté de la donatrice
eût pu d'un moment à l'autre la faire disparoître.

La donatrice a usé indirectement, ou plutôt elle
a éteint son droit de retour dans le second contrat
de mariage. Par cette intervention et ses nouvelles
stipulations, elle a revêtu sa nièce de la propriété
des biens donnés, et de la propriété tellement incommutable, qu'elle n'auroit pu, après ces dernières dispositions, aliéner ni donner les mêmes
biens au préjudice de la donataire.

Sur la troisième question.

Les expressions : *aux mêmes clauses et conditions* ne peuvent s'appliquer à rien de contraire à
la transmission irrévocable des biens donnés, ni
conséquemment s'étendre au-delà des *clauses et*

conditions qui ne sont pas annéanties, et qui peuvent se concilier avec ces expressions.

Cette proposition est la réponse sans réplique à la troisième question.

La donation hypothétique admise, ne seroit pas maintenue par cette modification : *aux mêmes clauses et conditions ;* elle se trouveroit en effet révoquée par la nouvelle disposition stipulée dans le dernier contrat de mariage, disposition dont l'objet essentiel est de revêtir la donataire de la propriété des objets auparavant conditionnellement donnés. On ne peut entendre ces mots : *aux mêmes clauses et conditions,* que relativement à l'usufruit réservé à la donatrice.

Il est de règle que toute stipulation claire, et dont l'objet principal est évident, doit être la mesure des stipulations accessoires qui s'y rapportent : que les clauses démonstratives ou explicatives s'étendent ou se réduisent suivant que l'exige l'exécution de la clause principale, et qu'enfin celle-ci ne peut jamais être sacrifiée à celle-là.

Or l'objet évident de la principale stipulation, dictée dans le second contrat de mariage, est de revêtir la donataire des biens dont il s'agit. Propriétaire, elle a la liberté d'en disposer, liberté inconciliable avec l'existence et l'effet d'une donation de ces mêmes biens au profit de tout autre.

Sur la quatrième question.

Que le droit conféré aux frères et sœurs de la donatrice, considéré, soit comme résultant de la substitution, soit comme consistant dans une donation, ne leur étoit pas irrévocablement acquis ; cela est si vrai, que si la donataire eût prédécédé la donatrice, celle-ci, par l'exercice du droit de retour, eut ressaisi la disposition des biens, et par ce seul fait révoqué la donation.

Enfin; de deux choses l'une, ou la disposition dont il s'agit étoit une substitution ou une donation : au premier cas, la substitution est abolie ; au second, la donation est nulle faute d'acceptation.

Sur la cinquième question.

On ne pourroit appliquer à un droit acquis et conservé, pour l'éteindre, l'art. 896 du Code Napoléon, sans opérer un effet rétroactif, mais s'il en étoit besoin, on pourroit l'invoquer ici pour démontrer que notre Législateur a confirmé l'abolition des substitutions, et qu'il a voulu qu'on ne pût en faire (hors les substitutions vulgaires) directement ni indirectement; il a, par cet article, spécialement prohibé le *fidéi-commis*, et confirmé à cet égard le vœu de la législation intermédiaire.

QUESTION.

L'art. 1912 du Code Napoléon porte que le débiteur d'une rente constituée qui aura cessé de remplir ses obligations pendant deux ans, pourra être contraint au rachat. Cette exigibilité s'applique-t-elle aux contrats de constitutions antérieurs au Code Napoléon ?

SOLUTION.

Les conventions conclues sous l'ancienne législation ne dépendent ni des abrogations ni des modifications ultérieures. Les peines légales attachées à l'inexécution de ces pactes, ne peuvent subir aucun changement qui favorise l'une des parties au préjudice de l'autre; elles doivent respectivement jouir du bénéfice et de la protection de la loi à laquelle elles ont confié le sort de leurs conventions. Appliquer à un droit acquis les dispositions législatives promulguées depuis, ce seroit donner à la loi l'effet rétroactif formellement défendu par le Code Napoléon.

Il faut donc dans l'espèce, s'en référer aux anciennes lois de la matière qui ont stipulé pour les contractans et qui ne peuvent cesser d'être les règles et la mesure de leur condition respective.

Si par exemple, les intérêts d'un capital avoient été stipulés *suivant le taux de la loi*, aucune des parties ne pourroit se prévaloir d'une nouvelle législation qui augmenteroit ou diminueroit l'intérêt de l'argent.

La condition des contractans ne peut dépendre des lois futures, à moins que celles-ci ne viennent à y déroger positivement et expressément.

Par le contrat de mariage du sieur C....., du 2 juillet 1775, ses père et mère lui constituèrent *en dot* une métairie provenant d'acquet de communauté estimé 6,000 liv., à la charge par lui de leur payer 2,000 liv., pour *plus valeur*, et pour venant à leurs successions, lorsqu'elles seront échues, avec ses frères et sœurs, rapporter ladite métairie ou la précompter pour 4,000 liv.

Le sieur C.... a payé les 2000 liv.

Ses père et mère sont morts; il s'agit de partager les successions.

QUESTIONS.

1°. Sous la coutume du Poitou, qui régissoit les

parties, l'option ci-dessus relatée peut-elle dispenser le sieur C.... de rapporter ?

2°. L'obligation imposée par les père et mère
C..... à leur fils, de leur payer 2,000 liv. de plus
valeur des objets donnés, peut-elle être considérée comme contrat équipollent à vente pour
un tiers des propriétés données en avancement
d'hoirie ?

3°. En la supposant contrat équipollent à vente,
mais que le tiers de l'objet donné fût d'une valeur
de plus de 2,000 liv., ne pourroit-on pas dire qu'il
y a vilité dans le prix de la vente, et que parconséquent c'est une donation déguisée ?

SOLUTIONS.

L'option n'étoit pas autorisée par la coutume du
Poitou, et ne pouvoit suppléer la *défense* de rapporter, prescrite par l'art. 216, pour saisir sans retour le donataire de l'objet donné : l'obligation légale inhérente à tout avancement d'hoirie est donc
restée intacte et doit être remplie.

La faculté de donner ou d'avantager a été introduite, à Rome et en France, non pour secon-
der des prédilections injustes, mais pour balancer
des services ou compenser des moyens inégalement
repartis, soit par la nature, soit par l'éducation.
Tel est, on ne peut en douter, l'esprit qui a présidé
à toutes les lois qui ont permis de déroger à l'ordre des successions. — Si l'art. 216 ne prescrivoit
pas d'énoncer la cause des avantages qu'il autorisoit, il vouloit au moins que leur validité dépendît
d'une autre manifestation tellement de rigueur, que
si elle ne se trouvoit pas littéralemeut établie dans
la donation, le rapport de l'objet donné étoit indispensable.

Il est de principe que tous les actes destinés à interrompre l'action de la loi, doivent, pour leur validité, contenir tout ce qu'elle ordonne.

La Cour suprême a donné un grand exemple du respect qu'elle a pour cette règle générale, elle a annulé un testament qui n'énonçoit pas, selon le vœu du Code Napoléon, que l'un des Notaires l'avoit écrit ; quoique la preuve du fait frappât les sens et qu'il n'éprouvât aucune contradiction.

C'est qu'en matière de libéralité ou d'avantages, le droit doit être circonscrit dans les bornes les plus étroites.

Il ne suffit pas que la volonté soit claire et positive, il est absolument nécessaire qu'elle soit fixée par le mode annoncé dans les termes prescrits par le Législateur, autrement elle disparoît aux yeux de la Justice.

La disposition de la coutume du Poitou, qui veut que la *défense* de rapporter soit faite, n'est pas plus comminatoire que l'obligation de la part du Notaire d'énoncer qu'il a écrit le testament qui lui a été dicté.

On ne peut rien conclure de *l'option*, à la *défense* ; celle-ci étoit prescrite ; celle-là n'étoit pas permise : c'est donc le cas de dire que les donateurs ont fait ce qu'ils ne pouvoient et n'ont pas fait ce qu'ils pouvoient.

Et de ce qu'ils ne se sont pas servis du mot sacramentel, ils n'ont rien ordonné.

Sur la seconde question.

La raison de décider est simple : il est évident que les père et mère du sieur C..... ont voulu borner l'avancement d'hoirie à la valeur de 4000l., et que c'est pour y restreindre l'objet donné qu'ils ont exigé une retenue de 2000 liv.

Ce qu'il y a de certain, c'est que jamais on ne pourra considérer le tiers de la métairie comme ayant été vendu au sieur C..... Une vente ne se présume pas, elle doit être exprimée de manière à ne laisser aucun doute sur le genre de ce contrat. S'il en étoit autrement, à quelles prétentions ne prêteroient pas les inductions ? dans cette déplorable latitude, l'esprit créeroit sans cesse des objets étrangers à l'objet des conventions, et à quel terme s'arrêteroit cet abus ?

Chaque espèce de contrat a son caractère particulier. On ne reconnoît, dans celui dont il s'agit, que l'avancement d'hoirie ; lui donner plus d'extension seroit y ajouter arbitrairement une convention qui n'a pas été conclue.

Point de fait.

Un Négociant passe un billet à ordre au profit d'un autre Négociant qui, cinq jours après, fait éclater sa faillite. Il est prouvé par leurs livres respectifs que l'endosseur n'a pas reçu le montant de l'effet qui, sous le voile de l'endossement, a été confié.

QUESTION.

L'endosseur est-il fondé à révendiquer cet effet?

SOLUTION.

L'action en révendication a été introduite en faveur de quiconque a déposé des valeurs au failli.

On ne doit établir aucune distinction entre un billet de commerce et des marchandises : il suffit que la propriété n'en soit pas acquise par la compensation de la chose livrée ou confiée, pour que la masse des créanciers ne puisse en profiter. La demande en révendication est fondée sur l'art. 583 du Code de Commerce.

ARRÊTS et JUGEMENS.

Cour d'appel de Limoges.

L'hypothèque légale de la femme sur les biens du mari, doit-elle être considérée comme tellemei conservatoire de la dot, que la femme ne puisse être admise à se pourvoir en séparation de biens ?

Les sieur et dame Thamoinaud se sont mariés en 1786 ; l'épouse apporta en dot une somme de dix mille francs. Si le mari avoit alors peu de biens, du moins il n'avoit pas de dettes ; depuis il en a contracté, et des inscriptions hypothécaires, s'élevant à plus de quarante mille francs, ont annoncé l'insuffisance de ses biens pour y faire face ; de plus, il a été saisi, exécuté dans ses meubles. La femme a demandé la séparation de biens au Tribunal de Rochechouart, le mari lui a opposé que sa dot étoit conservée par une inscription, et qu'ainsi, d'après l'article 1443 du Code Napoléon, la séparation ne pouvoit être admise.

Jugement du 24 août 1807, qui a admis la séparation.

Sur l'appel, même systême ; le mari étoit défendu

par M. *Bordeau*, et la femme par M. *Lemoyne*, avocat débutant.

Ce dernier a fait sentir que le Code seroit inconciliable avec lui-même, si l'inscription, comme conservatrice, empêchoit la demande en séparation, parce que l'hypothèque de la femme étant légale (article 2121), il en résulteroit qu'il n'y auroit jamais un danger réel pour la dot, mais que lorsque le désordre des affaires du mari étoit tel, qu'il étoit à craindre que les revenus ne pussent pas suffire aux besoins du ménage, la séparation étoit un remède salutaire pour le mari lui-même, parce que les fruits de la dot pouvoient être employés utilement par la femme ; que même quand elle n'auroit pas apporté de dot, si les fruits de son travail étoient absorbés par l'inconduite du mari, la séparation devoit avoir lieu, suivant Pothier, *Traité de la Communauté*, ces moyens ont déterminé la confirmation du jugement qui a été prononcé par arrêt du 30 décembre 1807, sur les conclusions de M. le Procureur-général.

JUGEMENT du Tribunal civil de la Seine 3ᵉ. *Section, du* 19 *février* 1808.

Qui déclare non pertinens ni admissibles des faits *invraisemblables, vaguement* articulés par la dame Gindre contre son mari, et tendant à faire prononcer contre lui la séparation de corps par elle demandée.

Ordonne qu'elle rejoindra son mari dans le délai de trois mois, sinon et ledit temps passé, autorise le sieur Gindre à faire saisir et arrêter tous les revenus de sa femme.

4

Ce jugement est conforme à la jurisprudence des arrêts rendus depuis le règne du Code Napoléon.

Cour d'Appel de Bruxelles.

QUESTION.

Le créancier est-il valablement intimé au *domicile par lui élu* dans le commandement qui précède l'exécution ?

Arrêt du 14 août 1807.

« Attendu que, conformément à l'article 456 du
» Code de procédure civile, l'exploit d'appel doit
» contenir, à peine de nullité, assignation à per-
» sonne ou domicile : que toute assignation *intro-*
» *troductive d'instance* doit être faite au *domicile*
» *réel*, et non au *domicile élu*,
» Déclare l'appel nul ».

L'irrégularité de cet appel provenoit de la contradiction qui se trouve entre le vœu respectif des art. 456 et 584 du Code de procédure civile.

La Cour d'appel de Bruxelles a justement préféré celle des deux dispositions qui ordonne que l'assignation soit donnée à personne ou domicile.

Séance du 15 mars 1808.

Le 11 de ce mois, le Temple de la Monarchie s'est relevé sur des colonnes majestueuses. Divers titres sont créés, et forment comme des degrés pour arriver jusqu'à l'éminence du trône ; l'ordre judiciaire participe à cette grande alliance entre le Prince et ses sujets ; les distinctions sont enfin sorties du chaos, la masse est organisée, le mouvement renaît, et rend la vie à une multitude de branches d'industrie qu'avoit anéanti la confusion des rangs.

Cette superbe création aura plus qu'on ne croit d'influence sur la justice ; mais ce n'est pas le moment d'en révéler la raison, et cet article n'a d'autre objet aujourd'hui, que de marquer une des plus grandes époques de notre siècle.

———————

Une question extraordinairement controversée, occupe l'esprit d'un grand nombre de Jurisconsultes, dont l'opinion n'a pas encore trouvé de véritable assiette.

Un certain nombre d'habitans du village de Damerey, y ont, il y a plusieurs siècles, acquis de leurs concitoyens le droit communal que chacun avoit dans la jouissance d'immeubles provenant d'une concession très-ancienne.

Les acquéreurs dès lors ont pris le titre d'*habitans particuliers*, et ont donné aux biens la dénomination d'*habitanterie.*

Ils ont soumis ces biens à un régime particulier, suivant lequel aucun des possesseurs ne peut être représenté que par un seul individu, savoir :

Par l'aîné de ses enfans auquel succèdent les puînés suivant l'ordre de primogéniture, et à défaut de mâle les frères du défunt suivant le même ordre.

Toute personne de sexe féminin est exclue de la représentation.

Ce régime, observé de temps immémorial, est d'ailleurs constaté par des actes authentiques qui ont admis de nouveaux sociétaires, avec la clause expresse de se conformer au mode de transmission dont il s'agit.

Aujourd'hui, quelques personnes exclues demandent dans ces biens une portion héréditaire.

QUESTIONS.

1°. Ce mode de représentation peut-il être considéré comme une substitution dont les effets ont dû cesser en exécution du décret du 25 octobre 1792 ?

2°. Si ce n'est pas une substitution, peut-il être considéré comme établissant des droits d'aînesse et de masculinité, droits abolis par les lois des 15 mars 1790, 8 avril 1791, 4 janvier 1793, et 18 pluviose de l'an V ?

3°. Hors de ces deux cas, ce mode peut-il avoir été valablement établi par une association particulière, est-il compatible avec nos principes actuels sur l'égalité des droits en matière de succession ?

4°. Cette société, si c'en est une, peut-elle être dissoute par la volonté de quelques-uns de ses membres ?

5°. Si ce n'est pas une société, quelle classe peut-on assigner à ce *pacte* ?

6°. Enfin, les puînés, les sœurs, leurs mères, et tous également exclus par l'usage et par des stipulations expresses et littérales, sont-ils fondés à prétendre représenter soit leurs auteurs, soit leurs maris décédés ?

SOLUTIONS.

Il ne s'agit pas d'une Substitution

PREMIÈRE. Uu point de fait non contesté, est

que les biens dont il s'agit ont été originairement acquis à titre onéreux par la communauté entière des habitans.

Ils n'ont pu être grévés de substitution par le vendeur ou concédant, mais bien d'une redevance qui a en effet été créée.

Les habitans qui y ont acquis le droit des autres habitans, n'ont rien changé ni à la nature du premier contrat, ni à la communauté de la jouissance; ils ont simplement réduit le nombre des usufruitiers, et fait dépendre cet avantage d'un autre titre, et d'un nouveau mode.

Avant cette acquisition, le droit de jouir étoit un attribut attaché à la qualité d'habitant. Pour l'exercer il ne falloit qu'établir son domicile dans le village de Damerey.

Depuis l'acquisition, et en conséquence d'une clause très-licite, le droit de jouir dépend de la capacité de représenter. La masse possède et ne dispose pas ; rien n'a pu, rien ne pourroit encore interdire cette convention qui ne peut jamais être confondue avec une substitution.

Il est de principe que là où il n'y a pas d'acte, il n'y a pas de substitution. Ces sortes de dispositions n'existent pas si elles ne sont écrites; tel est la volonté de toutes les lois.

Les parties intéressées à soutenir qu'il s'agit d'une substitution, ne fondent leur système sur aucun acte. Elles se bornent à conclure des effets à la cause, conséquence erronée qui ne peut suppléer à la preuve littérale qu'elles sont absolument obligées de produire.

Jusques-là, elles ne présenteront à la Justice qu'une simple assertion, à laquelle il suffit d'opposer une simple négation.

Il n'y a pas d'acte, donc il n'y a pas de substitution; et nous le démontrerons jusqu'à la certitude, par la définition de la convention qui lie les habitans.

Deuxième. *S'agit-il d'un droit d'aînesse et de masculinité; de la nature de celui que les lois ont supprimé ?*

Il seroit difficile d'assimiler un usage circonscrit dans un petit nombre d'habitans, à des coutumes et statuts locaux qui embrassoient une contrée, ou au moins une commune entière; il seroit impossible de faire tomber sur un droit résultant d'une convention, la proscription d'un privilège résultant d'un abus.

Mais on pourroit encore plus raisonnablement, en recherchant la cause dans les effets, considérer la préférence accordée à l'aîné des enfans mâles, et l'exclusion des femmes et des filles quant à la représentation, plutôt comme émanant d'une coutume locale que d'une substitution.

Une substitution ne peut être implicite, tandis qu'une coutume peut n'exister que dans les mœurs et les habitudes d'un peuple.

Une substitution déroge à la loi, tandis qu'une coutume devient une loi.

Une substitution réside dans une volonté rédigée; tandis qu'une coutume écrite est la rédaction de volontés et de penchans unanimes déjà exécutés et suivis.

Mais cette dernière hypothèse est inadmissible dans l'espèce, et nous établirons, en dernière analyse, qu'il ne s'agit pas d'un privilége coutumier, attaché à la primogéniture ni à la masculinité, mais d'un droit acquis à la masse des *habitans* particuliers, point essentiel et décisif qui ne peut souffrir l'application des lois des 15 mars 1790, 8 avril 1791, et 4 janvier 1793.

Troisième. *Le mode de représentation dont il s'agit, a été valablement établi, et il est compatible avec nos principes actuels.*

Pour démontrer cette double proposition, il suffit :

1°. De se reporter à la faculté qu'eurent toujours les hommes d'acquérir collectivement un objet quelconque, et de lui donner une destination conforme à la volonté générale de la masse.

2°. Au droit qu'a tout propriétaire d'aliéner ses biens moyennant une rente viagère, et par conséquent de les mettre en société moyennant un certain bénéfice ou une certaine chance.

Quatrième. *Il s'agit d'une société d'une nature rare, mais qui n'est pas sans exemple.*

En la formant, les parties ont usé du droit naturel de n'y appeler par représentation qu'un seul individu, désigné (faute d'existence actuelle), par son sexe, par son rang originel, et d'en exclure les femmes, usage généralement observé.

Rien en cela n'offense les principes du siècle.

Une pareille société pourroit légitimement prétendre à la protection de nos lois, à l'approbation de nos mœurs. Elle ne seroit jamais réputée avoir été faite en fraude de la loi prohibitive des substitutions ni de celle qui consacre l'égalité des naturels, ni enfin des lois qui abolissent tous priviléges, coutumes, statuts, etc.

Cette société ne peut être dissoute que par le con-
cours de tous ses membres. Un seul peut de-
mander efficacement qu'elle soit exécutée.

« La dissolution de la société par la volonté
» de l'une des parties, ne s'applique qu'aux socié-
» tés dont la durée est illimitée, et s'opère par
» une renonciation notifiée à tous les associés,
» pourvu que cette renonciation soit de bonne
» foi, et non faite à contre-temps, etc.

» Elle est faite à contre-temps lorsque les
» choses ne sont plus entières, et qu'il importe
» à la société que sa dissolution soit différée (art.
» 1869 et 1879) ».

1°. La société dont il s'agit n'est pas illimitée;
le temps de son expiration n'est pas marqué, mais
il est de son essence de finir par une extinction
graduelle, terme incertain qui lui est donné par
sa propre constitusion.

2°. Il importe à la société que sa dissolution
arrive naturellement. A cet égard, chaque membre a autant d'intérêt que la masse et *vice versâ.*
Elle ne peut donc être dissoute par la volonté de
quelques-uns d'eux.

Quand aucune disposition de la loi ne s'opposeroit à la dissolution, dans le cas où se trouve la
société, les dissidens ne pourroient reprendre la
portion d'immeubles que leurs auteurs y ont ap-
portée, par la raison qu'ici les sociétaires ne sont
qu'*usufruiters* d'après l'usage public, constant et
consacré par des actes authentiques.

En effet, la société a stipulé pour tous ceux qui
ont et qui auront droit à la représentation ; ainsi
le possesseur actuel ne peut supprimer un droit
acquis à ses descendans ; sa renonciation ne pourroit

être opposée à son fils, ou à son frère aîné, lorsque l'un ou l'autre seroit appelé par l'événement ; ils obligeroient la société à les y admettre.

Pour se convaincre que les sociétaires ne sont qu'usufruitiers, il suffit de jeter un coup-d'œil sur les actes d'aggrégation en date des 1660, 1680 et 1682 , lesquels renferment unanimement cette clause : *que le droit conféré aux Agrégés ne pourra être transmis qu'à leur fils aîné , etc.....* *pour, par eux , jouir et user des honneurs , profits , revenus et émolumens , généralement quelconques, appartenant aux habitans particuliers.*

Il est donc certain que le droit de ces habitans consiste dans la simple jouissance de l'usufruit, que le fonds en est inaliénable, et que, par conséquent, nul possesseur ne peut renoncer pour son successeur dont les droits ne sont en la puissance de personne.

Ces actes d'admission établissent irrévocablement qu'il s'agit d'une société, et font disparoître à jamais toute idée de substitution et de privilége abolis.

CINQUIÈME. *Cette société participe du contrat aléatoire et de la tontine.*

Du contrat aléatoire en ce que les parties ont placé des fonds sur leurs branches masculines pour se constituer une rente viagère, susceptible d'augmentation , suivant des chances réciproquement égales, et que ce droit n'est que viager.

De la tontine, en ce que l'extinction de chaque race habile à représenter , accroît la portion de jouissance de chacun des autres sociétaires, et qu'il arrivera une époque où la société elle-même sera éteinte.

Telle est le genre complexe du pacte en question ; il est licite sous les deux rapports.

Pour le former les sociétaires ont pris, quant au nombre, l'action décroissante, au lieu de l'action accroissante ; c'est-à-dire, une marche directement contraire à celle naturellement suivie quant aux biens communaux.

Suivant celle-ci, chaque nouvel habitant, prenant de droit une part dans le revenu commun, restreint la jouissance du survivant.

Suivant celle-là, le décès de chaque possesseur non représenté, augmente la jouissance des co-sociétaires.

Pour établir le fonds de la société, personne n'a rien donné de son patrimoine ; on s'est constitué sur des fonds communaux qui ne firent jamais partie des successions particulières.

Suivons ce premier point, sans doute bien capable de calmer les esprits soulevés contre les priviléges, l'inégalité des droits, et même contre l'*indisponibilité* des immeubles.

Dans l'origine, ni les aînés ni les puînés ne participoient aux distributions des revenus du bien de l'*habitanterie*, s'ils ne devenoient habitans. Les enfans, de quelque sexe qu'ils fussent, ne succédoient pas à la qualité d'habitans, ils ne pouvoient acquérir ce titre que par l'établissement de leur domicile dans la communauté.

Ce bien n'a donc jamais suivi l'ordre des successions ; il n'en a jamais dépendu, et il ne s'en est rapproché de quelques degrés que par le pacte qui en a fait un objet de société et de tontine.

En effet, le produit de ces biens, duquel étoient exclus les héritiers de l'habitant, est devenu, pour l'aîné d'eux, un héritage viager, et un avantage

éel pour chaque famille, non seulement par le bénéfice qu'y trouvent ceux de ses membres doués
de la primogéniture, mais encore pour les exclus
en ce qu'ils profitent de l'aisance de leur auteur,
et qu'il partagent, comme héritiers dans les fruits
qui peuvent augmenter ses acquisitions ou son numéraire.

Loin donc d'avoir porté atteinte aux droits successifs de leur descendance, les sociétaires lui en
ont créé de nouveaux, ont augmenté la jouissance
des familles.

Le mode de représentation introduit n'est pas
le privilége de la primogéniture et de la masculinité, mais bien celui de la société ; c'est la condition du contrat aléatoire, avec cette différence
que c'est la durée de la race et non de l'individu
qui constitue la chance.

Sous le rapport d'une tontine, la chance est la
même ; c'est la branche masculine, au lieu de l'individu, qui est actionnaire.

Ici, il n'est pas plus possible de multiplier les
têtes et les actionnaires que dans les cas ordinaires.
La jouissance des biens de l'habitanterie est hors
des successions, comme toute rente viagère et
comme toute action de tontine.

Arriver à ce point de démonstration, c'est avoir
établi un motif de décision qui embrasse toutes les
questions, et qui détruit radicalement toutes les
difficultés.

RÉSUMÉ.

Les *habitans particuliers* ont converti un droit
communal en un droit de société, adopté un mode
de représentation profitable à la masse à mesure de
sa décroissance. Ce régime, consacré par l'usage et

constaté par des actes authentiques, est l'œuvre
d'une convention licite, sanctionnée par sa propre
exécution durant des siècles entiers ; il est démontré que ce régime ne résulte ni d'une substitution,
ni de coutumes ou de statuts locaux ; que les exclu-
sions établies forment le droit et l'avantage de la
société ; que ce droit ne peut être atteint par le fait
et la volonté d'aucun des possesseurs ; qu'un seul
d'eux peut demander efficacement l'exécution du
pacte pour jouir de la chance qu'il lui assure ; que
la nature du contrat et celle des biens exclut toute
hérédité ; que la demande en partage formée par
quelques personnes exclues, est interdite, par la
raison même que les héritiers n'ont aucune part,
soit à la rente viagère, soit à l'action dont jouissoit leur auteur décédé ; que cette prétention est
encore interdite par le motif qu'il faudroit, pour
l'accueillir, 1°. faire entrer dans les successions des
biens qui n'en font, qui n'en ont jamais fait partie ;
2°. que le jugement fît l'office du contrat d'acquisition en faveur des héritiers, et du fait de spoliation au préjudice de la société.

Enfin, il est de principe, et surtout depuis le
11 de ce mois, que *l'inaliénabilité* des biens est
admissible, et doit être consacrée et réputée dans
les cas où elle est nécessaire ; qu'elle est une conséquence du pacte dont il s'agit, le gage essentiellement immuable de la tontine, et la garantie de
l'État, qui peut recueillir la propriété des biens
après l'extinction totale des races habiles à représenter. D'où il suit que quand bien même la société
voudroit se dissoudre et faire passer ses fonds dans
l'hoirie de ses membres, l'administration des domaines seroit fondée à intervenir pour empêcher
que les biens ne prissent ce cours ; et M. le Procu-

...eur-Impérial ne manqueroit pas d'interposer son
ministère pour la conservation des droits de la couronne.

QUESTION.

Une femme séparée quant aux biens d'avec son
mari, est-elle valablement assignée au domicile, et
en parlant à ce dernier, lorsqu'elle a fait notifier
une autre demeure?

SOLUTION.

Il résulte, de l'exposé de la consultante elle-
même, que le domicile de son mari est établi dans
la maison où l'assignation a été donnée; d'où il suit
qu'elle ne peut l'arguer de nullité. On ne peut considérer la notification qu'elle a faite d'une autre
demeure, que comme une élection de domicile où
l'ajournement auroit été nul.

QUESTION.

Un accusé acquitté par le jury, peut-il être poursuivi par voie civile en dommages et intérêts par
celui qui prétend avoir souffert du délit qui avoit
été l'objet de l'action criminelle?

SOLUTION.

Ou l'absolution repose sur ce que l'accusé n'est
pas l'auteur du crime, ou sur ce qu'il ne l'a pas
commis dans une intention coupable. Dans le premier cas, il n'est plus même possible, judiciaire-
ment parlant, de le soupçonner coupable; et bien

moins, conséquemment, de reproduire devant un tribunal civil la question si radicalement décidée.

Or, comme il faudroit pourtant pécher contre ce principe, et le violer entièrement pour statuer sur une demande en dommages et intérêts, fondée sur l'imputation que le ministère public n'a pu établir, il s'ensuit que la partie civile est non recevable à former cette demande.

Dans le second cas, la libération de l'accusé ne s'étend pas jusqu'à la partie civile : elle a, à une réparation, à une indemnité, les droits que lui donne *un quasi délit*. Ce point n'a pas été jugé ; la question reste indécise, et peut être examinée par un tribunal civil, alors compétent pour prononcer.

Cette matière a été parfaitement approfondie par M. le Procureur-général près la Cour de cassation.

« Le sort de l'action civile, dit ce Magistrat, est
» subordonné au sort de l'action publique : l'ac-
» tion civile doit réussir si l'action publique réussit,
» échouer, si l'action publique échoue ».

Mais cette doctrine ne s'applique que dans le cas où il s'agit d'une absolution procédant de l'absence du crime ou de la fausseté de l'imputation qui en est faite à l'accusé.

QUESTION.

Un prévenu, libéré par le jury d'accusation, peut-il opposer la fin de non recevoir résultant de la *chose jugée*, à la demande en dommages et intérêts pour raison du délit qui auroit été l'objet de la prévention ?

SOLUTION.

Cette question se résout par le même principe que la précédente. La décision du jury d'accusation conserve force de *chose jugée*, tant que de nouvelles charges ne font pas intenter une nouvelle action publique, il n'est pas plus au pouvoir d'un tribunal civil d'examiner et juger la conscience du jury d'accusation, que de réformer les arrêts des Cours criminelles.

L'action civile s'anéantit par l'extinction de l'action publique.

Texte et motifs du Jugement rendu le 19 *février, contre la dame* GINDRE.

« En ce qui touche la demande en séparation
» de corps formée par la dame Gindre;
» Attendu que cette demande, du 8 juin 1807,
» étant postérieure à la sommation qu'avoit fait
» à sa femme le sieur Gindre, le 4 du même
» mois, de venir habiter avec lui dans son domi-
» cile, présente tous les caractères de récrimina-
» tion;
» Attendu aussi que les faits articulés dans la
» requête introductive et dans celles postérieures
» de la femme Gindre, sur lesquels sa demande
» en séparation de corps est étayée, ne sont ni
» précisés ni circonstanciés; que d'ailleurs plusieurs
» de ces faits sont ou indifférens en eux-mêmes,
» ou invraisemblables; que dès-lors les faits dont
» il s'agit sont inadmissibles;
» Déclare la femme Gindre non recevable.
» En ce qui touche la demande du sieur Gindre :

» Attendu qu'il est non-seulement contre tou-
» tes les lois, mais encore contre les bonnes
» mœurs qu'une femme habite tout autre domi-
» cile que celui de son mari ; que la demande dont
» il s'agit est d'autant plus fondée, que la dame
» Gindre est encore mineure de dix-neuf ans;

» Attendu que la justice doit assurer l'exécu-
» tion de ses jugemens, et principalement dans
» cette circonstance, où il s'agit de maintenir les
» principes et la base de la Société.

» Ordonne que dans le délai de trois mois, à
» compter du jour de la signification du présent
» jugement, la femme Gindre sera tenue de ve-
» nir habiter et vivre avec son mari, dans son do-
» micile, aux offres de la traiter avec l'affection
» et les égards qui lui sont dus; sinon, et faute
» par ladite femme Gindre de ce faire, autorise
» le sieur Gindre à saisir et arrêter tous les reve-
» nus appartenant à sa femme, et la condamne
» aux dépens ».

QUESTION.

Le sieur Gindre est-il fondé à interjeter appel
de ce jugement, quant au chef qui accorde un délai de trois mois ?

SOLUTION.

Ce chef du jugement pèche directement contre
l'art. 108 du Code Napoléon; « *La femme ma-*
» *riée n'a point d'autre domicile que celui de*
» *son mari* ».

Cette disposition ne peut être ni éludée ni suspendue.

La confusion du domicile des époux est l'effet

« nécessaire de leur union, et la conséquence im-
» portante de la puissance du mari : ils ne font *qu'un*
» suivant une fiction souverainement morale, et
» cette unité ne peut être rompue sans désordre.

Aussi, la loi poursuit la femme qui s'échappe du lien conjugal, et l'y ramène aussitôt qu'elle peut l'atteindre. Il faut cette *prestesse* pour remplir le vœu public et préserver une épouse légère des dangers qui la suivent dans sa course irrégulière.

Le moindre délai est contraire à ce double but.

En pareil cas, l'action de la justice ne peut trop imiter la rapidité du libérateur qui ravit aux flots une victime ; il la saisit, il la ramène au rivage. Ainsi, le Tribunal chargé de descendre dans l'abîme où se trouve une jeune femme égarée, ne peut se borner à l'avertir qu'elle périt ; il doit assurer son salut en la rendant sans intervalle au nœud qui la réclame, au véritable élément de l'honnêteté et de la décence.

Or, un délai de trois mois est directement contraire à l'esprit et au motif de la loi. Dans le plus court espace, il peut résulter, de la jeunesse et du dépit, des conséquences éternelles.

Le jugement lui-même indique et motive l'urgence : « Attendu, porte-t-il, qu'il est non-seulement contre toutes les lois, mais encore contre les bonnes mœurs, qu'une femme habite d'autre domicile que celui de son mari...... ». Certes, voilà un principe pressant : il suffit d'en tirer la conséquence, pour établir le grief résultant *du délai de trois mois.*

Ce délai tolère temporairement une infraction, un désordre que la justice ne peut assez-tôt faire cesser.

QUESTION.

Le sieur Gindre est-il fondé à interjeter appel de la disposition qui lui permet de saisir et d'arrêter les revenus de sa femme, *en ce que le jugement ne l'autorise pas* à disposer de objets susceptibles d'être saisis.

SOLUTION.

Sur ce point, il n'existe aucune règle, soit dans le Droit romain, soit dans le Droit français : mais il en est une aussi ancienne que la nature elle-même. C'est que tout ce qui est disposé pour produire doit être pourvu des moyens capables d'opérer cet effet.

La justice, surtout, ne peut ordonner en vain; sa dignité veut qu'elle puisse toujours et en tout faire agir sa puissance.

C'est par cette raison que S. M. l'Empereur a elle-même créé, par l'opinion qu'elle a exprimée en son conseil, un moyen coactif pour l'exécution des jugemens rendus contre les femmes rebelles. Ne voulant pas qu'elles fussent contraintes de vive force, il a pensé qu'elles devoient être privées de leurs revenus aussi long-temps que pourroit durer leur infraction.

Nous ne pensons pas qu'on puisse prendre le mot *privation* dans ce sens qu'elle ne suspend que la jouissance des revenus saisis : ce seroit en oublier l'acception, ce seroit ignorer que le Monarque, qui voit tout avec tant de précision, n'auroit pas opiné pour le *séquestre* sans employer ce substantif.

Privation absolue et définitive, pour punir et rappeler la femme qui a déserté l'asyle nuptial, indemnité et réparation au mari offensé, et qui a été constitué en des frais et des dépenses souvent insupportables.

Telle est la Jurisprudence de plusieurs Cours de justice.

Nous croyons donc que l'appel est fondé, et que l'arrêt qui interviendra placera la dame Gindre entre l'obligation de revenir à ses devoirs et le sacrifice de ses revenus.

M. LANGLOIS, Correspondant, avocat à *Ambert*, a publié, dans le journal de la Loire, l'avis suivant, qui peut être d'une utilité générale.

D'après l'article 878 du Code de procédure civile, le président du tribunal qui doit connoître de la demande en séparation de corps est chargé de faire aux deux époux les représentations qu'il croit propres à opérer un rapprochement. S'il ne peut y parvenir, il est tenu de rendre une ordonnance portant qu'attendu qu'il n'a pu concilier les parties, il les renvoie à se pourvoir, sans citation préalable, au bureau de paix.

Il paroîtroit donc, d'après la contexture de cet article, que l'époux demandeur en séparation de corps devroit recourir au bureau de paix.

Néanmoins, personne ne peut douter que la *virgule* placée après le mot *préalable*, laquelle n'étoit point dans le projet de la commission nommée pour la rédaction du *Code judiciaire*, s'est glissée par erreur dans l'impression; car on sent bien que le préliminaire de conciliation seroit inutile, et même déplacé, lorsque le juge civil, juge supérieur au juge de paix, a déjà fait l'office de conciliateur.

Ainsi, en supprimant la virgule placée après le

mot *préalable*, il faudra lire désormais dans l'art. 878 du *Code judiciaire*, que le juge renvoie les parties à se pourvoir *sans citation préalable au bureau de paix*

Cela ne doit pas souffrir de difficulté ; car les motifs de la loi eux-mêmes acheveroient de dissiper les doutes.

Nota. L'on procède, à Paris, conformément à l'opinion de M. Langlois, laquelle est adoptée par le Conseil.

QUESTION.

Résulte-t-il de cette règle : *que la Cour de cassation ne connoît pas des faits*, qu'en aucun cas les jugemens et arrêts qui déclarent ce point ne puissent être attaqués ?

SOLUTION.

Cette question est extraordinairement délicate. Elle tient au respect dû à la magistrature, à la confiance dont doit rester environné le Magistrat. L'esprit de la loi, sur ce point, est qu'il ne soit pas donné de *démenti* aux organes de la vérité, et veut qu'il soit accordé foi aux déclarations qui en émanent.

Ainsi, d'après cette intention de la loi, la Cour suprême doit être inaccessible à toute dénonciation capable d'offenser l'honneur et la délicatesse des juges.

Aussi porte-t-elle sa dignité, à cet égard, jusqu'à refuser son examen, en général, à la violation de la *loi des parties*. Par-là, elle veut réprimer l'abus qu'on a fait de ce moyen; mais elle n'entend pas le méconnoître jamais, quand il peut être une ressource pour l'équité.

On a trop souvent mis au rang de cette sorte de violation les motifs par lesquels des actes sont restés sans effet. Il en est dont l'existence ne peut se concilier avec la vérité. Ces sortes de matières sont moins régies par la volonté du Législateur que par l'opinion locale, que par la conscience du juge. Et par, exemple, on ne peut consulter la loi sur la demande en payement d'une obligation, quand il est de notoriété publique que cette dette n'a pu avoir de cause! car s'il est certain pour l'homme que le créancier *apparent* d'une somme quelconque n'en a jamais eu une pareille en sa possession, il ne peut exister pour le juge aucune obligation de consacrer le larcin auquel on conclut.

Il ne s'agit pas alors d'examiner la validité matérielle du titre, mais bien de s'assurer qu'il ne doit l'existence qu'à la fraude, ou à quelque circonstance dont le demandeur abuse.

Il n'en est pas de même des contrats, des transactions, contre lesquels nulle présomption ne s'élève : dans ce cas, le droit préside aux décisions, il ne peut être modifié que par des interprétations raisonnables.

Le juge ne peut surtout dénier l'existence des actes, ni les dénaturer par une déclaration contraire à leur espèce indestructible ; cette dénégation, cette transformation seroit une violation évidente de la vérité elle-même, qui n'en résteroit pas moins constante ; violation qui donneroit ouverture à la cassation.

Alors, en effet, la Cour suprême n'auroit besoin, pour casser, que de réputer la déclaration non avenue, ou la considérer comme directement

contraire à un point de fait antérieurement établi
et à jamais inaltérable. Le motif de cassation seroit d'abord pris de l'excès de pouvoir; en second
lieu, du principe même, d'après lequel la Cour
de cassation s'abstient de tout arrêt qui pourroit
démentir la justice, parce que le juge auroit lui-
même violé cette réserve en *démentant* des actes
dont chaque clause est aussi une affirmation respectable, exprimée pour servir au besoin de certitude à la justice.

Le Conseil n'a émis l'opinion qu'il vient de développer que par déférence pour le magistrat qui l'a
demandé. Il ne délibérera désormais sur aucune
question générale, par la raison qu'il ne peut en
résulter qu'une solution vague.

Point de fait.

Sur la fin du mois de mai 1805, est décédé sans
postérité, Jean-Antoine Bruyères, laissant pour
héritiers 1°. sa mère, veuve; 2°. Claude Bruyères,
son frère germain; et 3°. Etiennette Bruyères, sa
sœur consanguine.

QUESTION.

Comment cette succession doit elle être partagée? quelle part ou portion doit y prendre chacun
de ces héritiers?

SOLUTION.

La succession doit être divisée : d'abord, en
deux portions inégales, dont l'une, consistant en
un quart, est dévolue à la mère du défunt.

Ensuite, les trois autres quarts en deux portions égales, dont l'une est exclusivement déférée au frère germain.

Enfin, les trois autres sixièmes, aussi en deux portions égales, dont l'une pour le frère germain, et l'autre pour la sœur consanguine.

Cette division résulte des art. 751 et 752 du Code Napoléon.

La loi ne connoît aucune distinction de biens.

Ceux provenant des successions paternelle et maternelle se confondent avec les acquets : les biens de la même hoirie sont de même nature, quelle qu'en soit l'origine (Art. 732).

D'après cette règle, la différence des lots résulte de la différence des lignes et des titres entre les successibles.

Etiennette Bruyères ne peut donc prétendre à la moitié des trois quarts de la succession, sous prétexte qu'elle se compose totalement des biens provenant du père commun.

Cette prétention seroit fondée s'il s'agissoit de la succession paternelle, mais il est question d'une succession collatérale : il faut donc procéder suivant les règles particulières à ces successions et à l'espèce.

« S'ils sont (les frères) de deux lits différens, la » division se fait par moitié entre les deux lignes » paternelle et maternelle du défunt : *les ger-* » *mains prennent part dans les deux lignes*, *et* » les utérins et les consanguins, chacun *dans leur* » *ligne seulement.* »

Pourquoi se forme-t-il deux lignes? C'est qu'au lieu de succéder suivant l'origine des biens, on succède d'après les liens naturels qui attachoient le défunt à ses héritiers.

Or, Claude tenoit à Jean-Antoine par le lien maternel qui lui est particulier, et par le lien paternel qui lui est commun avec Etiennette.

Il occupe donc toute la ligne maternelle, et doit en recueillir tous les droits, qui épuisent les trois sixièmes de la succession.

Il occupe de plus la moitié de la ligne paternelle, et doit recueillir les trois sixièmes déférés à cette ligne.

Claude et Etiennette ne pourroient partager par portions égales qu'autant qu'ils seroient, l'un frère utérin, et l'autre sœur consanguine : alors, le lien paternel et le lien maternel seroient respectivement sans partage.

Etiennette se plaint de ce qu'elle ne prend pas autant que son frère dans des biens qui proviennent de leur père ; mais il eût été possible que, par la voie collatérale, Etiennette vînt prendre part dans les biens provenant de la succession maternelle, ce qui seroit arrivé si la mère de ses frères consanguins fût morte avant Jean-Antoine. La chance est échue à Claude ; sa sœur ne peut se soustraire à la nécessité d'y souscrire.

QUESTION.

Une femme divorcée à laquelle la justice a refusé ses filles nées du mariage dissous, est-elle tenue de payer à leur père, qui en a la charge et la surveillance, une pension alimentaire, suivant ses moyens d'existence ?

SOLUTION.

On ne peut douter de l'affirmative.

Cette obligation est imposée par les lois naturelles et par les lois positives.

On conçoit, d'après tant d'exemples désolans, qu'une mère peut se séparer de ses enfans, lors même que leur âge tendre les laisse encore si près du sein où ils ont été conçus.

On en a vu beaucoup trop sacrifier à de méprisables penchans le bonheur le plus légitime, la jouissance la plus pure et la plus douce, mais il est très-rare qu'une mère refuse la subsistance à ceux-là même auxquels elle dût son lait nourricier.

On est plus tenté de croire à la démence qu'à la prodigieuse cruauté d'une telle femme, il est moins pénible de classer ce *morceau de nature* parmi les êtres stupides, que de les placer au-dessous des *espèces féroces*.

En pareil cas, le Code Napoléon ordonne, et la justice ne peut être ni trop prompte ni trop libérale.

QUESTION.

L'exécution du jugement qui condamne une mère à payer à ses enfans une provision alimentaire, *nonobstant appel,* peut-elle être suspendue par *l'appel ?*

SOLUTION.

La disposition *nonobstant appel* n'est pas seulement dictée par la crainte où est le juge de voir différer un secours aussi urgent, c'est la précaution de la loi elle-même. L'article 15 du titre 17 de l'ordonnance de 1667 ordonne que les sentences de *provision* seront exécutées nonobstant l'appel. L'art. 16 interdit à tout juge de donner défense ou surséance.

Dans la même espèce, une Cour d'appel avoit supposé abrogée l'ordonnance de 1667.

La Cour de cassation, statuant sur ce point, déclara qu'il n'étoit pas vrai que cette loi fût abrogée (Arrêt du 21 septembre 1792). Jurisprudence régnante.

Il n'est donc pas au pouvoir des Cours d'appel de suspendre l'exécution dont il s'agit.

QUESTION.

Comment s'opère la libération du mandataire quant aux sommes qu'il a touchées pour le mandant ?

SOLUTION.

Il se libère en rendant compte de sa gestion (Art. 1993 du Code Napoléon).

La reddition de ce compte doit être constatée par une décharge *ad hoc* et formelle. Tant que cet acte n'est pas opposé au mandant, le mandataire est comptable.

QUESTION.

Le mandataire qui, en cette qualité, a reçu des valeurs sur l'état, et qui les a vendues conformément à ses pouvoirs, est-il tenu de justifier du produit de cette vente ?

SOLUTION.

Cette obligation fait essentiellement partie des devoirs de la comptabilité du mandataire : à défaut par lui de la remplir, il doit être condamné à restituer ces valeurs suivant leur cours à l'époque où il les a reçues.

<hr>

QUESTION.

Le mandataire qui, sans aucune trace de cession ou transport, a donné à toucher à son mandant une créance quelconque, peut-il, nonobstant l'insolvabilité du débiteur, imputer cette créance à sa libération ?

SOLUTION.

Il faut distinguer deux cas, celui où, moyennant cette créance, le mandataire auroit obtenu, sans restriction, la décharge entière et définitive de sa gestion, et celui où le mandant n'auroit pas passé cet acte libératoire.

Dans le premier cas la libération est formelle, il est absolument inutile d'en examiner le moyen : la preuve en est radicale et ne pourroit être attaquée que comme le produit de la fraude, etc.

Dans le second, il reste comptable et débiteur. Si le mandant touche la créance, alors la compensation s'opère de plein droit et jusqu'à due concurrence, par la raison que, relativement à ce recouvrement, le mandant est mandataire.

On peut d'autant moins lui donner d'autre mission ; en recevant pour autrui, que rien ne prouve qu'il soit cessionnaire de cette créance, et que, quand il s'agit de définir une qualité qui n'est pas littéralement déterminée, il faut la rendre analogue au fait dont elle participe ou qui en doit résulter.

Dans l'espèce, il est impossible de substituer le

transport au mandat. L'honnêteté et l'équité s'opposent impérieusement à ce qu'on admette, comme paiement ou plutôt comme restitution de sommes réellement touchées, une créance incertaine et non garantie.

Le mandant peut se borner, pour prouver qu'il n'a jamais accepté le transport, à citer l'impossibilité où se trouve le mandataire de produire la décharge de sa mission. Cette seule circonstance suffit en effet pour établir irrévocablement que le transport, si c'en est un, n'a été accepté qu'à la condition que le recouvrement seroit réalisé, et qu'il s'est réservé de ne donner la quittance qu'après l'événement.

QUESTIONS.

1.° Le mandataire peut-il se prévaloir de l'inaction où est resté le mandant, pendant quelques années, depuis la mission accomplie ?

2.° Peut-il donner l'effet d'une décharge formelle, à des lettres par lesquelles, dans l'intervalle, le mandant, par exemple, lui auroit demandé un prêt d'argent ?

SOLUTIONS.

Première. Il seroit scandaleusement injuste de tirer de l'inaction du mandant une conséquence telle qu'elle pût le rendre non recevable, dans sa demande en reddition du compte que doit le mandataire.

Cette inaction peut avoir eu pour motifs :

Ou la bienveillance du mandant envers le mandataire.

Ou une convention verbale de le laisser jouir de

l'objet de la mission durant un certain nombre d'années; pour lui tenir lieu d'émolument ou d'indemnité.

Ou l'attente de l'événement d'après lequel seulement les parties pouvoient acquérir la certitude que la créance destinée à éteindre les obligations du comptable, seroit ou non acquittée.

Si ce fut bienveillance, il y auroit à la-fois ingratitude, injustice, perversité à en argumenter.

Si ce fut compensation d'émolumens, il y auroit extension de la partie au tout, si l'on en tiroit la conséquence de la libération.

Enfin, si ce fut une condition nécessaire pour acquérir la certitude dont dépendoit le maintien ou l'extinction de l'obligation du mandataire, il y auroit conversion arbitraire d'une clause conditionnelle en une libération définitive, si l'on en induisoit que le mandant n'a plus d'action.

Qu'on n'admette aucune de ces hypothèses, toujours sera-t-il vrai que les obligations du mandataire subsistent, que s'il n'oppose un titre contraire, il est tenu de les remplir jusqu'à l'époque où la prescription commence.

La Justice ne veille pas aux intérêts des parties: si le mandataire néglige de faire constater sa libération, ou si le mandant laisse prescrire contre lui, les juges ne peuvent ni suppléer le titre ni proroger le terme fatal.

DEUXIÈME. Il peut naître de fortes présomptions de lettres, et sur-tout de la demande d'un prix d'argent de la part du mandant au mandataire ; mais pour faire entrer des présomptions dans la balance, il faut que rien ne fasse penser que l'objet de la gestion soit resté dans les mains du mandataire.

On ne peut croire qu'il ait été remis, lorsque le mandataire n'a pas encore justifié de la quotité, ou lorsqu'il a donné des sommes à recouvrer. Ou lorsqu'enfin il peut être démontré que le compte n'a pas été rendu.

Rien de plus naturel dans un homme délicat que de demander un à-compte à titre de prêt; et qui de cette classe n'a pas employé cette forme trop honnête?

Rien de plus exact que de demander à emprunter au débiteur d'une créance en suspens, une somme qu'on ne peut encore imputer à paiement, ou à-compte.

Il seroit encore possible que le mandant ignorât assez et ses droits et les obligations de son mandataire, pour qu'il crût devoir user de ménagement, et chercher à obtenir par un moyen de compensation ce qu'il ne croit pas pouvoir exiger en justice.

Et dans ce cas, l'ignorance où quelqu'un peut être sur ses droits, ne peut lui être opposée comme s'il s'agissoit d'un acte qui les auroit restreints ou anéantis.

Dans l'espèce, nulle transaction, nul acte libératoire : les obligations du mandataire sont entières. Le mandant a demandé un emprunt au lieu d'exiger un compte : c'est une erreur qui a suspendu son action, mais qui ne l'a pas éteinte.

Si, au contraire, il eût, dans cette erreur, transigé, donné décharge de la mission, il ne pourroit pas arguer de son ignorance : son action seroit éteinte non par l'opinion erronnée qu'il auroit eue, mais par l'existence des actes, bien qu'ils pussent être l'effet de l'erreur.

Il faut toujours, dans l'état des choses, remonter aux obligations du mandataire.

Elles naissent du mandat : sont-elles remplies ?

Elles ne peuvent l'être que par la remise de l'objet reçu, ou par des valeurs équivalentes.

Or, l'objet reçu n'a pas été remis : une créance dont le recouvrement est impossible n'est pas une valeur équivalente.

Il seroit pourtant possible que le mandataire fût libéré par la renonciation du mandant ; mais alors il faudroit une renonciation formelle qui ne peut s'opérer par induction.

Il est dans l'espèce une circonstance énoncée qui empêche bien plus encore, que dans toute autre, de faire état d'aucune présomption en faveur du mandataire : c'est qu'il paroît avoir fait insinuer au mandant que celui-ci n'avoit pour toute ressource que la bonne foi et la conscience du comptable ; 2.° que le mandataire lui a affirmé que la créance donnée en recouvrement, et qui devoit rembourser une partie de la gestion, étoit infaillible, tandis qu'elle est absolument nulle.

Donc, d'une part ; il a induit le mandant en erreur sur les droits résultant du mandat, de l'autre il a abusé de sa crédulité pour attacher son espérance à une valeur chimérique.

Et ce mandataire, déjà trop coupable d'avoir usé de moyens dilatoires aussi honteux, viendra-t-il dans le sanctuaire de la justice prétendre qu'il ne doit plus rien parce qu'il a trompé ? Il n'aura sans doute pas cette audace, car alors commenceroit l'excroquerie, et s'ouvriroit pour le mandant la voie extraordinaire : tout au moins en restant dans les limites de l'action civile, il n'auroit pas à craindre que le tribunal admît, comme exception, un délit punissable, et libérât le mandataire précisément parçe qu'il a ajouté à l'infidélité une offense â la loi, une provocation au Code pénal.

ARRÊT.

La Cour de cassation a décidé que le mari est tenu d'habiter avec sa femme dans leur domicile connu, sinon à lui faire une pension alimentaire.

Cet arrêt est conforme à l'esprit de la loi. L'époux qui vit hors de la maison conjugale a abandonné sa compagne ; il doit la rejoindre ou pourvoir à ses besoins. Il est sage alors de le condamner à une contribution fatigante ; à moins qu'il ne soit constant qu'elle ait elle-même causé cette séparation par une conduite insupportable.

QUESTION.

L'inscription prise au nom du domaine pour la conservation d'une hypothèque acquise à un émigré, peut elle profiter à ses héritiers réintégrés dans ses biens ?

SOLUTION.

On ne peut distinguer entre l'acte conservatoire du représentant et celui du représenté, ce qu'a fait la nation et ce qu'auroit fait l'émigré ont le même effet. L'aliénation des biens auroit été valable, et les héritiers l'eussent supportée, la conservation de l'hypothèque a eu lieu et ils en profitent.

Une espèce moins simple que la précédente partage les opinions.

(81)

QUESTION.

L'inscription prise au nom du domaine, pour la conservation d'une hypothèque et d'un privilége acquis à un émigré et aux droits duquel a été subrogé un autre émigré, peut-elle profiter aux héritiers de ce dernier, lorsque, dans le bordereau de la créance hypothécaire, il n'a pas été fait mention de la subrogation, mais seulement du créancier originaire et du titre primitif?

SOLUTION.

La nation représentant les deux émigrés, réunissoit cumulativement leurs intérêts à l'époque de l'inscription. Qu'elle ait pris inscription à son profit en vertu du contrat direct, et de l'acte de subrogation, c'est indifférent pour elle: mais la réintégration des représentés opère la division des intérêts telle qu'elle existoit auparavant, dans cet état de choses la question est-elle la même?

Le tribunal civil procédant au jugement d'ordre, a pensé que « pour avoir conservé son privilége il faut avoir conservé sa créance, d'où il » suit que le domaine, réprésentant à-la-fois les » deux émigrés, auroit dû, malgré la confusion » qu'ils faisoient de leurs droits respectifs, relater, » dans son inscription, les titres de propriété » de chacun ».

Nous n'adoptons pas ce motif.

Ce n'est pas en vertu de l'acte de subrogation que les biens sont grévés, mais bien en vertu du contrat constitutif, dont émane la subrogation.

Sur quel gage le créancier subrogé a-t-il placé ses fonds? c'est sur l'hypothèque acquise.

Pour la conservation de son droit, il a suffi

que l'inscription fut prise en vertu du premier titre et au profit du créancier originaire, et il a toujours été inutile que le créancier subrogé, remplît cette formalité à sa requête personnelle.

Cette précaution ne devient nécessaire, que pour empêcher le subrogeant ou de recevoir le montant de ses droits apparens, ou de les transporter à un tiers par le fait du stellionnat.

De ce que la mutation de créanciers n'opère pas la novation de la créance , de ce que les droits en quelques mains qu'ils se trouvent sont identiques et restés immuables quant au débiteur et quant à l'assiette de l'hypothèque, il s'ensuit qu'on ne peut avoir pris inscription au profit du créancier originaire sans avoir agi au profit du subrogé.

Il n'en seroit pas de même si, au lieu d'examiner le rang de l'hypothèque contradictoirement avec les créanciers du débiteur, il s'agissoit d'en établir la transmission relativement à un second cessionnaire qui auroit fait inscrire son acte de subrogation.

Alors l'espèce ne seroit plus la même : le dernier cessionnaire exclueroit l'autre qui n'auroit que son recours contre le stellionnataire.

Mais la question n'auroit pas varié quant au rang de l'hypothèque sur les biens du débiteur ; ils n'en seroient pas moins restés grévés de la créance, seulement la notoriété du transport eût été retardée.

Et qu'importe ce retard à la masse des créanciers? le transport seroit-il moins valable, s'il n'étoit fait que d'hier ? La seule différence que cette mutation opère, c'est de substituer *Pierre* à *Paul*, ce qui ne change le sort d'aucune des inscriptions postérieures.

Que les droits de Paul eussent été connus, les biens en auroient-il été plus libres ?

Restés occultes, ils n'ont pas laissé plus d'assiette aux hypothèques à acquérir ; personne n'a donc pu par-là être induit en erreur.

Et à supposer que le cédant, n'ayant plus d'intérêt après le transport, à prendre inscription en son nom, cette formalité de sa part eût pu être contestée ; s'ensuivroit-il que la nation auroit dû remplir la même formalité comme représentant le subrogé.

La négative est évidente. La nation représentant les deux émigrés, et confondant leurs droits et leurs intérêts, a pu aussi bien prendre inscription au nom du créancier direct qu'en celui du créancier subrogé.

Cette vérité est d'autant plus certaine, que le seul titre dont le créancier subrogé eût pu se servir lui-même pour la conservation de l'hypothèque, est le contrat dans lequel elle réside, et qu'enfin l'acte de subrogation n'auroit pu rien ajouter aux obligations du débiteur, ni à l'affectation de ses biens.

Point de fait.

L'acquéreur d'une terre considérable, hypothéquée à un douaire de 10,000 livres de rente au capital de 200,000 liv., a retenu cette somme pour servir la rente jusqu'à l'extinction du douaire.

La veuve jouissant de ce droit, a pris inscription sur les biens du débiteur.

QUESTION.

Le créancier du capital peut-il réclamer le bénéfice de cette inscription ?

SOLUTION.

L'hypothèque n'a été prise que pour le douaire ;

elle ne subsistera plus après l'extinction de ce droit. La douairière n'en a pas requis davantage : la formalité par elle remplie ne portant que sur l'accessoire, ne peut avoir d'efficacité quant au principal.

L'effet n'en seroit pas ainsi borné, si le créancier eût pris lui-même inscription : la douairière en profiteroit contre le débiteur, et pourroit valablement l'opposer aux créanciers de ce dernier.

POINT DE JURISPRUDENCE.

La cour d'appel de Paris a jugé, le 4 ventose an 13, dans la cause de la dame Fillemin, que l'inscription prise par la mère douairière, ne profite pas à ses enfans pour le fonds du douaire ; et le pourvoi a été rejeté le 4 frimaire an 14.

QUESTIONS.

1.º L'oubli de quelques-unes des formalités prescrites par les articles 56 et 39 du Code de procédure, emporte-t-il la nullité de l'enquête ?

2.º Les nullités prononcées par les articles 270, 271, 273, 274 et 275, peuvent-elles être appliquées aux enquêtes formalisées devant les Juges de paix ?

3.º Dans le cas de la négative, les art. 1030 et 1031 sont-ils applicables aux juges de paix ?

SOLUTIONS.

1.º Les enquêtes devant les justices de paix et les enquêtes faites devant les tribunaux civils, ont respectivement des règles particulières qui ne peuvent être transportées de l'une à l'autre juridiction sans opérer une fausse application.

Or, aucune des dispositions relatives aux enquêtes devant les juges de paix n'en prononcent la nullité dans aucun cas. Il faut présumer que le législateur considérant ce magistrat comme plus rapproché de la sphère privée que de la sphère judiciaire, lui a tracé un mode sans l'y astreindre, et lui a plutôt donné une instruction que des règles, dans la crainte qu'elles ne fussent trop souvent enfreintes par un grand nombre de ces magistrats plus abondamment pourvus de sagesse que de connoissances judiciaires, et plus probes que formalistes.

L'enquête ne peut donc être annullée d'après aucune loi. Si elle étoit dépourvue de tous les caractères qui lui sont propres, le tribunal n'y auroit que tel égard que de raison.

2.º Les nullités prononcées au titre 12, n'ayant rien de commun avec le titre 7, ne peuvent, on le répète, être appliquées aux opérations des juges de paix relatives à ce titre. On ne peut confondre ce que la loi distingue, ni en étendre les dispositions, surtout lorsqu'elles se trouvent resserrées dans les limites de la compétence.

3.º La peine supplétive de la nullité, telle que l'amende prévue par les art. 1030 et 1031 appliquée à certains actes, concernent uniquement les officiers ministériels.

MM. les juges de paix ne sont pas compris dans cette dénomination.

La loi, par des dispositions particulières, prévoit et désigne les cas où ils peuvent être pris à partie : on ne peut sortir de ce cercle lorsqu'il s'agit d'une prévarication, on ne peut l'aborder lorsqu'il est question d'examiner soit un jugement, soit une formalité de la justice de paix.

Le 26 mars 1808, la Cour d'appel de Paris a rendu l'arrêt qui suit le jugement dont voici la teneur :

JUGEMENT.

« En ce qui touche la collocation requise par les
» héritiers Daligre, comme se disant subrogés aux
» droits de M. le ci-devant prince de Conti, dans
» l'inscription prise au nom de la république sur le
» prince de Salm , comme représentant mondit
» sieur de Conti, par privilège et préférence sur le
» prix de l'estimation du terrain sur lequel a été
» construit l'hôtel de Salm ;
» Attendu que sur la créance résultante du con-
» trat de vente du 12 juillet 1782, passé par mondit
» sieur prince de Conti, au prince de Salm , et re-
» laté dans l'inscription prise le 12 prairial an 7,
» par le receveur du domaine au nom de la répu-
» blique, il ne reste dû au ci-devant prince de
» Conti, que 25,679 fr. ;
» Attendu que le surplus de la somme, formant
» le prix de la vente faite par ledit sieur prince de
» Conti audit sieur prince de Salm, appartenoit
» au sieur Daligre , en vertu d'un acte passé le
» 26 mai 1787, devant Pottier, notaire à Paris,
» au profit de Dupont de la Hallière, qui, au même
» instant, a déclaré n'agir que pour le compte du
» sieur Daligre ; lequel acte subrogeoit ledit sieur
» Daligre aux droits précédemment cédés à d'autres
» individus ;

» Attendu que pour avoir conservé son privi-
» lége, il faut avant tout avoir conservé sa créance ;
» d'où il suit que le domaine représentant à la fois
» le ci-devant prince de Conti et le sieur Daligre,
» auroit dû, malgré la confusion qu'il faisoit de
» leurs droits respectifs, relater dans son inscrip-
» tion les titres de propriété de chacun ;

» Attendu qu'il n'est fait mention dans ladite
» inscription que du seul titre du 12 juillet 1782,
» assurant un privilége au ci-devant prince de
» Conti, et non du titre du 26 mai 1787, assurant
» au sieur Daligre sa propriété dans cette créance
» et son droit à ce privilége ;

» Le Tribunal dit qu'il n'a pas été suffisamment
» conservé par le domaine pour les héritiers Da-
» ligre ; ordonne que, sous le rapport dudit privi-
» lége, ils seront rejetés du présent ordre pour le
» montant de leur créance relative audit privilége,
» sauf leur collocation au rang d'hypothèque con-
» servé par leur inscription personnelle, s'il y a
» fonds suffisans. »

ARRÊT.

» Attendu que la République, en prenant ins-
» cription sur les biens de feu M. le prince de Salm,
» avoit conservé les droits de tous ceux qu'elle re-
» présentoit ;

» Qu'à l'époque de l'inscription, elle représen-
» toit tant M. le prince de Conti, créancier privi-
» légié originaire, que M. Daligre subrogé aux
» droits de M. de Conti pour une partie de cette
» créance ;

» Attendu qu'il n'est pas nécessaire de rappeler
» dans l'inscription le titre constitutif de la pro-

» priété en faveur de celui qui la requiert, mais
» seulement celui de la date de l'hypothèque;
   » La Cour infirme le Jugement dont est appel, et
» ordonne que M. Daligre sera colloqué à l'ordre à
» la date de son hypothèque conservée par l'ins-
» cription prise par la République. »

QUESTION.

Un bail de vingt-sept ans, passé par un propriétaire en état de faillite, peut-il être attaqué
par ses créanciers, comme fait en fraude de leurs
droits, lorsque sur-tout l'acte porte quittance de
la totalité des loyers?

SOLUTION.

Un bail de cette durée étoit réputé emphitéoti-
que avant le règne du Code Napoléon : les parties,
pour cette raison, ne pouvoient en demander la
résiliation.

Elles n'y sont pas plus fondées aujourd'hui : la
convention est irrévocable pour elles, et doit être
exécutée sauf les cas prévus et les indemnités ré-
sultantes de l'inexécution.

Mais les créanciers du bailleur ne sont pas dans
la même cathégorie : ils ne sont point liés par les
clauses qu'ils n'ont point consenties, et leurs droits
ne peuvent en souffrir.

Il faut d'abord considérer le failli comme dépouillé de toute disposition.

Du moment que sa faillite est notoire, ses biens
meubles, immeubles, marchandises, et généralement tout son actif appartiennent à ses créanciers ;
celui qui acquiert l'un ou l'autre de ces objets en
doit la restitution.

Ce motif seul suffit pour faire annuller le bail dont il s'agit.

Dans la circonstance où le dérangement des affaires du bailleur n'auroit eu aucune publicité, le preneur n'en seroit pas plus à l'abri ou de la résiliation, ou du second payement, sinon envers les créanciers chirographaires, au moins envers les créanciers hypothécaires.

Les premiers auroient besoin de motiver leur action sur la fraude, les seconds n'ont qu'à partir de leur hypothèque pour fonder leur demande ; en voici la raison.

La vente de l'immeuble est considérée sous deux points de vue ; la propriété et la jouissance.

Nul capitaliste ne prêtera jamais ses fonds sur la nue propriété sans calculer la durée présumée de l'usufruit.

Les produits, dans l'espace de vingt-sept ans, représentent plus que le capital.

Il est donc vrai qu'alors un immeuble estimé 200,000 francs n'en vaut pas la moitié étant grévé d'une jouissance de vingt-sept ans.

Il est conséquemment vrai aussi que le produit fait essentiellement partie du gage de l'hypothèque, lorsqu'elle a été fondée sur la jouissance réunie à la propriété, d'où il suit qu'un bail de vingt-sept ans est fait en fraude de l'hypothèque.

Que, dans cet état, le bien soit mis à l'enchère, il ne sera vendu qu'à vil prix, si toutefois il peut l'être ; alors le créancier sera frustré de la plus forte partie de ses droits ; la justice ne peut le permettre.

Second examen de la question de savoir si un bail de vingt-sept ans peut être maintenu.

S'il est au-dessous de la valeur des choses données à loyer, il doit être résilié.

(90)

Si le bail est maintenu, le prix en appartient au
créancier hypothécaire, nonobstant la quittance
définitive.

Les créanciers chirographaires peuvent faire annuller une convention qui se dénonce d'elle-même.

§. I.

Lorsqu'un propriétaire se dépouille pour vingt-
sept ans de la disposition de son immeuble, il doit
obtenir un avantage proportionné à la longue jouissance qu'il assure au preneur. En pareil cas, l'intérêt personnel évalue toujours assez haut la compensation.

On ne hasarde donc rien en affirmant que si le
fermage est au-dessous du taux auquel il eût été
porté dans un bail ordinaire, il y a dol et fraude :
on doit naturellement présumer que le propriétaire a soustrait une partie de ses revenus aux
droits de ses créanciers, et qu'il existe une convention secrète qui lui assure l'objet de cette
soustraction.

En vain le preneur invoquera-t-il l'authenticité
du bail, la foi due aux actes ; les juges ne s'arrê-
teront pas aux choses ostensibles ; ils pénétreront
dans les faits ténébreux.

« Les présomptions sont des conséquences que
» la loi ou le magistrat tire d'un fait connu à un
» fait inconnu (Art. 1348 du Code Napoléon) ».

Or ici le fait connu, c'est la vilité du bail, le
fait inconnu, c'est celui de la convention secrète
entre le bailleur et le preneur, laquelle est présumable et même évidente à la raison.

Le preneur ne doit donc pas être seulement
tenu de payer les fermages stipulés, la réparation
ne seroit pas entière, il faut résilier le bail, pour
la satisfaction de la loi et de la justice.

§. I I.

Si le bail est maintenu , le prix en appartient au créancier hypothécaire, nonobstant la quittance définitive.

De ce qu'en effet il n'y a pas dol quant à la quotité du prix, il ne s'en suit pas qu'il n'y ait pas de fraude quant à l'énonciation du payement. A quoi sert l'exactitude sur le taux, quant l'objet en est disparu ?

Cette portion de l'hypothèque en est-elle moins enlevée au créancier ? son gage , qui consistoit dans le fonds et dans la jouissance, peut-il être réduit à la nue propriété , c'est-à-dire, à une valeur presque fantastique.

On ne peut le penser. Un bail de vingt-sept ans totalement acquitté est une véritable aliénation : le preneur a mal à propos payé si le payement est réel ; par conséquent, il n'est pas libéré.

Supposons un domaine valant cent mille francs , affermé pour vingt-sept années moyennant deux mille francs chacune : la somme totale est de cinquante-quatre mille francs

Admettons que le preneur, pour l'intérêt de ses fonds, n'ait obtenu qu'une réduction de 1,500 fr. par an, ce qui fait un total de 40,500 fr., il en résultera que le domaine aura perdu de sa valeur 94,500 fr., et que le gage de la créance hypothécaire sera, de 100,000 fr. , réduit à 4,500 fr.

Prenons maintenant le domaine dans ce misérable état, et cherchons des curieux ; quel est le père qui voudra l'acquérir pour ses petits-enfans.

S'il en est un qui fasse une spéculation aussi décourageante, il la rendra bien rigoureuse ; mais quand il consentiroit à en porter le prix à 50,000 fr.,

le créancier perdroit encore la moitié de ses droits
par l'effet de l'aliénation indirecte de l'immeuble.

Le preneur a dû faire ce calcul, et s'assurer qu'il
courroit des risques : s'il a réellement déboursé le
prix des vingt-sept années, il a commis une imprudence dont il doit supporter les effets : s'il n'a reçu
qu'une quittance simulée, il a participé à un concert frauduleux, qu'on ne peut opposer au créancier. Dans tous les cas, ce dernier ne doit pas souffrir de préjudice.

§. III.

Les créanciers chirographaires peuvent faire
annuller une convention qui se dénonce
d'elle-même.

Ils n'ont pas d'hypothèque, mais ils ont droit
sur tout ce que possède le débiteur.

Nous répétons qu'après la faillite, il n'a pu valablement administrer, et encore moins recevoir
d'avance sur le prix du bail qu'il n'avoit pas le pouvoir de faire.

Cet acte sous ce rapport est radicalement nul.

Sans la notoriété de la faillite, il faudroit arguer
le bail de dol et de fraude ; alors les présomptions
naîtroient en foule.

1.º De la durée extraordinaire du bail ;

2.º De ce que plus d'une année de fermage a
été payée d'avance ;

3.º Et enfin des mœurs, des facultés et de la
situation respective du bailleur et du preneur.

1353. « Les présomptions qui ne sont point éta-
» blies par la loi sont abandonnées aux lumières
» et à la prudence du magistrat, qui ne doit ad-
» mettre que des présomptions graves, précises,
» et concordantes, et dans les cas seulement où la

» loi admet les preuves testimoniales, *à moins*
» *que l'acte ne soit attaqué pour cause de fraude*
» *ou de dol.* »

Telle est une des dispositions du Code.

Elle rend le magistrat arbitre souverain des présomptions : sa sagesse seule en évalue le poids.

Entre l'intérêt de créanciers malheureux et l'intérêt d'un fermier au moins audacieux, l'esprit droit n'hésite déjà presque plus.

Les uns ont mis leur confiance en la fortune apparente du bailleur ; 5,000 fr. de rente étoit pour eux une ressource.

L'autre, s'il n'est pas un mercenaire, est un usurier, une sorte de pirate qui a couru sur le naufrageant, qui a abusé de sa détresse.

Il est rare que dans des transactions de cette nature l'acquéreur ne soit ou l'instrument de la fraude, ou l'oppresseur de l'infortuné.

Il n'est jamais possible de payer vingt-sept années de fermage comptant sans être convaincu que le bailleur veut soustraire ses ressources à ses créanciers, ou parer à un grand malheur : sous aucun de ces points de vue la spéculation n'est pas honnête.

Demander vingt-sept années de fermage d'avance, c'est excéder vingt-six fois l'usage : celui qui les paie s'attend à des réclamations ; il base sur l'événement : s'il n'est point expulsé, il gagne énormément ; s'il est évincé, il perd peu, voilà son calcul.

Telle est aussi la pensée du magistrat : elle est le comble des présomptions déterminantes ; elle dicte un jugement qui fait époque pour l'équité.

Q UES

Une femme séparée quant aux biens a-t-elle capacité pour contracter sans l'autorisation de son mari ?

SOLUTION.

L'article 217 du Code Napoléon porte : « La
» femme non commune ou séparée de biens ne
» peut donner, aliéner, hypothéquer, acquérir
» à titre gratuit ou onéreux, sans le concours du
» mari dans l'acte, ou son consentement par
» écrit. »

Dans l'espèce, il s'agit d'une obligation sous signature privée portant trois mille francs. Cet engagement ne peut valoir que sur les revenus de la signataire le montant de ses besoins réservés.

Elle ne peut être condamnée à payer d'une autre manière, car autrement le jugement conféreroit au créancier l'hypothèque judiciaire et le droit de poursuivre la vente des immeubles appartenant à la débitrice. Par cette condamnation, la femme auroit indirectement hypothéqué et aliéné, alors l'article 217 se trouveroit éludé, enfreint et sans effet.

La femme, par son incapacité, n'est pas tellement dans la dépendance du mari, qu'elle ne puisse contracter sans son consentement ; l'autorisation de la justice lui est offerte par la loi (art. 218).

QUESTION.

Par un testament notarié, en date du 14 vendé-

miaire an 9, ouvert le 20 janvier 1808, le testateur
a-t-il pu léguer le bien d'autrui ?

SOLUTION.

Les lois romaines permettoient ces sortes de
legs, mais les dispositions de cette nature n'obli-
geoient pas le propriétaire de la chose léguée ; l'héritier seulement étoit tenu de l'acquérir pour la
délivrer au légataire ; et dans le cas où la vente en
étoit refusée, d'en payer la valeur suivant une estimation régulière. Telle étoit une des charges de la
succession.

Ce legs bizarre ne peut avoir d'effet aujourd'hui.

« Lorsque le testateur aura légué la chose d'au-
» trui, le legs sera nul ; soit que le testateur ait
» connu ou non qu'elle ne lui appartient pas. (Ar-
» ticle 1021 du Code). »

Cette disposition de la loi est applicable à la libéralité dont il s'agit, parce que les testamens ne
datent que du jour de leur ouverture, quelle que
soit l'époque de leur confection.

C'est donc le Code Napoléon qui tranche la difficulté.

Le testateur n'a pu ignorer, depuis la promulgation de l'article 1021 jusqu'au 20 janvier, jour
de son décès, qu'il avoit dicté une volonté inutile ;
et de ce qu'il n'en a pas changé l'objet, on doit conclure qu'il n'y a pas persisté. Cette révocation tacite
ne peut être contestée.

QUESTIONS.

1.º Un gendre est-il recevable à porter plainte
contre son beau-père pour des injures verbales ?

2.º Des lettres écrites par le père à sa fille peuvent-elles être produites comme une preuve de diffamation ?

SOLUTIONS.

1.º Un père n'est jamais censé vouloir injurier ses enfans lorsqu'il leur applique même les plus odieuses épithètes : ce qu'il leur adresse de déso-bligeant n'est considéré que comme sémonce ; il peut user trop amèrement de son autorité, mais la répression de ses emportemens n'appartient pas à la justice. Les enfans qui ont mérité sa colère n'ont d'autre moyen que de la calmer par une conduite honnête, régulière, ou par une justification que la bonté paternelle est toujours disposée à entendre et à accueillir.

2.º Les lettres écrites par un père à sa fille sont des épanchemens confidentiels qui n'atteignent en aucune manière la réputation du gendre, qu'autant qu'ils sont révélés. Il est donc vrai de dire que l'au-teur de la publicité de ces lettres est lui-même l'auteur de sa diffamation, et que par conséquent il n'est victime que de son propre fait. La justice doit repousser sa plainte avec une sorte d'indigna-tion.

Quelques réflexions sur le Jury.

Quiconque a le bonheur de croire à l'intégrité de la magistrature (1), ne peut se persuader qu'elle ait une seule fois, sciemment, immolé l'innocence.

On a lu avec une sorte d'avidité plusieurs écrits

---

(1) La loi qui va régir restitue au magistrat le pou-voir d'user de sa conscience.

tendant à réhabiliter la mémoire de condamnés. Dans son attendrissement, l'homme honnête s'est élancé vers leurs ombres, et leur a offert d'abondantes larmes; mais tout-à-coup il a profondément senti que cet hommage étoit une offense à la Justice, et il s'est prosterné devant cette consolante et majestueuse divinité.

Plus il a fixé son attention sur les moyens de constater la culpabilité, plus il est pénétré de respect et de confiance.

Si, naguères la procédure étoit secrète la loi étoit exigeante. Elle mettoit la vie de l'homme sous la sauve-garde de beaucoup de formalités scrupuleuses; elle vouloit que la vérité ressemblât à la pureté du soleil quand il éclaire sans nuage.

Dans l'examen, les juges étoient excessivement inquiets sur eux-mêmes, leurs consciences luttoient avec les indices et même avec les preuves, et s'ils condamnoient; alors le deuil succédoit à l'anxiété.

Exprimer sa vénération pour l'ancienne magistrature, c'est payer un juste tribut à celle qui siége aujourd'hui. Même attention, même scrupule, même impassibilité, même crainte de commettre une injustice irréparable.

Quelle que soit la fermeté du juge, sa pensée incline toujours vers l'innocence, et ce penchant naturel est pour l'accusé la plus vigilante de toutes les protections.

Le public et l'accusé ont encore une autre garantie dans les lumières et l'expérience des magistrats, en un mot, dans les deux guides les plus infaillibles de l'équité.

Pourquoi donc s'est-il élevé tant de craintes ? Ce n'est pas le danger réel, qui les a excitées.

Quelques erreurs inséparables de la fragilité humaine, erreurs rares, erreurs éparses dans les siècles, furent rassemblées dans un seul point, vers lequel on dirigea l'attention du public.

Alors on s'écria : Garantie au peuple, garantie aux accusés ; que des milliers de coupables échappent à la punition, plutôt qu'un innocent succombe ! Cet élan de justice et d'humanité dut être partagé par toutes les ames pures ; mais quelle fut la garantie ? des jurés ! ! !

L'Assemblée Constituante, si radieuse par les lumières et le génie de ses membres, si avide de réformes salutaires, si ardente dans son désir à élever le peuple jusqu'à la félicité et la véritable grandeur, étoit animée d'un prodigieux enthousiasme, que ne pouvoit alors calmer l'expérience.

Cette immortelle assemblée institua le jury :

L'opinion d'alors étoit de donner un surveillant au tuteur, un mentor au surveillant ; mais la gradation contraire ne fut-elle pas suivie ?

Il nous semble que la magistrature, tutrice née du peuple, fut mise sous la surveillance du pupile, et celui-ci sous la direction de sa propre ignorance.

Entre deux sortes de faillibilité, ne choisit-on pas la plus dangereuse ?

Risques pour la société, risques pour l'innocence, chance pour le coupable.

D'une part, le ministère public dut s'armer d'une sévérité excessive pour porter les esprits à un examen rigoureux.

D'autre part, le président fut obligé de régler ces esprits par un résumé dont chaque mot devint une mesure parfaite.

La tâche de ces magistrats est extrêmement pénible. Après avoir formé leur propre conscience il faut qu'ils forment et règlent celle d'autrui.

 Peut-être l'institution est-elle aujourd'hui trop fondue dans nos mœurs pour l'en séparer, si cela est, cherchons le moyen de n'en conserver que ce qu'elle peut avoir de tranquillisant.

La conviction intime n'est pas rassurante ; il nous semble qu'il conviendroit mieux d'astreindre les jurés à une formalité explicite, à motiver chacun séparément et par écrit son opinion affirmative ou négative. Prendre pour règle de la décision la majorité absolue des opinions unanimes.

A défaut de majorité, la déclaration d'insuffisance sera faite au tribunal par le ministère public chargé du recensement des motifs.

Ce cas arrivant, les membres de la Cour écriront leurs opinions respectives ; après quoi toutes celles émises seront visées ; alors la majorité relative sera la base de l'arrêt.

Nous n'admettons pas que les juges soient appelés à concourir au jury. Les devoirs d'une charge aussi importante exigent tout le temps, toutes les veilles de celui sur qui pèse cet honorable fardeau ; mais si l'on adoptoit la nécessité de motiver les opinions il seroit indispensable de n'appeler que des hommes d'une certaine capacité, et cette restriction seule seroit déjà une amélioration salutaire.

L'institution du jury, telle qu'elle est encore, exige des lois nombreuses et singulièrement graduées, afin de donner une assiète à la conscience, un choix à la raison de l'applicateur.

Si, au contraire, les Cours de justice criminelle avoient le pouvoir ou de constater le fait et l'intention, ou de concourir à la fixité de ce point fondamental, il faudroit peu de dispositions pénales, et le Code en seroit plus parfait.

Il n'est plus qu'un genre de supplice. Donc, quand il est certain qu'un accusé a encouru la peine capitale, il est inutile d'examiner le degré de méchanceté.

A cet égard il ne faut qu'une disposition générale.

La peine des fers est diverse. Le temps que doit durer la punition dépend de la nature du crime et de la gravité des circonstances.

Qui peut mieux que les juges mesurer l'espace de l'expiation? Certes, ils ne l'exagèreront pas : mais il ne seront pas indulgens en faveur du coquin toujours en état d'hostilité envers le public.

Si donc encore, leur sagesse avoit toute la latitude nécessaire, le Code pourroit être moins étendu, plus terrible pour le malfaiteur, et plus rassurant pour l'accusé digne de clémence.

Nous avons cru devoir publier ces idées rapides, auxquelles il nous est impossible de donner ici plus de développement.

Nous y reviendrons dans un petit ouvrage spécial, nous examinerons si l'on ne peut pas rétablir en matière criminelle les degrés de juridiction supprimés (1), sans exposer les jurés à être réputés parjures lorsque les Cours de justice criminelle viendroient à infirmer la décision des premiers juges.

QUESTION.

Des collatéraux sont-ils fondés à former oppo-

----

(1) Le nouveau Code de procédure criminelle établit une formalité équipolente à l'appel, en conférant aux Cours le pouvoir de reproduire les questions devant un autre Jury.

sition à l'arrêt rendu par une cour de parlement, en 1790, sur l'appel comme d'abus et confirmatif d'une sentence qui a rendu au siècle un religieux, cousin germain de ces collatéraux ?

SOLUTION.

Ils ne sont ni fondés ni recevables : la procédure nous apprend en point de fait :

Que Félix et Joseph de Hagen frères, issus de parens fort riches, n'eurent pas la même part dans l'affection de leurs père et mère.

Félix, tendrement chéri, fut destiné à la magistrature. *Joseph*, traité avec indifférence, fut préparé de bonne heure à s'accommoder de la vie monastique. Cette perspective l'effraya toujours ; pourtant il se sacrifia, et choisit l'ordre des Bénédictins.

Par une inadvertence très-extraordinaire, on oublia de lui faire signer ses actes de vêture et de profession.

A peine avoit-il prononcé ses vœux, que Félix mourut.

Le père et la mère n'en prirent pas plus de tendresse pour dom *Joseph ;* ils ne voulurent pas qu'il réclamât contre ses vœux. Leurs successions se trouvoient donc dévolues à leurs collatéraux.

Cependant le religieux protestoit tous les cinq ans.

En 1782, M. de Hagen père mourut, et laissa, par son testament, au Bénédictin, une rente viagère de trois mille livres.

Pourvu de ces moyens, il quitta l'ordre, alla se jeter aux pieds de sa mère, qui ne le fit relever que pour l'expulser et pour lui interdire sa présence.

Depuis cette époque, dom Joseph prit l'habit

séculier. Son ordre ne réclama ni contre cette licence, ni contre sa désertion : sévérité de mœurs,
charité, piété chrétienne, toute la conduite, toutes
les œuvres de cet ecclésiastique dans le monde
furent des sujets d'édification.

Madame de Hagen mourut en 1789; son fils re-
cueillit paisiblement les deux successions, sans
qu'aucun des héritiers collatéraux s'y opposât.

Cependant il voulut se faire relever de ses vœux;
il se pourvut en conséquence devant l'official du
diocèse de......; et par sentence contradictoirement
rendue entre son ordre et lui, il fut rendu au siècle,
attendu la nullité des actes de vêture et de profession.

Sur l'appel comme d'abus, le parlement de......
confirma.

C'est contre cet arrêt que des cousins, issus de
germain, représentant leurs pères décédés, voudroient se pourvoir par tierce opposition.

Au fond, la nullité des vœux est trop bien établie pour être susceptible de contradiction raison-
nable; elle est prononcée par des lois expresses.
Point de fin de non-recevoir résultant de la possession d'état : le religieux a protesté tous les cinq
ans jusqu'à ce qu'il fût libre de réclamer, liberté
qu'il n'a eue qu'après la mort de sa mère.

La sentence de l'official et l'arrêt sont d'ailleurs
confirmés par l'abolition générale des communautés religieuses; il seroit dans tous les cas fort extraordinaire que la justice réformât des décisions
qui ont de si peu précédé la suppression générale
des moines.

La fin de non recevoir n'est pas moins insurmontable que les moyens du fonds.

Ce sont des collatéraux qui viennent établir, sur

un point de conscience, des prétentions profanes et peu délicates ; qui invoquent des engagemens envers Dieu, pour consommer une spoliation contre toutes les lois de la nature et de l'état.

De tels plaideurs furent toujours écoutés peu favorablement, et nous pourrions citer plusieurs arrêts qui les ont déclarés non recevables.

Diront-ils qu'ils n'ont pas été parties dans l'arrêt sur l'appel comme d'abus ?

On leur répondra, que pour se lier par des vœux, leur parent n'a eu besoin ni de leur consentement, ni de leur participation, que par cette raison il n'a pas eu besoin de les appeler pour s'en faire relever.

Ils ont pu intervenir dans la cause tant qu'elle est restée indécise ; mais du moment qu'elle a été jugée en dernier ressort, cette intervention n'a plus été possible.

Les seules parties nécessaires y ont figurées, savoir les Bénédictins, pour l'intérêt de l'ordre, et le ministère public, partie principale pour l'intérêt des mœurs de l'état et de la société.

Il est donc vrai que la cause de Dieu et la cause publique ont été défendues, et que les contradicteurs légitimes de M. Joseph de Hagen ont été entendus.

Et quand sa mère elle-même eût figuré dans l'instance, qu'auroit-elle opposé à la réclamation de son fils ? qu'il avoit cédé à la violence ; que par force il s'étoit enseveli dans un cloître, que sa volonté maternelle devoit suppléer à la validité des actes de véture et de profession....... mais tout cela faisoit le fondement de la réclamation.

Que diroient aujourd'hui les tiers opposans ? que le sacrifice de leur parent leur avoit acquis des droits à la succession de sa mère, qu'il doit être dépouillé parce qu'il a été victime ; qu'ils ont le droit de s'emparer de son opulence et le réduire à la mendicité, parce qu'il a été privé du premier bien de la vie, de l'affection de ses auteurs : ils demanderoient que la justice s'attendrît pour leur cupidité, et qu'elle condamnât à la plus douloureuse vieillesse, celui pour qui les trois autres âges de la vie furent si tristes !

Les lois religieuses et civiles, l'équité et l'humanité, l'autorité de la chose jugée et la volonté souveraine protégent la possession de M. Joseph de Hagen : il n'en sera pas dépouillé.

Il eût été trop long de citer les canons de l'église, les lois et les principes qui s'appliquent à la question. Ces citations seroient un vain étalage d'érudition dans un siècle où commence l'histoire des couvens.

COMMERCE; TRAITE CALQUÉE.

Point de fait.

Le 17 avril 1807, le sieur Ch... C..., négociant à C..., tira à son ordre sur le sieur *Buzenet*, marchand de vin à Paris; sept lettres de change de diverses valeurs, et montant ensemble à 5963 liv. 2 sols tournois, payables les 25 mai et 30 juin suivans lesquelles furent acceptées.

A cette dernière échéance, un de ces effets de 1463 liv. 2 sols fut endossé le 12 mai précédent, présenté au sieur *Buzenet*, qui, reconnoissant son écriture et sa signature, s'empressa d'y faire honneur, suivant son exactitude ordinaire.

Deux heures après un autre effet de pareille somme endossé le 4 juin, lui fut aussi présenté. N'en

ayant accepté qu'un seul de cette valeur, et reconnoissant son écriture et sa signature, son étonne-
nement fut extrême. Il augmenta lorsque comparant les deux traites, il ne put distinguer la vraie
d'avec la fausse.

Dans l'incertitude il refusa de payer. Poursuites
à la requête du tiers porteur. Demande en indemnité et garantie à la requête du sieur *Buzenet* contre le sieur Ch.... C...., jugement qui adjuge les
conclusions principales et récursoires. Appel et
arrêt par lequel la Cour de Paris, considérant « que
» la lettre de change dont il s'agit est réellement
» celle que le sieur *Buzenet* a acceptée; qu'en la
» payant il ne fera qu'acquitter sa *propre dette.*

« Décharge Ch.... C...., de la condamnation en
» garantie prononcée contre lui par le tribunal de
» commerce. »

Il est à remarquer qu'avant l'instance sur laquelle
sont intervenus le jugement et l'arrêt, le sieur *Bu-*
zenet écrivit au sieur Ch.... C.... quatre lettres en
date des 1er. 10, 19 et 29 juillet auxquelles ce correspondant répondit les 5, 15, 22 et 31 du même
mois.

Dans ses trois premières réponses, il se borne à
plaindre le sieur *Buzenet* d'avoir été la dupe d'un
fripon, à marquer la présomption que le faux a été
fabriqué soit à *Rouen,* soit à *Paris,* à donner des
explications vagues et insignifiantes sur la surcharge
dont est maculée la date *du 4 juin,* au dos de la
lettre de change, depuis reconnue *vraie* par la Cour
d'Appel de Paris.

Dans sa quatrième réponse seulement, après un
mois de réflexion, mais pressé plus vivement que
jamais de s'expliquer sur certaines circonstances il
entre en matière, évoque tout-à-coup du néant,

un aventurier sur lequel il fixe ses soupçons: sa narration est importante.

« Le 12 mai, un étranger grand, bien planté » (écrit-il), se présentant bien et parlant de » même, arrive chez moi, se dit marchand et me » demande du papier sur Paris; je lui donne votre » acceptation de 1463 l. 2 sols, il m'en compte la » valeur et se retire. Quatre ou cinq heures après, » il revient dans mon cabinet, il me dit qu'il venoit » de recevoir; que la personne à laquelle il destinoit » ledit effet, venoit de faire traite sur lui de partie; » il m'engage à le reprendre et à lui donner un effet » de moins forte somme; j'y consens, je lui donne, » autant que je puisse m'en rappeler, une de vos » autres acceptations, je lui rends le surplus de son » argent, et il me laisse celle de 1463 liv. 2 s., que » j'ai ensuite négociée à M. Demian, *en rectifiant la* » *date*. Je ne me rappelle pas précisément si c'est » celle de 700 liv. ou de 800 que je lui donnai alors, » et même si c'est une des vôtres, etc. »

QUESTIONS.

1.º L'arrêt dont il s'agit, a-t-il jugé la question relative à la restitution du montant de la lettre de change calquée?

2.º Si l'on ne peut opposer la chose jugée, le sieur *Buzenet* est-il fondé à intenter une action contre le sieur Ch... C... comme garant et responsable du faux dessiné sur la traite dont il étoit propriétaire et possesseur?

SOLUTIONS.

1.º L'arrêt dont il s'agit n'a déchargé le sieur Ch. ... C ... de la condamnation en garantie, que par le juste motif que la lettre de change dont on demandoit le payement étoit vraie, obligatoire, et que par conséquent personne n'en devoit l'indemnité à l'obligé.

Mais autant ce motif est vrai relativement à la traite dont il s'agissoit, autant il seroit faux quant à l'effet calqué dont il ne s'agissoit pas.

La conséquence résultant de l'obligation est incontestable, appliquée à la demande en restitution d'un objet qui n'étoit pas dû, elle deviendroit une absurdité. Les deux questions sont directement opposées, la première est souverainement jugée, la seconde n'a pas encore été soumise à l'examen de la justice, d'où il suit que la fin de non-recevoir prise de la chose jugée seroit insupportable.

Le sieur *Buzenet* est donc recevable à intenter une nouvelle action : y est-il fondé ?

2.° S'il s'agissoit d'un faux fabriqué sans modèle, d'après l'imagination du faussaire, le sieur *Buzenet* auroit à s'imputer d'avoir payé et ne pourroit recourir contre les individus dont on auroit imité l'écriture, la signature, et emprunté le nom comme tireur et endosseur ; le crime leur seroit aussi étranger qu'à l'accepteur lui-même, dont on auroit également contrefait l'écriture et la signature, lui seul seroit et resteroit victime de sa méprise.

Telle n'est pas l'espèce.

En rapprochant l'œuvre criminelle de la traite réellement acceptée, on est convaincu que cet effet a servi de modèle ; qu'il a été dessiné avec une précision si parfaite, que l'expert attramentaire le plus habile en seroit déconcerté, et qu'après avoir flotté long-temps entre la véritable et la fausse lettre de change, sa décision resteroit à jamais en suspens.

Pour savoir qui doit supporter le préjudice résultant de cette imitation , il suffit de s'assurer qui étoit le détenteur de la traite imitée au moment de la fabrication.

A cet égard, on est dispensé de toute recherche; de l'aveu même du sieur Ch... C..., il en étoit encore propriétaire le 12 mai, et par l'ordre qu'il en a passé au sieur Denian, il est prouvé que sa possession ne cessa qu'au 4 juin.

Eh bien ! il est impossible que le faux ait été commis avant le 21 mai et après le 4 juin. Impossible, parce que l'ordre en blanc daté du 21 mai et signé du sieur Ch... C... a été calqué comme le corps et l'acceptation du billet.

Impossible, parce qu'après le 4 juin, on n'auroit pu calquer que cette date qui a été substituée à la première, au moyen d'une rectification évidente et d'ailleurs avouée, sous laquelle pourtant restent des caractères distinctifs du chiffre et de l'écriture préexistans.

Il est donc de toute certitude que le faux a été dessiné dans l'intervalle du 12 mai au 4 juin, et conséquemment lorsque le sieur Ch... C... étoit en possession du modèle.

Ce point de fixité est décisif : il en résulte la conséquence infaillible : que si le faux n'est pas son œuvre, il provient de sa faute.

Il ne reste plus qu'à trouver une loi qui l'en rende responsable, et qui lui en prescrive la réparation.

On pourroit invoquer avec effet la simple équité naturelle, mais elle est écrite dans le Code Napoléon, chapitre des *quasi-délits* : c'est cette loi positive qu'il faut appliquer.

L'art. 1382 s'exprime ainsi : « Tout fait *quel-* » *conque* de l'homme qui cause à autrui un dom-

» mage, oblige celui par la faute de qui il est arrivé,
» à le réparer. »

Et l'art. 1383 porte : « Chacun est responsable
» du dommage qu'il a causé, non seulement par
» son fait, *mais encore par sa négligence ou par
» son imprudence.* »

Certes, le faux est bien un de *ces faits quelconques qui causent un dommage à autrui.*

Avoir laissé à la discrétion du premier venu, une
lettre de change, ou l'avoir confiée à un faussaire,
c'est bien aussi une de *ces négligences,* ou de ces
imprudences prévues par la loi.

En effet, si l'opération criminelle a été consommée dans le cabinet du S. Ch... C..., il a à s'imputer d'y avoir admis un fripon, d'avoir laissé en
évidence et à sa portée un effet de nature à être soustrait même à la curiosité, et mis sous clef comme
l'or et l'argent. Sans cette *négligence* rare, il n'y
auroit eu ni imitation, ni méprise, ni préjudice
pour le S. Buzenet qui n'a été induit en erreur que
par la correcte ressemblance entre le vrai et le faux.

Si le faux a été calqué, par un courtier auquel
la traite a pu être confiée, pour être négociée, ou
par tout autre, le S. Ch... C... doit encore s'imputer d'avoir donné sa confiance au fripon qui en
a abusé, même à l'honnête homme qui a donné
l'occasion d'en abuser. *Sans cette imprudence,* il
n'y auroit eu ni contrefaction, ni dommage.

Dans l'un ou l'autre des cas ci-dessus, le S. Ch...
C... doit réparation.

Alléguera-t-il, voulant se soustraire à cette obligation légale, la prétendue négociation éphémère,
qui a mis, durant cinq heures, la traite imitée, au
pouvoir de l'aventurier *conçu* dans sa quatrième
réponse ?

Combien de réfutations à lui opposer ! Et d'abord, pour se soustraire à la responsabilité résultant de la possession, il faudroit qu'il prouvât : que *l'étranger* est l'auteur du faux et que cette responsabilité ne pèse pas sur tous les possesseurs successifs inclusivement, depuis le tireur à son ordre, jusqu'au dernier porteur, système inutile dans l'espèce, et dont nous établirons l'affirmative contraire, dans une autre discussion.

Ensuite, rien ne prouve la négociation alléguée.

Sur ce fait, le silence des registres, le silence de la traite vraie elle – même, est concluant. La loi assujétit ce négociant à relater dans son journal, *son négoce, ses lettres de change*, art. 1.er tit: 5 de l'ordonnance de 1673 ; il n'en a rien fait. Cette infraction n'entraîne point d'amende, la seule peine de l'infracteur est de ne pas être cru.

Et dans cette circontance, la peine de n'être pas cru, met perpétuellement à l'écart la prétendue négociation avortée. Selon la loi, cette opération n'a pas eu lieu, et selon la présomption légale, par conséquent, la possession du S. Ch.... C... n'a pas varié depuis le 12 mai, jusqu'au 4 juin, pendant lequel temps la traite a été imitée, soit par son fait, soit par sa *négligence,* ou par son imprudence, circonstances dans l'une ou l'autre desquelles *il est tenu de réparer le dommage.*

Nous devons à l'honneur, à la délicatesse, à l'exacte probité dont fait profession M. *Champigni-Clément,* négociant à *Chinon,* la déclaration publique qu'il ne peut être soupçonné d'avoir commis un faux, et que ses enfans qui participent à l'administration de ses affaires, sont les recommandables hérititiers de la pureté de son cœur et de ses principes. M. *Buzenet* lui-même leur rend cette

justice que nous nous faisons un devoir de publier.

Mais pourquoi M, Champigni-Clément a-t-il
dissimulé la cause de la rectification de la date du
12 mai? Pourquoi le faux s'est-il (suivant une de
ses lettres) commis plutôt à *Rouen* ou à *Paris*
qu'à *Chinon*? Pourquoi la négociation éphémere
si inséparable d'une occasion de faux, n'a-t-elle pas
d'abord été révélée? Pourquoi toutes les formalités légales de l'endossement ont-elles été observées
quant aux autres effets, et qu'elles ont été négli-
gées dans celui-là seul? Pourquoi a-t-on ainsi dé-
robé à la justice les traces du faussaire ? Pourquoi
tant de matières aux plus fâcheuses présomptions...?
Il faut en convenir, la plus chaste de toutes les
réputations, pourroit perdre de son éclat sous de
pareils nuages.

Heureusement on n'a pas besoin de contrarier
l'opinion, la confiance et l'estime acquise à M. Cham-
pigni - Clément, pour fonder les droits du sieur
Buzenet à une indemnité : les lois qu'on a citées en
sont les bases inébranlables.

En matière de quasi-délits, l'innocence de l'action, ou la non participation volontaire à une action criminelle, n'affranchit pas de la réparation
civile.

Confier une arme à une enfant, à un insensé qui
s'en servira pour commettre un meurtre, n'est pas
un crime, c'est une imprudence dont la peine est
une réparation pécuniaire.

Laisser à la portée d'un scélérat du poison dont
il se sert pour ôter la vie à son semblable, n'est pas
participer au crime, mais c'est une négligence qui
entraîne une réparation pécuniaire.

Ces exemples auxquelles on pourroit en ajouter

tant d'autres sont d'une parfaite similitude avec l'espèce qne nous examinons, quand au dédommagement.

Ou M. Champigny-Clément a confié, ou il a laissé à la disposition d'un faussaire la traite qui a servi de modèle à un crime aussi effrayant que le meurtre et l'empoisonnement. Il est responsable du préjudice qui en est résulté.

Et la sévérité de la justice doit d'autant moins fléchir, que ce genre de quasi-délit, a pour le frippon un attrait constant, ce qui diffère du tout au tout de l'action de blesser qu'elqu'un par imprudence, autre quasi-délit sur lequel la sévérité peut peser plus légèrement, sans compromettre la sûreté publique.

Si le possesseur d'une traite pouvoit être sans inquiétude sur son imprudence ou sa négligence, s'il pouvoit impunément laisser dessiner les effets dont il seroit propriétaire, alors, l'accepteur qui en seroit la victime seroit précisément celui qui n'auroit pu ni prévenir ni empêcher le faux : alors quelle vaste ressource pour le tiers-porteur capable d'abuser de sa possession !

Le commerce, la fortune, l'existence des marchands et des banquiers exigent une garantie à l'abri de laquelle ils opèrent avec sécurité, et reposent sans péril. Dans cette affaire, ce n'est pas l'intérêt seul du sieur Buzenet qui réclame, c'est le cri général des négocians de tous les points de l'Empire qui s'élève vers le tribunal chargé de prononcer, et demande à sa justice, à sa sagesse de calmer une des plus graves inquiétudes qui ait jamais troublé la sphère commerciale et jeté l'effroi parmi l'une des classes les plus recommandables de la société.

---

(113)

Cour d'Appel de Limoges.

QUESTIONS.

1°. Les débiteurs de lettres de change sont-ils recevables à demander la réduction des sommes énoncées dans ces traites, lorsqu'il résulte des propres écrits et aveux du porteur que les lettres de change ont eu pour cause et des usures énormes et l'intérêt des intérêts qu'on appelle *anatocisme?*

2°. En d'autres termes, les préteurs pouvoient-ils, sous prétexte que l'argent étoit marchandise, exiger un intérêt arbitraire, convertir ces intérêts en capitaux, et se mettre à l'abri de toute recherche en faisant souscrire des lettres de change aux débiteurs ?

3°. Y a-t-il lieu à prononcer la contrainte par corps pour le payement de lettres de change qui n'ont pas pour objet remise de place en place ?

SOLUTIONS.

Il n'est pas un seul juge qui ne doive se rappeler une lettre du grand juge, publiée dans le temps où le mot marchandise, appliqué au numéraire par un rafinement de barbarie, étoit encore une mine pour l'usurier; S. Ex. exprimoit son vœu pour que les tribunaux s'appliquassent à restreindre l'intérêt au taux légal.

Pas son arrêt *du 10 mars* dernier, la Cour d'appel de Limoges a réduit à ce taux des intérêts inhumainement portés à 50 pour 0⁄0.

Et considérant que la contrainte par corps ne peut être prononcée lorsqu'il est certain que les traites ont pour objet de déguiser des trafics honteux et des opérations usuraires.

8

condamné purement et simplement le débiteur au payement du capital et des intérêts légitimes.

A ordonné que les écrits constatant l'usure du créancier resteroient au greffe de la Cour pendant trois jours pour en être pris communication par le procureur général et être fait dans l'intérêt *de lordre public* ce qu'il appartiendra.

Cet arrêt honore les magistrats qui l'ont rendu et M. *Mestadier*, avocat qui a plaidé pour l'opprimé.

QUESTION.

Une institution universelle et testamentaire conçue dans les termes suivans, est-elle valable ?

» Je nomme et institue mon héritière univer-
» selle mon ame, auquel effet, je prie instamment
» et au besoin. Je nomme pour mon exécuteur tes-
» tamentaire, le promoteur des causes pieuses de
» cette ville, afin qu'il ait la complaisance de don-
» ner prompte exécution à ma présente disposi-
» tion ». (Ce testament, fait en Piémont avant la réunion de ce pays à la France, a été ouvert tout récemment après le décès du testateur, et conséquemment sous l'empire du Code Napoléon.

SOLUTION.

Il paroît qu'en Piémont, avant le règne du Code, il étoit d'usage d'instituer l'ame pour dicter et ordonner un legs pieux, et que cette énonciation ne laissoit aucun doute sur la volonté du testateur.

Si, alors cette formule mystique étoit consacrée, l'ame avoit des agens reconnus sur la terre, lesquels recueilloient pour elle les legs, et les employoient aux œuvres-pies indiquées et déterminées par le testament.

Mais, la loi qui régit le Piémont aujourd'hui, n'admet que des énonciations claires, positives, et les constitutions de l'Empire ne reconnoissent nulle autorité, nul fonctionnaire capable de recevoir et d'administrer pour l'ame.

Sous ces deux premiers points de vue, le testament est nul.

Il contient une disposition universelle en faveur d'un être impalpable, et dépourvu de toute capacité de recevoir.

Il n'indique en aucune manière la destination et l'emploi des fonds légués; d'où il suit qu'il est sans objet.

Pour démontrer la nullité du testament, il suffit de consulter et de faire parler la loi elle-même.

L'article 967 du Code permet de disposer sous toute dénomination propre à manifester sa volonté. N'étendons pas le sens de cet article au-delà des bornes de la raison.

Il permet de disposer sous toutes dénominations applicables à des individus, à des classes, à des institutions à des établissemens; un testateur par exemple peut valablement s'exprimer ainsi: « Je donne » à mon *frère*, à mon *intendant*, à mon *valet de* » *chambre*, à mon *jardinier*, aux *pauvres* de la » commune, à *l'université impériale*, etc. » Ces dénominations désignent des individus et des établissemens dont on reconnoît l'existence, dont on peut examiner la capacité, et de cette manière la volonté est manifeste et utile.

Mais il n'en est pas de même lorsque les dénominations ne comprennent que des êtres métaphysiques ou des fictions.

Et par exemple, un testateur ne peut se servir de

cette locution : « Je lègue à mon *esprit*, à mon *ame*, » à ma *mémoire*, à la *religion*, à la *vertu*, etc. » Ces expressions ne manifestent aucune intention sérieuse, elles ne désignent personne et ne permettent en aucune manière d'examiner le point de capacité d'après les règles et les exceptions.

Dans l'ordre des fictions, le cas le moins inintelligible seroit un legs à la gloire. Le directeur du Panthéon pourroit conclure pour l'ombre de *Turenne*, et par-dessus tout, les administrateurs des domaines de la couronne pour NAPOLÉON-LE-GRAND. Une foule de jeunes guerriers et d'artistes, viendroient aussi à bon droit, asseoir leurs prétentions, les uns sur leurs exploits, les autres sur leurs chefs-d'œuvre. Mais auxquels des successeurs de *Césars*, de *Virgile* ou d'*Appelles*, accorderoit-on le legs ? L'embarras de choisir entre Apollon et Bellone ne seroit pas médiocre. La légion d'honneur réunissant la palme et le laurier, interviendroit-elle pour la divinité légataire ? Elle-même quoiqu'institution publique, échoueroit dans sa demande, parce qu'elle ne seroit pas littéralement et nommément désignée.

Arrêtons-nous un moment à l'art. 902, du Code Napoléon. Il porte : « Toutes personnes peuvent » disposer et recevoir… excepté celles que la loi » en déclare incapables ».

On voit bien, dans cette disposition, une faculté accordée à des *individus*; mais on n'y trouve pas que la substance toute spirituelle qui les anime et leur survit à jamais, soit personnifiée de manière à ce qu'on puisse entendre le sens métaphysique de la disposition universelle dont il s'agit.

L'art. 906, au contraire, s'oppose à ce que cette fiction soit admise.

« Pour être capable de recevoir, porte cet ar-

» ticle, il suffit d'être conçu à l'époque du décès du
» testateur. »

Certes, on ne peut étendre la capacité de l'être
conçu à l'être inconcevable. Pour tomber dans un
pareil excès d'entendement, il faudroit pouvoir
supposer à l'ame une substance corporelle ; l'ame
n'a pas cette consistance grossière et matérielle :
l'ame, éternelle comme l'Intelligence suprême dont
elle émane, ne peut être ni *conçue* ni *anéantie*.

Le législateur n'a donc pas rangé dans la même
classe, et l'enfant dont l'organisation touche encore
au chaos, et la puissance intellectuelle qui s'empare
du gouvernement passager de ce commencement
de créature humaine.

Mais, dit-on, « l'institution de l'ame n'est qu'une
» formule usitée pour énoncer une disposition
» pieuse ».

Soit, mais l'art. 910, qui étend la capacité au-
delà des individus proprement dits, ne permet pas
d'admettre cette formule insignifiante parmi nous.

Citons textuellement cette disposition.

« Les dispositions entre-vifs ou par testament,
» au profit des hospices, des pauvres d'une com-
» mune ou d'établissement d'utilité publique, n'au-
» ront leur effet qu'autant qu'elles seront autorisées
» par un arrêté du Gouvernement ».

Telles sont les classes qui peuvent recevoir ,
moyennant la sanction souveraine.

Sous la dénomination d'établissement d'utilité
publique, on peut entendre les paroisses aussi bien
que les écoles, etc. les institutions religieuses d'une
haute utilité, sont mises sous la protection du Souverain, et confiées à la sollicitude du ministre des
cultes ; mais elles ne sont pas virtuellement appelées par une disposition vaguement pieuse : l'église

n'aspire pas ainsi le souffle libéral du testateur. Dans ce monde personne ne représente le droit des âmes légataires : la loi ne défère à aucun établissement cette sublime représentation, cette auguste tutelle.

Il est donc indubitable que la disposition est nulle, que l'ame n'est pas capable de recevoir de quelque manière qu'on interprète le Code Napoléon.

Un testateur peut se léguer des prières, des messes, etc. pour adoucir l'expiation de ses fautes, ou pour se procurer plus promptement la jouissance des biens ineffables qui lui sont destinés et qui lui seront répartis selon la mesure des bonnes actions dont son ame a produit la pensée.

Mais pour que cette disposition ait de l'effet, il est indispensable qu'elle indique les œuvres par lesquelles le testateur espère toucher la bonté divine, qu'elle désigne une personne quelconque pour recueillir, administrer le fonds, appliquer les revenus à leur destination, et de telle sorte que la volonté puisse être accomplie, même perpétuellement si elle est perpétuelle.

Eh bien, le testament dont il s'agit n'énonce en aucune manière l'usage, l'application du legs universel : on ne sait s'il doit être employé en aumônes, en oraisons religieuses, en sacrifices divins ; l'institution n'assigne et ne détermine aucune destination : le vœu du testateur se perd dans un silence profond où l'esprit le plus hardi n'oseroit descendre pour interpréter le mystère. Il n'est point là d'oracle qu'on puisse consulter, et dans l'incertitude, soulagera-t-on les pauvres, ou bien au lieu d'essuyer les larmes du malheureux, chantera-t-on les louanges du Seigneur ?

Dans ce respectueux embarras, on est forcé de

s'en rapporter à la loi ; l'institution est sans objet.

A cet égard, le défunt est mort *ab intestat*, et c'est à ses héritiers qu'appartient le droit d'interpréter sa volonté, et de l'accomplir suivant l'inspiration de leur propre conscience.

La disposition universelle est nulle, parce qu'elle est faite en faveur d'un être incapable, ou plutôt parce qu'elle n'est faite en présence de personne.

« Toute disposition au profit d'un incapable » sera nulle, porte l'article 911 ».

Aucune disposition ne désigne personne comme représentant l'ame et capable de recevoir pour elle.

Qui viendra donc demander la délivrance du legs ? Nul n'a qualité pour former cette action.

Et quand quelqu'un pourroit y être recevable, quel usage feroit-il des fonds ? l'emploi n'en est pas indiqué ; le legs est sans destination : il faudroit donc que l'exécuteur testamentaire substituât sa volonté à celle du défunt, et qu'au lieu d'exécuter il ordonnât !

Arrêtons-nous là : porter plus loin la discussion seroit vouloir agiter le néant, car il n'existe pas de disposition.

___

Point de fait.

Edme Richier, fils de Jean Richier et de Reine Parisot, s'est marié en 1772. Dans son contrat de mariage, ses père et mère ont stipulé : « Que tous » les biens dont ils mourroient saisis, et qui se » trouveroient dépendre de leurs hoiries et succes- » sions, appartiendroient aux futurs époux comme » à eux constitués en dot, à la charge par eux : » 1.º de loger, nourrir, chauffer, éclairer et en- » tretenir le frère du futur époux Étienne Richier, » dépourvu de bon sens.

» 2.º De payer dans l'année du décès de ses pèr[e]
» et mère, à chacune de ses deux sœurs, et san[s]
» intérêt, une somme de 2000 liv., et dans le ca[s]
» où elles n'y consentiroient pas, elles seroient ré[-]
» duites à leur légitime ».

Reine Parisot mourut en l'an 7. Le 27 fructido[r]
de la même année, Edme Richier paya à Claudin[e]
Richier, sa sœur, ladite somme de 2000 liv. Dan[s]
la quittance qu'elle en a donnée conjointement avec
son mari, elle déclare consentir à ce que le contrat
de mariage, en ce qui la concerne, ait sa pleine et
entière exécution.

Jean Richier est décédé dans le courant de l'an 9.
Alors Edme Richier a recueilli la totalité de la succession.

QUESTIONS.

1.º Edme Richier a-t-il eu le droit de recueillir
la totalité des biens de ses père et mère, nonobstant
les lois sur l'égalité des partages de ces successions?

2.º Peut-il opposer à Claudine Richier la quittance du 27 fructidor an 7, soit pour se maintenir
dans la propriété desdites successions, soit même
comme une fin de non-recevoir à l'action en supplément de légitime promulguée avant l'ouverture?

SOLUTIONS.

PREMIÈRE. Claudine Richier n'est pas fondée à
demander partage dans l'une ni l'autre des successions de ses père et mère, Edme Richier en est
irrévocablement saisi en vertu de son contrat de
mariage.

Ce n'est ni l'époque du décès des donateurs ni
les bornes établies par la législation actuelle qu'il
faut considérer pour résoudre la question, mais

bien la date des actes, et la nature des libéralités qu'ils renferment.

Or le contrat de mariage d'Edme Richier est antérieur à la loi du 7 mars 1793, depuis laquelle seulement la faculté de disposer de ses biens soit entre vifs, soit par donation contractuelle en ligne directe, est abolie.

S'agit-il d'une donation entre-vifs, ou d'une institution contractuelle ?

La propriété des biens donnés n'a pas été transmise au donataire; ses père et mère auroient pu les aliéner après le contrat; il s'agit donc d'une constitution de dot qui a tous les caractères, et qui doit avoir tous les effets de l'institution contractuelle. 1.º Elle est stipulée dans un contrat de mariage ; 2.º elle dispose au profit d'Edme Richier de tous les biens dont a pu se composer la succession de ses père et mère après leur mort.

Cette clause irrévocable dans un pareil acte, et dont l'exécution est textuellement ordonnée par l'article 1.ᵉʳ de la loi du 18 pluviose an 5; a donc revêtu Edme Richier de tous les droits d'héritier institué sans dépouiller les instituans de leurs droits de propriétaires.

Mais il ne faut pas confondre la faculté d'aliéner avec celle de disposer : après l'institution contractuelle, Jean Richier ni sa femme n'auroient pu valablement grever leurs biens, d'aucune libéralité, ils en avoient épuisé le droit en faveur de l'institué et c'est ce qui a rendu la disposition irrévocable.

Les caractères particuliers de cette disposition la classent donc dans l'ordre des institutions contractuelles et comme telle, ayant été expressément conservée par la loi du 18 pluviose, elle a dû être exécutée, comme elle l'a été postérieurement à cette loi.

Cette libéralité fut-elle d'une autre espèce elle n'en seroit pas moins comprise dans la même loi sous le titre d'avantages, prélèvemens, et préciputs également conservés, *comme dispositions irrévocables de leur nature.*

Il en résulte que, dans le droit, Claudine Richier n'est pas fondée à demander partage à son frère, et que, dans le fait, elle est non recevable à intenter cette action, d'après l'adhésion au contrat de mariage exprimée en termes formels dans sa quittance du 27 fructidor an 4.

Deuxième. Cette quittance peut-elle lui être opposée comme fin de non-recevoir à l'action en supplément de légitime ?

Nous répondrons affirmativement quant à la succession maternelle et négativement quant à la succession paternelle.

La raison de décider pour, dans un cas, et contre dans l'autre, résulte de l'art. 16 de la loi du 18 pluviose, lequel est conçu en ces termes :

« La simple réception de la légitime, faite en tout » ou en partie après le décès des père et mère, ne » préjudicie pas à l'action en supplément, à moins » qu'il n'y ait été expressément renoncé après l'ou- » verture des successions ».

Or la quittance par laquelle Claudine Richier a adhéré au contrat de mariage de son frère, porte bien sur la succession de la mère décédée antérieurement ; et quant à cette succession, l'action en supplément de légitime est éteinte, mais la quittance n'a pu opérer cette renonciation prévue par la disposition qui vient d'être citée relativement à a succession paternelle non encore ouverte alors; l'où il suit que Claudine Richier est fondée à for-ner sur ce point seulement demande en supplé-ment de légitime.

QUESTION.

L'hypothèque conférée par une obligation con-çue de la manière suivante, peut-elle comprendre d'autres biens que ceux qui sont situés au lieu spé-cialement et uniquement désigné?

» Pour sureté du payement (le débiteur) dé-» clare hypothéquer spécialement le lieu de la » *Touche*, commune de *Plumandeau* ».

SOLUTION.

Les hypothèques conventionnelles ne peuvent re-poser que sur les immeubles énumérés au contrat. L'art. 2129 du Code Napoléon exige la *déclara-tion spéciale, la nature et la situation* de *cha-cun* des immeubles, et *chacun* peut être nomina-tivement soumis au débiteur.

Dans la stipulation dont il s'agit, la nature des biens n'est pas spécifiée; on ignore s'ils consistent en maisons ou en domaines, l'objet de l'hypothè-que n'est déterminé que d'une manière générale, d'où il résulte qu'elle n'est pas valable.

Cette stipulation est donc bien loin de compendre les biens situés ailleurs qu'à la Touche.

Ces biens sont restés parfaitement libres et ils ont pu valablement être hypothéqués postérieure-ment à l'obligation dont il s'agit, convention qui a eu lieu en effet et d'une manière régulière, spéciale et formelle. Dans l'obligation où cette dernière hy-pothèque a été conférée, la *dénomination*, la

nature, la *situation*, la *contenance* de chacune
des propriétés sont désignées avec soin, avec ponc-
tualité.

Le droit acquis au second créancier est incontestable. D'une part, la première hypothèque ne
porte particulièrement sur aucun des biens, de
l'autre elle ne peut en comprendre virtuellement
de situés ailleurs qu'à la Touche ; et prétendre le
contraire, ce seroit établir le système que les bornes de la spécialité étendent la généralité, car sous
l'ancienne législation même l'hypothèque à laquelle
on eût assigné un domaine, n'auroit pas été étendue
au surplus des immeubles du débiteur, de manière
à lui en interdire l'aliénation.

DISCOURS.

Dans un discours prononcé par un des membres du conseil, sur toutes les parties du droit, on
a remarqué les idées suivantes qui ont été enten-
dues avec intérêt.

Le droit en général, a dit l'orateur, se compose de toutes les lois qui servent aux peuples
pour régler leurs interêts et leurs différens, la
suprême justice, qui n'est autre chose que la constante et perpétuelle volonté de faire le bien, en
est le principe fondamental ; c'est donc avec raison
que tous les législateurs sont demeurés d'accord,
que l'objet du droit est d'apprendre aux hommes à
vivre honnêtement, à n'offenser personne, et à rendre
à chacun ce qui lui appartient. Mais comme il est
aussi la science des lois qui est l'art de la justice,
par une sage combinaison des principes de la morale, avec ceux qui procurent la tranquillité des

Etats, et la sûreté des particuliers, il a fait un rapprochement dont la vérité a frappé ses auditeurs.

Les bonnes règles, et les maximes sages qui forment l'esprit de cette science, sont puisées dans la raison universelle, la suprême raison qui se forme de la nature même des choses; alors le droit est moralement obligatoire, parce qu'il n'apporte aucune contrainte, qu'il ne fait que diriger et servir de boussole dans toutes les actions humaines de la vie. Tous les peuples, a-t-il ajouté, vivent entre eux sous son empire; les membres de chaque cité sont régis comme hommes par le droit, et comme citoyens par les lois.

Ces principes, qui reposent sur cette maxime d'équité naturelle, que le pieux Antonin faisoit graver sur tous les édifices publics : « Ne fais pas » à autrui ce que tu ne voudrois pas qui te fut » fait ». Ce précepte plus sublime encore : « Fais » aux autres tout le bien qui est en ton pou- » voir », ont rendus ce monarque l'un des plus grands princes que les siècles ont produit.

L'orateur a ensuite fait les distinctions des diverses espèces de droit. Il a reconnu un droit naturel, un droit public, un droit des gens, un droit positif.

Les hommes les plus éclairés, a-t-il dit, n'ont pas toujours été d'accord sur l'existence d'un droit naturel; mais prétendre qu'il n'y a pas de lois naturelles, c'est vouloir soustraire le genre humain au joug de la raison; c'est supposer que l'homme n'a de rapports ni avec soi-même; ni avec ses semblables, ni avec la nature : il donne ainsi la définition du droit naturel.

On entend par droit naturel, ce qui est obligatoire sans être énoncé par aucune volonté étrangère. Le droit naturel est éternel et immuable. C'est sur ces deux principes réunis, les *penchans* et la *raison*, qu'est fondé tout son développement. Le sentiment de l'indépendance est le premier de tous les sentimens naturels; veiller sur sa vie, conserver sa santé, sa liberté, sa propriété, voilà les penchans qui se manifestent dans tous les hommes; la loi naturelle doit donc être regardée comme le texte général de toutes les lois que l'Etre-Suprême a gravées dans les cœurs.

Ces maximes ont été reconnues par les philosophes de tous les siècles, et chez tous les peuples. *Socrate, Platon, Anthistène, Diogène, Aristote. Zénon, Epicure* même, ont reconnu un droit naturel. *Socrate*, le plus respectable de ces philosophes, démontra, par des principes surs, que la nature a des lois qui nous obligent : il avoit un génie si heureux, qui se plioit si aisément à tout, et il savoit démontrer ses principes avec tant de sagesse, qu'il eut pour admirateur toute la Grèce, même ses ennemis. Chez les Romains, *Sénèque, Epictète, l'empereur Antonin, Cicéron*, parmi nous *Grotius, Wolff, Puffundorff, Cumberlan, Locke, Clarke*, et plusieurs autres bons génies, ont rendu un hommage public et éclatant au droit naturel, dont ils ont développé les principes avec toute la profondeur inséparable de l'étendue de leurs lumières. *Cicéron*, cet orateur romain, cet ardent défenseur de la chose publique dans le sénat, cet émule de Démosthène dans la tribune aux harangues, a rendu les plus grands services au droit naturel, et il faudroit manquer de goût, pour ne pas sentir la beauté des ouvrages qu'il a laissés sur cette matière.

Ces doctrines eurent des contradicteurs.

Chez les Grecs, *Archélaüs* le maître de *Socrate*, et *Aristippe*, auteurs de la secte cyrénaïque, ne reconnoissoient point de droit naturel, le premier n'hésitoit pas à nier qu'il en existât un. Le second n'admettoit aucune distinction entre le juste et l'injuste ; il regardoit les maximes de la justice comme des inventions humaines. *Spinosa*, *Hobes*, *Machiavel*, adoptèrent les mêmes principes, ils ne reconnoissoient d'autre règle dans la morale que la loi du plus fort (1). *Benthams*, anglais, et M. *Bexon*, auteur français, ont aussi prétendu démontrer qu'il n'y a pas de lois naturelles : ces prétentions absolument exagérées sont combattues par ces réflexions de *Cicéron*. « La loi, » dit-il, ne se produit pas du génie des hommes, ni » de la sagesse des nations, elle est éternelle comme » l'esprit divin; la vraie loi, la seule qui ait le droit » de commander, est la sagesse du grand Jupiter ».

Nous ne confondons pas le droit naturel avec la législation naturelle. Si l'on peut admettre ce dernier titre et l'appliquer à quelque chose, c'est au mobile universel dont la force et l'activité agissent sur tout ce qui est et qui respire, avec une éternelle régularité. On n'étudie ces lois que pour en admirer l'harmonie et l'exécution, car on ne peut y porter aucune réforme, la moindre partie est nécessaire au tout, les rapports n'en peuvent être calculés et tous sont combinés avec une sagesse digne de la majesté du système, le législateur c'est *Dieu*.

____

(1) Hobes et Machiavel sont les premiers qui aient professé ouvertement le droit de la force. Machiavel écrivit après les troubles de Florence; Hobes après ceux d'Angleterre.

Les philosophes, qui dans tous les âges en ont paru les plus dignes interprètes, se sont convaincus combien sont étroites les bornes de l'intelligence humaine ; et leur étonnement de se voir si petits, de se trouver si impuissans est l'hymne la moins imparfaite que l'esprit humain ait adressé à l'Eternel. Que cet humble embarras est respectueux ! que ce silence du contemplateur est sublime !

Le droit naturel est moins difficile à pénétrer, à connoître, mais il a aussi ses mystères qui n'ont pas toujours été révélés de la même manière. Que la source en soit divine, c'est ce dont on ne peut douter. Nous n'avons pas un rayon d'intelligence qui ne vienne du principe de toute lumière, pas une notion de justice qui n'émane de l'infaillibilité suprême, mais nous ne rapportons pas tout à la fin pour laquelle nous sommes organisés : nous nous écartons sans cesse des vues de la nature, nous allons par fois jusqu'à méconnoître notre supériorité relative et chercher dans les animaux destinés à nous obéir, des idées de dégradation, quand ils paroissent placés sous nos yeux pour nous rappeler notre dignité et mêler, si l'on peut le dire, quelque orgueil à notre reconnoissance.

Veut-on étudier avec fruit le droit naturel ? qu'alors on ne parle pas des vieilles sociétés où les institutions et lois humaines couvrent les traces primitives de nos affections, de nos penchans natifs. C'est la famille privée qu'il faut d'abord suivre dans ses développemens et dans ses actions.

Nous l'avons déjà dit ailleurs : il n'est plus d'état naturel dès qu'il naît un enfant, d'où il suit que la société a commencé avec la créature. Le premier enchantement qui finit l'incertitude de l'innocence est un lien où s'établit à notre insçu, la loi de la réciprocité. On a le sentiment de la justice, sans en avoir la science; on fait le bien que l'on veut recevoir, on rend celui que l'on a reçu, comme la mère et l'enfant se rendent réciproquement caresses pour caresses.

Mais avec la paternité et la maternité naît la différence des affections. L'amour créateur est plus fort que l'amour créé. Le père et la mère voient long-temps leur enfant avec les yeux du cœur, avant qu'il n'éprouve aucune émotion : ils frémissent tour à tour de tendresse et de crainte, avant qu'il ne les enivre de bonheur en ceignant leurs cols de ses foibles bras. La première lueur de son intelligence l'éclaire sur la possession de leurs soins ; il jouit bien long-temps de leur devoir avant de connoître les *siens*, et peut-être sa première pensée les accuse-t-elle d'injustice, car elle naît communément de la première privation.

Cependant, il s'attache, il s'émeut, il souffre quand il désire la présence de si bons amis, il pleure s'il voit couler leurs larmes ; mais les passions viennent se mêler à ces sentimens pieux; le cercle de la vie s'étend pour lui dans la même proportion qu'il se rétrécit pour ses auteurs ; sa sensibilité se répand sur une foule d'objets quand il est, lui, l'unique point de la leur.

Cette différence est un grand bienfait qui ne peut être que l'effet d'une prévoyance infinie. Elle rend supportable la perte inévitable des uns, et fait grossir le patrimoine qui doit remplacer leur tendresse.

Mais voyons la famille s'augmenter. Entre deux frères l'équité naturelle s'altère du moment que l'un paroît plus chéri que l'autre; la jalousie distile ses poisons dans ce jeune cœur ulcéré. L'en-

fant qui se révolte d'une préférence, ne croit pa
que c'est à de meilleures qualités que s'accorde
récompense, et il est loin de concevoir combie
est déchiré le père qui la refuse à ses défauts. Dè
lors s'altère l'idée du juste et de l'injuste, et c'e
ainsi que les passions, de degrés en dégrés, allume
les guerres secrettes entre les esprits, qu'elles e
dérangent l'harmonie naturelle, et qu'enfin elle
rendent nécessaires les lois positives.

Il n'en est pas moins vrai que plus ces lois se rap
prochent de ce qu'ordonne la nature (de ce qu'ell
ne cesseroit de faire exécuter par sa seule puissance
si elle conservoit son impassible sagesse) et plu
elles conviennent à tous les peuples, sans en excep
ter aucun; et dans la majeure partie de leurs dis
positions elles y sont conformes.

Elles maintiennent l'incapacité des enfans tan
qu'ils ont besoin du secours de la raison et de la
vigilance des père et mère. C'est le chef de l'état
qu'elles instituent le père des orphelins; le Prince
veille sur eux par ses procureurs; en un mot elles
découlent du droit naturel jusqu'au point où
elles commencent à régir ce qui est d'institution
et qui peut varier suivant les mœurs, les conditions, etc.

Mais de ce que les lois sont en partie puisées
dans le droit naturel, il ne s'ensuit pas que ce droit
ait par lui-même une puissance suffisante; au contraire, plus il faut nous juger, et moins nous agis-
sons de notre propre mouvement dans le cercle de
la justice. Nous suivons peu ce droit et nous sommes
obligés de l'invoquer sans cesse : si la législation est
silencieuse, c'est à l'équité naturelle que nous demandons des règles et nous sommes toujours éton-
nés quand la jurisprudence nous refuse ce que nous

refusons nous-mêmes aux autres. Telle est la différence que l'égoïsme met toujours entre le précepte
et la volonté : chacun pour soi cite l'un pour
étendre ses jouissances, et veut étudier l'exécution de l'autre pour rétrécir les jouissances
d'autrui.

QUESTION.

« Un débiteur qui a remis à son créancier et de
» son consentement une certaine quantité de mar-
» chandises sans qu'il soit prouvé que ce soit en
» nantissement ou en payement sur dation, le créan-
» cier en ayant fait la vente dont le produit n'a
» pas suffi pour le rembourser entièrement de sa
» somme, peut-il en réclamer la différence, sous
» prétexte que les marchandises lui avoient été
» données en nantissement ? »

SOLUTION.

Cette question, qui a été résolue négativement
par le Tribunal de commerce d'Anvers, a été examinée avec attention par le conseil : ses observa-
tions sur la matière sont lumineuses.

Après avoir donné à la convention des parties
la qualification de *pacte commissoire*, qu'il définit
un contrat par lequel une personne prête sur gage
à condition que si le débiteur ne paie pas la somme
prêtée dans le temps convenu, le gage demeure en
propre au créancier ou sera vendu à son profit ; il
fait connoître que ce pacte étoit proscrit chez les
Romains, ainsi qu'il résulte de la loi de CONSTANTIN,
L. 3, *de Pacte pign.*, parce qu'il blesse les bonnes
mœurs et l'humanité ; le gage étant presque toujours d'un plus grand prix que la dette, il est évi-

dent que le créancier pouvant le retenir en pro
priété ou le faire vendre à son profit, il en recevr
un prix qui lui redonneroit son capital plus d
intérêts usuraires, convention que l'honneur et
lois ne peuvent tolérer.

Cependant il est permis de stipuler que le ter
expiré, le gage pourra appartenir au créancier à
prix fixé de gré à gré ou par experts, ou bien qu
sera vendu de gré à gré à un tiers avec ratificati
des débiteurs, ou à l'enchère. A cet égard, il ci
la loi 16, *de Pig. et Hyp. fin.*, et la loi *Cod.* 4
Jure emphyt.

Dans tous les cas et même contre toute conve
tion contraire qui pourroit avoir été faite, le dé
teur aura toujours le droit de retirer son gage
désintéressant son créancier en capital, intérêts
frais.

La raison en est qu'il est de l'essence du contr
de nantissement de donner la chose pour sûreté d
dettes, et non pour se saisir de sa propriété.

Le Code Napoléon contient des dispositio
positives sur cette matière.

Art. 2078. « Le créancier ne peut, à défaut d
» payement, disposer du gage, sauf à faire o
» donner en justice que ce gage lui demeurera e
» payement et jusqu'à due concurrence, d'après u
» estimation faite par experts, ou qu'il sera vend
» aux enchères.

» Toute clause qui autoriseroit le créancier
» s'approprier le gage ou en disposer sans les fo
» malités ci-dessus, est nulle ».

Art. 2079. « Jusqu'à la proposition du débiteu
» s'il y a lieu, il reste propriétaire du gage qu
» n'étoit dans les mains du créancier qu'un dépô
» assurant le privilége de celui-ci. »

(133)

Les règles exigent une convention écrite entre le débiteur et le créancier, conformément à l'ordonnance de 1673, t. 8 et 9, conçue en ces termes :

Art. 8. « Aucun prêt ne sera fait sous gage qu'il n'y en ait un acte par devant notaire, dont sera tenue minute, qui contiendra la somme prêtée et les gages qui auront été délivrés, à peine de restitution des gages, à laquelle le prêteur sera contraint par corps, sans qu'il puisse prétendre de priviléges sur ces gages, sauf à exercer ses autres actions. »

Art. 9. « Les gages qui ne pourront être exprimés dans l'obligation seront énoncés dans les factures ou inventaires dont sera fait mention dans l'obligation, et la facture ou inventaire contiendra la quantité, qualité, poids et mesures des marchandises ou autres effets donnés en gage, sous les peines portées par l'article précédent. »

Le Code de Commerce n'a rien innové à cet ordre de choses, et l'article 2074 du Code Napoléon le sanctionne avec les deux modifications suivantes :

Il veut 1.º que ces dispositions puissent avoir lieu, non-seulement par acte authentique, mais encore par acte sous seing-privé.

2.º Qu'il n'ait lieu que pour établir le privilége du prêteur ; ce qui s'induit de ces termes, *le privilége n'a lieu.*

D'où il semble que l'ordre voulu par l'ordonnance de 1673 n'est requis que pour établir le privilége contre un tiers, mais qu'entre les contractans et pour leurs droits respectifs, ces formalités ne sont pas nécessaires. Jousse, dans son commentaire de l'ordonnance de 1673 sur l'article 8 ; M. le lieutenant civil le Camus, sur l'article 581 de la cou-

tume de Paris ; Bornier, Boutaric, Pothier au m[ot]
contrat de nantissement, ch. 1.ᵉʳ, art. 2, §. 3
n.° 17, sont de cet avis ; le conseil de jurisprudenc[e]
pense le contraire.

La lettre et l'esprit de la loi démontrent que l[a]
loi veut deux choses.

1.° Que l'acte soit écrit pour assurer un privilég[e]
contre les tiers.

2.° Que le contrat soit écrit pour assurer le[s]
conventions des contractans, et éviter une foul[e]
d'inconvéniens.

Dans l'espèce agitée ici, le tribunal de commerce
d'Anvers a jugé, d'après l'aveu du débiteur, que les
marchandises ont été données en payement, et non
en nantissement, il a jugé d'après les principes, d'a-
près les lois et d'après les usages.

D'après les principes, parce que sans cela il
falloit qu'il jugeât qu'il y avoit pacte commissoire,
et pour qu'il eût reconnu un pareil pacte, il auroit
au moins fallu l'aveu du débiteur.

D'après les lois, parce qu'elles veulent que le
contrat sur nantissement soit écrit ; et que lorsqu'il
n'est pas écrit ; on présume tout autre contrat, comme
par exemple le mandat de vendre qui s'éteint par la
volonté du mandant.

D'après les usages, parce que volontiers, dans
le commerce, lorsque l'on fait une vente, on ne fait
ni compte, ni facture, comme étant une chose pour
laquelle il n'y a plus rien à répéter.

Cette opinion est aujourd'hui généralement suivie dans les Cours et Tribunaux de l'Empire.

QUESTION.

Un testament public dans lequel n'est pas

énoncée la demeure des témoins instrumentaires est-il nul?

SOLUTION.

Pour résoudre la question, il faut consulter et les lois relatives aux actes en général, et les dispositions particulières aux testamens publics.

L'art. 12 de la loi du 25 ventose an 11, veut que les actes notariés énoncent la demeure des témoins instrumentaires, sous les peines prononcées par l'art. 68, qui déclare nul tout acte fait en contravention de l'art. 12.

L'art. 971 du Code Napoléon ordonne que le testament public sera reçu par un ou par deux notaires, suivant le nombre des témoins appelés.

L'art. 980 met au nombre des qualités requises dans les témoins celle de regnicole ; enfin l'art. 1001, déclare nul tout testament dépourvu de ces diverses formalités.

Il résulte de toutes ces dispositions combinées, 1.° que dans un testament le notaire doit observer tout ce qui est prescrit à son ministère, sous la peine de nullité prononcée par l'art. 68 de la loi du 25 ventose an 11, et que pour constater que les témoins sont régnicoles, il faut énoncer leur demeure conformément à l'art. 12.

C'est une étrange erreur de croire que remplir simplement les formalités prescrites pour la validité d'un testament, c'est satisfaire à l'entière volonté de la loi; on n'y obéit qu'en observant aussi les formalités expresses introduites pour la perfection des actes de toute autre nature.

En établissant des règles particulières pour la validité du testament, le législateur a voulu l'environner de précautions extraordinaires, capables d'en

défendre l'accès à la fraude, et laisser subsiste
d'ailleurs les dispositions qui régissent le notariat
autrement le droit seroit mutilé ; et qu'on ne s'y
trompe pas, le droit est le faisceau de toutes les
lois co-rélatives : celles non comprises dans le Code
mais qui doivent concourir à son exécution, s'y
rattachent donc essentiellement et ne peuvent en
être séparées.

En effet, ce que le législateur ordonne ne détruit
pas ce qu'il a déjà ordonné, cette vérité ne cesse
que par une abrogation positive ou résultante d'une
contrariété réelle entre les dispositions antérieures
et celles subséquentes.

Or, loin d'avoir abrogé positivement la lôi du 25
ventose, le Code Napoléon en ordonne l'application
au testament public en voulant qu'il soit reçu par
un Notaire.

Cet article seroit bien oiseux et bien inconsé-
quent si l'officier instrumentaire pouvoit se dispenser
d'observer dans les testamens, les formalités voulues
par la loi constitutive de son ministère ; ce seroit à
la fois reconnoître la nécessité et admettre l'inu-
tilité de l'élément ; entendons mieux cette disposition.

Elle veut que comme acte public, le testament
soit revêtu de toutes les formalités communes à
tout acte public ; que comme testament, il manifeste tous les caractères indispensables à sa validité.
Comme acte il est nul si l'une des formalités rappelées en l'article 68 est omise, et comme testamnet,
il ne produit aucun effet, quoique d'ailleurs plein
de régularité, si les formalités rappelées en l'art. 1001
du Code n'ont pas été observées.

S'il en est une qui doive paroître spécialement
plus nécessaire, c'est l'énonciation de la demeure

« des témoins instrumentaires dans un acte qui doit
« dire tout ce que ne peut plus démentir ni affirmer
« celui qui l'a dicté; acte contre lequel on peut s'ins-
« crire en faux. *Pierre*, énoncé comme témoin, est
« absent, est mort civilement, n'est pas majeur, ou
« n'est pas régnicole. Ce n'est pas ce *Pierre* là, ré-
« pondront les héritiers, c'est un autre dont vous ne
« saurez pas la demeure. Alors, dans l'impossibilité
« de constater l'identité, on sera hors d'état de s'as-
« surer si l'art. 980 du Code a été ou non observé,
« parce que l'art. 12 de la loi du 25 ventose a été
« transgressé. Le Code et cette loi sont donc insépa-
« rablement liés.

« En deux mots si le notaire n'accomplit pas la loi
« du 25 ventose, il ne procède que comme simple
« particulier; comme tel, il ne passe pas un acte pu-
« blic, et c'est dans ce sens que l'art. 68 annule ou
« déclare privé tout acte dénué des formalités pres-
« crites; d'où il suit qu'un testament dépourvu du
« caractère d'acte public, est totalement nul, et que
« les obligations signées de toutes les parties, dégé-
« nèrent en engagemens privés, modification qui n'a
« pu favoriser les actes testamentaires dont l'élément
« principal est l'authenticité.

Telle est l'opinion émise par le Conseil de Jurisprudence, en 1808, sur une question extrêmement controversée, d'un ordre majeur, et sur laquelle les plus habiles jurisconsultes et les plus savans magistrats ont été partagés d'opinion.

La Cour suprême vient de faire cesser toute incertitude, par son arrêt du 1.er octobre 1810;
arrêt célèbre, provoqué sur l'avis du Conseil, développé savament par M.e *Loiseau*, docteur en
droit, l'un de ses membres, avocat à la Cour de
Cassation.

Voici l'espèce :

Un sieur *Roelant*, de Bruxelles, avoit fait, le 17 vendémiaire an 13, son testament devant un notaire, en présence de quatre témoins, dont la demeure n'a pas été énoncée dans l'acte.

Après le décès du testateur, la dame *Vandereschueren*, qu'il avoit instituée héritière pour un huitième, mais qui auroit eu droit à un quart, si la succession s'étoit ouverte *ab intestat*, attaqua le testament, prétendant qu'il étoit nul, aux termes des articles 12 et 68 de la loi du 25 ventose an 11, sur le notariat, la demeure des témoins ne s'y trouvant pas énoncée.

Les enfans *Collyns*, autres héritiers institués, soutinrent que la loi du 25 ventose an 11, qui prescrit cette énonciation dans les actes notariés, n'étoit pas applicable aux testamens publics, et que ces actes étant régis par le Code Napoléon, qui les a soumis à des formalités particulières, ne pouvoient être confondus avec les autres actes notariés.

Le 12 février 1808, jugement du Tribunal civil d'Audenarde, qui déclara nul le testament du 17 vendémiaire an 13.

Appel ; et le 9 août suivant, arrêt par lequel la Cour d'appel de Bruxelles dit qu'il a été mal jugé, déclare valable le testament, attendu que la loi du 25 ventose an 11 n'a pour objet que les contrats, ainsi qu'il résulte de l'article 68, qui parle de la signature des parties contractantes ; que les seules dispositions de cette loi applicables aux testamens, sont celles relatives aux fonctions et devoirs des notaires, ou au matériel des actes, et non aux simples formalités ; que cela résulte de ce qu'en même temps qu'on discutoit cette loi, on s'occupoit d'une autre loi particulière sur la forme des testamens, et dont d'objet a été rempli par le Code Napoléon, et que d'ailleurs, ce Code y auroit dérogé, notamment par son article 980, en exigeant simplement que les témoins soient républicoles.

Cet arrêt fut soumis au Conseil de Jurisprudence, qui décida qu'il devoit être frappé de la cassation pour violation des articles 14 et 68 de la loi du 25 ventose an 11 sur le notariat. Le pourvoi eut lieu.

Suivant le premier de ces articles, a dit M. *Loiseau* dans sa plaidoierie pour les demandeurs, tous les actes notariés doivent énoncer le nom des témoins instrumentaires et *leur demeure*, sous les peines prononcées par le second ; et l'article 68 déclare nul tout acte fait en contravention aux dispositions de plusieurs articles du nombre desquels est l'article 14. Nul doute, a-t-il ajouté, que le défaut d'énonciation, dans un acte notarié, de la demeure des témoins instrumentaires, n'entraîne la nullité de cet acte.

Mais la loi du 25 ventose an 11 est-elle applicable aux testamens publics comme aux autres actes des notaires ?

C'est ce que le même orateur a soutenu avec avantage. Il a invoqué à l'appui de ses assertions l'opinion de M. le Procureur-général *Merlin*, que le savoir a placé au premier rang de la magistrature, comme il le placera éternellement au nombre des plus grands jurisconsultes.

Il a dit que le Code Napoléon, en établissant des formalités particulières pour les testamens publics, n'avot fait qu'ajouter à celles prescrites par la loi du 25 ventose an 11 pour tous les actes notariés, et qu'on ne pouvoit trouver une dérogation aux articles 12 et 68 de cette loi, relativement à l'énon-

ciation de la demeure des témoins dans la disposition du Code Napoléon qui veut que les témoins
soient républicoles, ou plutôt *sujets de l'Empereur*, cette qualité étant indépendante de toute
formalité et particulièrement de celle relative à la
demeure des témoins.

M꜀. *Maille* avocat des défendeurs a reproduit et
développé pour justifier l'arrêt attaqué, les mêmes
motifs qui l'ont déterminé, il a fait principalement
reposer sa défense sur la règle *in toto jure generi
per speciem derogatur*, il a prétendu que d'après
cette règle on ne pouvoit appliquer la loi générale sur le notariat à des actes régis par une loi
spéciale; que le Code Napoléon réglant la forme
des testamens publics, la validité de ces testamens
n'étoit subordonnée qu'à l'observation des formalités prescrites par le Code; et que le législateur
avoit si bien entendu ne pas se référer d'ailleurs à
la loi du 25 ventose an 11, que par le Code même,
il avoit expressément soumis les testamens publics
à des formalités prescrites par cette loi pour les
actes notariés.

En effet a-t-il dit, l'article 975 du Code Napoléon exclut par exemple dans les testamens publics,
le témoignage des clercs de notaires, par lesquels
ces testamens sont reçus, et cependant l'article 10
de la loi du 25 ventose an 11, déclare que les clercs
ne peuvent être témoins dans les actes reçus
par les notaires chez lesquels ils travaillent.

Or, si les formalités prescrites par le Code Napoléon, pour les testamens publics, *ne* devoient
pas seules êtres observées dans ces testamens, si le
législateur avoit entendu les soumettre encore à
toutes celles auxquelles la loi sur le notariat a elle
même assujétie les actes notariés, s'il s'étoit implici-

…tement référé à cette loi générale, il n'eut pas rappelé dans la loi spéciale une règle déjà établie pour tous les actes reçus par des notaires, ce qui prouve qu'il a entendu soustraire les testamens publics à l'empire de la loi générale.

Ces moyens, tous spécieux qu'ils paroissent être, n'ont pas prévalus sur ceux développés par le conseil par l'organe de M^e. *Loiseau*. Monsieur l'avocat général *Giraud*, qui a porté la parole, a partagé l'opinion de M. le procureur-général *Merlin*, et en a rappelé les motifs qui ont servi de base à l'arrêt prononcé par M. le COMTE MURAIRE, *premier président* de la cour, sur le rapport de M. le conseiller *Cassaigne*.

ARRÊT.

La Cour: Vu les articles 14 et 68 de la loi du 25 ventose an 11, sur le notariat; ET ATTENDU que cette loi est une loi générale qui embrasse tous les actes notariés; que les testamens publics sont des actes de notaires, ainsi qu'il résulte des articles 969 et 971 du Code Napoléon; que, par suite, les formalités prescrites par la loi du 25 ventose an 11 sont applicables aux testamens publics comme aux autres actes notariés; qu'on ne peut tirer une induction contraire de ce que l'article 68 porte qu'à défaut des formalités prescrites pour valoir comme acte public, l'acte notarié vaudra comme écrit sous signature privée, lorsqu'il sera revêtu de la signature de toutes les parties contractantes; qu'il en résulte seulement que cette disposition est particulière aux contrats et doit être restreinte à son cas; que si le Code Napoléon a établi des formalités particulières aux testamens publics, il n'a eu en général pour objet que d'entourer ces actes de plus de solemnité; que, par conséquent, loin de déroger à celles prescrites par la loi du 25 ventose an 11, il en a voulu de plus en plus l'exacte observation, en tout ce à quoi il n'a point dérogé d'une manière formelle; que s'il en étoit autrement, il s'en suivroit les inconvéniens les plus graves, et le Code Napoléon n'auroit pas manqué d'y pourvoir; que, suivant les articles 12 et 68 de la loi du 25 ventose an 11, les actes de notaires doivent contenir l'énonciation de la demeure des témoins instrumentaires, à peine de nullité; qu'il en est donc de même des testamens publics; que l'article 920 du Code Napoléon ne déroge point spécialement à cette formalité, en exigeant que les témoins soient sujets de l'Empereur; que ces deux conditions sont distinctes, et la première est d'autant plus indispensable que sans l'indication de la demeure des témoins, il seroit souvent impossible de vérifier s'ils réunissent les qualités requises; qu'ainsi, en jugeant que le testament public en question est valable, quoique la demeure des témoins n'y soit pas énoncée, la Cour d'appel de Bruxelles a violé les articles 12 et 68 de la loi du 25 ventose an 11; — CASSE, etc.

QUESTION.

Un testament régulier inattaquable peut-il rendre valide un testament antérieur, irrégulier et nul dans lequel le premier est rappelé?

SOLUTION.

Il ne faut que jeter les yeux sur la clause de ratification pour décider la négative : « Je réitère, dit » le testateur, le testament par moi fait et dicté en

» présence des quatre témoins y énoncés le 17 ven-
» démiaire an 13.

Cette clause, en maintenant le premier testament n'en a fait que confirmer l'impuissance.

Les dispositions nulles n'avoient selon la loi, aucune existence : pour leur donner l'être, il auroit fallu les dicter et les faire recueillir dans le testament postérieur, sans rappeler l'antécédent.

Dans l'espèce, pour reconnoître des dispositions testamentaires et en trouver la mesure, il faudroit y appliquer un chiffon réprouvé , un avorton qui n'a pas plus de consistence que n'en auroient des notes informes auxquelles renverroit un testateur.

Ce qui a été recueilli dans le premier testament n'a pas été dicté dans le second; les formalités qui rendent celui-ci valable, n'ont pas été observées dans celui-là : ainsi donc, l'un renferme des dispositions inutiles et sans force, et l'autre des formalités sans dispositions.

Le tribunal civil séant à Audenarde, département de l'Escaut, motivant son jugement sur cette question, s'exprime ainsi : « Attendu que dans la
» jurisprudence du Code Napoléon, on ne connoît
» que trois espèces de testament : *l'olographe , le*
» *public* et *le mystique ,* dont chacun a ses formes
» particulières, sous peine de nullité. Admettre les
» testamens par relation, ce seroit en introduire
» une quatrième espèce, et créer une loi, création
» qui ne sauroit se concilier avec l'art. 1339 du
» Code, portant : Le donateur ne peut réparer,
» par aucun acte confirmatif, les vices d'une dona
» tion entre vifs : qu'enfin, cette quatrième espèce
» de testament ne sauroit non plus se concilier
» avec la combinaison des art. 972 et 1001; etc.

Par ces motifs, le testament a été annullé, et la
ratification considérée comme non avenue.

QUESTIONS.

Un contrat de vente nul, comme ayant été reçu
par un notaire hors de son ressort, et n'étant revêtu
que d'une croix apposée par le vendeur qui ne sait
pas écrire, est-il valable comme acte privé, et l'acquéreur peut-il en conséquence demander l'exécution de la vente, ou du moins le remboursement
du prix stipulé et payé?

S'il n'est fondé ni dans l'une ni dans l'autre de
ces actions, peut-il obtenir des dommages et intérêts
contre le notaire contrevenant?

SOLUTIONS.

1.º L'article 68 de la loi sur l'organisation du
notariat, ne conserve de valeur qu'aux actes signés
de toutes les parties. Ceux qui n'ont pas ce caractère
probant, véritable sceau des conventions privées,
tombent sans retour et sans force quelconque.

Une croix n'est point une marque caractéris-
tique; elle n'a aucune physionomie particulière qui
peigne en quelque sorte la personne comme le fait
la signature. A défaut de ces traits distinctifs, toute
vérification est impraticable et toute expertise
échoueroit; d'où il résulte qu'on ne peut y attacher
aucune foi.

Aussi un acte privé au bas duquel seroit apposée
une pareille marque, fût-il souscrit par des témoins,
ne seroit valable qu'autant que son objet n'excéderoit pas celui pour lequel la preuve testimoniale est
admissible.

Or un contrat dépouillé de son authenticité et

de la foi due au notaire ne conserve plus que cette espèce de témoignage inadmissible dans l'espèce, où il s'agit d'un immeuble de la valeur de 2400 fr..

Le contrat est donc absolument nul.

2.° L'acquéreur dépouillé de l'objet de son acquisition, est dans l'impossibilité de s'en faire restituer le prix par les héritiers du vendeur qui invoquent le bénéfice de la nullité à l'égard du prix comme à l'égard de la résolution, est fondé à intenter une action contre le notaire contrevenant, à fin de dommages et intérêts. L'art. 68 lui-même la lui réserve, mais ne la lui garantit pas.

Cette espèce de demande ne peut réussir que par les moyens qui lui sont particuliers. Ici, elle est assise sur une perte réelle et déterminée, et qui ne peut être contestée par le notaire, puisque lui-même a affirmé et signé que les 2400 fr. ont été réalisés. C'étoit à lui de connoître les limites de sa compétence, à ne pas les franchir. Il a su à quoi son infraction l'exposoit; et si l'appât d'un acte lui a fait braver une chance fâcheuse, il doit s'imputer la témérité dont lui seul auroit conservé le fruit, si elle n'eût pas eu des conséquences malheureuses.

Quant au contrat de vente, il est d'autant plus impuissant que la tradition réelle de l'immeuble n'a pas eu lieu, l'acquéreur n'en ayant jamais eu la possession.

QUESTION.

Un testament dans lequel le notaire énonce préalablement qu'il lui a été dicté, qu'il l'a écrit de la manière *qui suit*, et récite ensuite les dispositions de dernière volonté, au lieu de les faire exprimer par le testateur, sans, à la fin, insérer la mention de l'écriture, est-il valable?

10

SOLUTION.

En point de fait, deux mentions, l'une préliminaire et l'autre finale, commencent et terminent le testament dont il s'agit. Dans la première, le notaire déclare qu'il lui a été dicté et *l'avoir écrit ainsi qu'il suit*. Dans la seconde, il affirme que le testateur l'a trouvé tel *qu'il vient d'être dicté*, sans ajouter l'avoir écrit : enfin, dans le corps de l'acte, le testateur figure à la troisième personne.

Autrefois, selon l'usage réuni à la règle, le testateur parloit dans l'acte, et par conséquent ce style funèbre étoit toujours à la première personne. A Paris et dans les autres grandes cités, les notaires ont conservé cette locution beaucoup plus propre que le récit.

Réciter c'est évidemment ne pas écrire ce qui a été dicté; énoncer l'affirmative de la dictée, c'est constater une inexactitude manifeste qui dénonce la transgression de l'article 972.

Cette disposition veut que le testament soit écrit tel qu'il est dicté. Certes, le testateur ne dit pas, *il lègue*, mais *je lègue, j'institue, j'ordonne*. De cette manière, on voit une volonté immédiate et vierge ; de l'autre, on ne trouve que des dispositions élaborées et dépourvues de leurs prémices. Parlant à la première personne, le testateur peint l'état de son esprit, l'assiette ou l'égarement de sa raison. Le notaire, parlant à la troisième personne, n'est qu'un narrateur qui, dans la relation des volontés qui lui ont été confiées, fait entrer sa propre intelligence.

D'après ce parallèle, nous sommes convaincus

que l'article 972 entend que le testateur s'exprime personnellement. Ces paroles *tel qu'il est dicté*, ne paroissent pouvoir, dans la loi, offrir un autre sens, et ce qui le confirme, c'est que le testateur, auquel le notaire a demandé quelles sont ses dernières volontés, ne répond pas : il lègue, il ordonne, mais je lègue, j'ordonne.

Ce ne peut être qu'en copiant naturellement la réponse du testateur, que le notaire satisfait à la loi : autrement il ne recueille pas la dictée, il dicte lui-même; ce ne sont plus les paroles inaltérables du testateur, ce sont les expressions maniérées du notaire ; c'est, en un mot, l'historique d'une conversation précédente, qu'il reproduit selon son entendement et son intelligence; et ce n'est pas là ce que veut le Code. Il exige que les héritiers ou les juges voient dans le testament l'air et la candeur primitifs de la volonté.

Au moins, quand ce langage naturel et persuasif n'est pas observé, les mentions prescrites doivent être extraordinairement claires, expresses. Le sont-elles dans le testament dont il s'agit ?

Le notaire n'a pas dit avoir écrit le testament *tel qu'il lui a été dicté.* Cette exactitude littérale, est bien loin de ces mots qu'il a employé : Le testament nous a été dicté, et nous l'avons écrit *ainsi qu'il suit.*

De cette assertion naît une question insoluble ; ce qui a été dicté a-t-il été écrit? ce membre de phrase *ainsi qu'il suit*, ne signifie rien, sinon que le notaire a rédigé à sa manière ce qu'à la sienne le testateur lui venoit de communiquer.

Après la confection du testament, la mention de clôture n'éclaircit pas le doute né de la première mention *Un testament tel qu'il vient d'être dicté*, n'est toujours que tel qu'il a été écrit, et il a été écrit comme on ne dicte jamais.

Cette opinion, prise dans les termes de l'acte, nous paroît d'autant plus saine que la conscience interrogée sur le sens des mentions, seroit beaucoup moins inquiète, en prononçant que les paroles du testateur n'ont pas été recueillies, qu'en affirmant qu'elles l'ont été.

Nous ne doutons pas que la religion des juges ne flotte également entre l'affirmative et la négative, ce qui suffit pour condamner la mention; mais, à supposer que leurs lumières dissipent l'obscurité qui nous dérobe le point de vérité que nous cherchons, toujours manquera-t-il dans le testament la mention de l'écriture, mention qui ne peut se trouver dans l'assertion, que le testament à faire a été écrit. Et quand, au lieu de ce langage, le notaire auroit déclaré qu'il alloit écrire le testament qui alloit lui être dicté, il n'eût pas encore par-là fixé la certitude du fait; il n'a donc annoncé que le projet et n'a point certifié l'exécution. Dans cet état de choses, le juge demande : le notaire a-t-il écrit le testament? et l'acte garde sur cette question un silence éternel.

Suivant l'esprit de la loi, l'œuvre personnelle du notaire reste donc incertaine, d'où il résulte que l'article 972 a été transgressé, et que le testament est nul.

Tout moyen par lequel un notaire peut éluder les dispositions rigoureuses du Code Napoléon sur la forme des testamens, doit être sévèrement écarté par la justice. Ce seroit légitimer une grave infraction, que d'appliquer à l'œuvre faite la promesse de la faire; en un mot, ce seroit confondre la promesse avec son exécution, et lui attribuer l'autorité du fait.

QUESTION.

Un testament dans lequel figurent deux sortes de témoins, les uns pour constater l'identité du testateur, et les autres pour assister à la confection de l'acte, en qualité de témoins instrumentaires, est-il valable, lorsqu'il résulte du testament que les premiers, au nombre de deux, y ont été présens et que les seconds, au nombre de quatre, n'y ont été appelés qu'à la lecture?

SOLUTION

L'article 11, de la loi du 25 ventose an 11, s'exprime ainsi : « Le nom et la demeure des parties » devront être connus des notaires, ou leur être » attesté dans l'acte par deux citoyens connus » d'eux..... »

C'est en conformité de cette disposition que le notaire appelé pour recevoir le testament de Léonard *Vandenbussche*, qu'il ne connoissoit pas, a fait intervenir les deux frères Bock, chez l'un desquels étoit logé le testateur, et, après avoir énoncé leur attestation, le notaire ajoute, dans le même paragraphe : « Ledit comparant trouvé dans une » chambre au premier, donnant sur la rue, malade » de corps, mais sain d'esprit, ainsi qu'il est apparu » à nous notaires et témoins »

Les dispositions viennent ensuite et sont totalement rédigées sans que personne, autre que les frères Bock, ayent été nommés comme remplissant l'office de témoins instrumentaires.

Ce n'est qu'à la clôture que quatre particuliers apparoissent.

La mention faite à cet égard est remarquable : la voici textuellement.

« En foi de quoi nous avons fait sceller les pré-
» sentes qui furent faites, dictées par le testateur,
» et *ensuite* par moi notaire lu à haute et intelli-
» gible voix : à Barrége, dans la chambre ci-dessus
» désignée, ce 28 ..... à 4 heures de relevée, en
» présence des sieurs Louis Roderbourg, auber-
» giste, Ferdinand Jorisler, Mathieu-Joseph Con-
» rad, et Joseph Cleslen, témoins à *ce requis*, etc. »

On voit donc que les frères Bock ont été témoins des formalités, et les quatre autres particuliers, témoins de la lecture qu'*ensuite* le notaire leur a faite du testament.

Par ces mots, dans le préambule, *ainsi qui lui a apparu à lui Notaire et témoins ;* il est évident que la qualité des témoins ne se rapporte qu'aux sieurs Bock, les seuls appelés jusques-là, autrement le notaire auroit dit et *autres témoins soussignés.*

Il est donc de toute certitude que les volontés du testateur et sa dictée n'ont eu d'autres auditeurs que deux individus, tandis que la loi en exige quatre à peine de nullité.

VŒUX SOLEMNELS.

Point de Fait.

Demoiselle *Eustelle* Blanc fit, le 4 août 1778, vœux perpétuels de *chasteté*, de *pauvreté* et d'o-*béissance*, entre les mains et en présence d'un ecclésiastique commis à cet effet par l'évêque de

Saintes, déclara se consacrer à Dieu pour le reste de ses jours, et promit de servir dans l'hôpital de Chalais en qualité de sœur hospitalière, conformément aux réglement et institution de cette maison, sous l'obéissance de M. l'Evêque et de ses successeurs.

Les père et mère de sœur Eustelle décédèrent, l'un il y a 40 ans; et l'autre le 8 février 1792.

Par jugement du 5 septembre 1785, entre les frères et sœurs de la religieuse Eustelle, le partage des biens propres délaissés par le père commun a été ordonné; et il a été accordé à chacun des co-partageans la septième partie des mêmes biens : *attendu l'entrée en religion d'Eustelle Blanc, etc.*

Cependant, et le . . . . . fructidor an 13, ladite Eustelle Blanc fit une donation entre-vifs de tous ses droits dans la succession de ses père et mère, en faveur de son neveu, fils de l'une des demande-resses dans l'instance en partage ci-dessus indiquée.

QUESTION.

Le donataire est-il fondé à exercer les prétendus droits qui lui ont été transmis par la donation ?

SOLUTION.

Il s'agit principalement d'examiner si les vœux prononcés par Eustelle Blanc sont de nature à la lier entièrement envers Dieu, à la soustraire perpétuellement à la vie civile, et à ne lui permettre de rentrer dans le monde qu'en se faisant restituer au siècle par l'official du Diocèse.

Dans ces sortes de matières, il est bon de voir en théologien, et nécessaire de raisonner en Jurisconsulte

Depuis la distinction entre les vœux solemnels et les vœux simples, distinction inconnue à l'antiquité chrétienne, les ecclésiastiques n'ont guère examiné cette solemnité que dans ses rapports avec le mariage, et comme établissant un empêchement dirimant : de leur côté, les légistes ont discuté et les tribunaux ont statué sur les effets civils résultans de cette solemnité. Quoi qu'il en fût, l'autorité temporelle ne put jamais se dispenser de consulter le point métaphysique de l'engagement religieux pour appliquer le droit, et c'est encore ce qu'il faut observer dans l'espèce.

Lorsqu'il s'agissoit d'une réclamation contre l'engagement d'un religieux, c'étoit d'abord à l'autorité ecclésiastique qu'appartenoit le droit d'en examiner le fondement. Là, l'intérêt de la religion et celui de l'ordre dont étoit le réclamant, formoient l'objet principal de l'attention et de la conscience de l'official, mais sur l'appel comme d'abus, la juridiction temporelle à laquelle les Rois avoient confié une partie de leur puissance pour réprimer l'entreprise des ecclésiastiques contre les droits des laïques, portoient les regards les plus sévères et sur les canons et sur leurs rapports avec les lois civiles pour s'assurer si les uns et les autres avoient été respectés par la sentence dont il s'agissoit.

Et lorsqu'il étoit question de prétention de religieux à des droits successifs, le premier soin de la justice étoit de remonter à l'ordre qu'il avoit embrassé, pour savoir s'il étoit engagé dans des liens indissolubles ; mais en général, cet examen n'eût pas suffi relativement aux sœurs hospitalières : cette dénomination commune à un grand nombre d'associations différentes, ne supposoit ni des règles ni des engagemens uniformes. La plus étendue de ces congrégations étoit celle de *St.-Vincent de Paule*; presque toutes admettoient seulement des vœux simples, et pour un temps limité, à l'expiration duquel les sœurs pouvoient à volonté les renouveler ou rentrer dans le monde.

On distinguoit communément les unes des autres, par le titre de *Sœur*, et celui de *Dame*, comme celui de dames de St.-Benoît appartenoit aux religieuses dont l'état ne pouvoit changer.

Il est donc important de savoir si les vœux exigés dans les maisons de Magnac et de Chalais, étoient temporels ou perpétuels, comme l'est celui d'Eustelle Blanc.

Sur ce point, son acte d'entrée en religion jette déjà un grand jour; la maison de Chalais est qualifiée de couvent, et elle y a été admise pour y *vivre et mourir selon les statuts de l'ordre.*

Suivant l'acte d'érection du 29 octobre 1728, la communauté de ces religieuses hospitalières étoit une succursale de l'ordre de St.-Dominique, dont le couvent principal étoit à Magnac, et dont les règles et statuts ont été déclarés communs à la congrégation de Chalais, et ce, conformément aux lettres patentes du Roi, et à l'arrêt d'enregistrement de 1727.

De ces divers actes il résulte que le tiers ordre de St.-Dominique, dont un des rameaux étoit consacré au service de l'hôpital de Chalais, a été approuvé par l'église, et reconnu par la puissance publique.

Suivant d'Héricourt, un hermite qui a fait un vœu solemnel entre les mains de l'évêque, ou d'une personne commise par ce prélat, ne peut succéder.

« Le vœu solemnel, dit le même auteur, est cel[ui]
» que l'on fait en faisant profession dans un ord[re]
» approuvé par l'église. »

Cette définition est maintenant produite o[u]
adoptée par tous les docteurs, qui s'accordent éga[le]-
lement sur ce que le vœu solemnel en renferm[e]
trois, *chasteté, pauvreté, obéissance,* et qu['il]
entraîne la mort civile.

Suivant cette opinion, il n'importeroit que l[e]
vœu se rattachât à des statuts préexistans ou à de[s]
règles qui imposassent la pauvreté, etc. pour rendr[e]
incapable de tout acte civil la personne qui se seroit liée par un zèle spécial. Nous ne sommes pas de
cet avis, et nous devons le combattre pour ne pa[s]
maintenir dans l'erreur quiconque seroit tenté de
se prévaloir de vœux solemnels ainsi isolés.

Simple anachorète, un hermite prenant et quittant à volonté l'habit monacal, est dans le cas de
cette règle : « *l'habit ne fait pas le moine* ». Les
théologiens décideront qu'il ne peut acquérir,
qu'aucun ecclésiastique n'a le pouvoir de lui administrer le sacrement de mariage, mais en cela ils
jugeront le for intérieur, et c'est ce qu'a fait d'Héricourt, sans distinguer assez entre la cause de la religion et celle du public.

Il faut le concours de la puissance temporelle et
de la puissance spirituelle, pour qu'il résulte de
celle-ci des effets civils quelconques. Cela est si
vrai, que les nombreux rescrits des souverains Pon-
tifes, soit pour conférer à des ordres religieux la
faculté de tester, soit pour rendre habiles à succéder ; des moines que le St.-Père relevoit de
leurs vœux, n'ont jamais été reçus en France.
Le Pape, qui a pouvoir dans toute l'église, ne
l'a pas sur toute l'église, et c'est avec raison

qu'on a reproché à *Chanut* d'avoir traduit, dans un sens contraire, le texte du concile de *Trente.* Le pape est le chef ministériel de l'église, ou le pouvoir exécutif, comme le nomme textuellement *Gerson*, le père des théologiens et le plus célèbre.

Ces limites ne sont posées ici que pour éviter toute erreur, relativement aux effets civils, que mal-à-propos quelques auteurs, au surplus très doctes et généralement respectés, ont prêtés aux décisions émanées du Saint-Siége.

Il est certain que les vœux solemnels, prononcés par une personne qui s'est ainsi engagée par un zèle spécial, ne produisent aucune obligation aux yeux de la loi; mais voyons l'état des choses, et remontons à leur source.

Long-temps avant le concile de Trente, l'usage avoit rendu indissolubles les vœux solemnels : En l'an 1573, 1657 et 1666, l'assemblée du clergé de France adopta sur ce point la décisision du concile laquelle depuis a été confirmée par la Jurisprudence. Il fut donc de droit positif que les religieux engagés dans un ordre reconnu ne pouvoient être rendus au siècle, à moins qu'ils n'eussent reclamé dans les cinq ans.

Avant l'alliance des lois civiles et canoniques, généralement les statuts de chaque ordre renfermoient cette règle pénale : « Si quelque frère
» (ou sœur) est soupçonné de familiarité mauvaise,
» et qu'après avoir été averti trois fois il ne se cor-
» rige point, qu'il soit privé d'assister aux assem-
» blées, et de converser avec les autres, s'il
» s'obstine, qu'il soit publiquement chassé du tiers-
» ordre ».

De cette répression résultèrent des inconvéniens

calamiteux. Les frères ou sœurs chassés n'appartenant plus ni à la religion, ni à leur familles, répan-
doient dans leur marche vagabonde, la corruption
qui les avoit fait renier, que le désespoir empoison-
noit, et que le dernier degré de dévergondage rendoit contagieux. Tels que nous avons vu de nos
jours, les ecclésiastiques, indignes de leur caractère,
mépriser dans les tribunes et dans le monde, les
vérités évangéliques, violer toute morale, perver-
tir les consciences, souiller les opinions, et fouler
aux pieds les nœuds les plus saints; tels disions-nous,
étoient les religieux errans et réprouvés.

Grégoire IX, ayant été informé de ce désordre,
ordonna de rechercher les coupables, de les saisir
et de les renvoyer dans un autre couvent pour y
faire pénitence. Cette décrétale eut son exécution,
et fut exactement observée en France.

On doit donc regarder comme certain, que l'in-
corporation des lois canoniques aux lois civiles remonte à ce pontificat; que depuis lors, les moines
furent irrévocablement liés aux monastères, et les
monastères aux moines:

Auparavant, on conçoit que les vœux n'étoient
que du ressort de la conscience; ils pouvoient être
violés par le religieux, sans que son ordre en ob-
tînt jamais le redressement de l'autorité judiciaire;
mais depuis, ces vœux ont intéressé le public et les
famille, et dès-lors la justice a eu le pouvoir de
prononcer.

Mais qu'est-ce qu'un religieux? « L'habit ne fait
» pas le moine, mais la profession dans un
» ordre approuvé. Règle 30, ordonnance de
» Moulin ».

Suivant la coutume de Paris, article 327, observée dans toute la France : « Les religieux étoient

(157)

» réputés morts civilement, et ne succédoient
» point à leurs parens, ni le monastère pour eux.
» Règle 29.

» Le silence de cinq ans, sans réclamation pu-
» blique, étoit une fin de non-recevoir qui cou-
» vroit toutes les nullités de la profession. Arrêté
» du 11 janvier 1706 ».

Le droit civil, comme nous l'avons déjà dit, s'al-
lia aux canons, de telle sorte qu'on ne pouvoit violer la volonté de l'église sans offenser la puissance
publique.

Cette alliance a été renouvelée et confirmée par
plusieurs édits, déclarations et arrêts du conseil,
en 1768. Le maintien de la discipline ecclésiastique
fut ordonné suivant les premières institutions, fondations et règles de chaque ordre.

L'article 13 de l'arrêt de février 1775 porte :
» Qu'aucun religieux ne pourra, à quelque titre
» que ce soit, rien posséder ni retenir en propre,
» et ce, sous les peines portées par les règles et cons-
» titutions contre ceux qui enfreignent *le vœu de*
» *pauvreté* ».

L'art. 25 prescrit l'observation des canons de
l'église, *quant aux* nouvelles fondations, et l'art. 26,
qu'elles soient approuvées par l'archevêque ou
l'évêque.

Rien, comme on le remarque, de plus précis
que ces dispositions qui communiquent toute leur
puissance aux lois ecclésiastiques, quant aux effets
civils.

Mais, Eustelle Blanc étoit-elle véritablement religieuse ? Voyons d'abord à quel ordre elle appartenoit.

Selon l'acte d'érection, elle appartenoit à l'ordre
de Saint-Dominique. De cet ordre fondé par lui-

même, naquit un tiers-ordre, dont les sœurs s'ap-
peloient particulièrement Sœurs de la Milice de
Jésus - Christ , et qui substituèrent à ce titre
la dénomination de Pénitentes de Saint-Dominique.

Héliot, tome 5, page 274, dit que la règle donnée par le père *Murio de la Mossa* fut approuvée
en 1413, et confirmée en 1489. Il ajoute : « Il y a
» dans ce tiers-ordre des filles qui font des vœux
» *solemnels* , et sont véritablement religieuses :
» elles ont plusieurs monastères, et leur habille-
» ment est semblable à celui du second ordre.

» Le chapitre 5 de la règle du tiers-ordre s'ex-
» prime ainsi : Nous ordonnons qu'aucun frère et
» qu'aucune sœur ne pourront quitter le tiers-
» ordre, après l'avoir embrassé, ni retourner au
» siècle, à moins que ce ne soit pour entrer dans
» quelque religion où l'on fasse les trois vœux es-
» sentiels ».

Il est donc irrévocablement établi en point de
fait, que dans l'ordre dont étoit la demoiselle Eustelle Blanc, il y avoit des filles qui étoient véritablement religieuses, et qu'elle y a reçu ce caractère
par la nature de son engagement. Qu'importe que
d'autres eussent pu faire des vœux temporaires, et
rentrer dans le monde, si elles venoient à ne plus
vouloir les renouveler ?

Eustelle Blanc s'est liée par des vœux solemnels ;
elle s'est retranchée pour toujours de la vie civile
et de sa famille, et a perdu toute espèce de droit
aux successions qui se sont ouvertes dans la durée
de son engagement, qu'a fait cesser l'assemblée
constituante.

Cette renonciation a été nécessaire pour l'exécution du chapitre 5, de la règle du tiers-ordre, règle

d'après laquelle l'accès du monde dût lui être fermé pour toujours.

Et, qu'on ne croie pas que l'article 14 de cette règle, portant que les religieux incorrigibles seront chassés, s'oppose à la perpétuité des vœux solemnels et de leurs effets. Le moine ou la religieuse indigne, errant entre la sainteté du cloître et l'honnêteté des liens civils, n'en portoit pas moins la chaîne qui l'attachoit à l'obéissance, au pouvoir et à la discipline de l'église. C'est pourquoi Grégoire IX a fait reconduire sous le joug et soumis à un châtiment, ces brebis infectées.

La dame Eustelle Blanc pouvoit-elle être sœur inconstante, ou bien étoit-elle religieuse persévérante? Pouvoit-elle rentrer dans le monde, ou devoit-elle demeurer dans la tombe sacrée?

Nous voyons qu'elle a prononcé des vœux solemnels; qu'elle s'est engagée à vivre et mourir dans un ordre approuvé par l'église, et par la puissance royale. Cette sorte de vœux, au nombre de trois : *chasteté*, *pauvreté*, *obéissance*, emportoit la mort civile; quand on l'avoit prononcée, on ne pouvoit plus retourner au siècle; le chapitre 5 l'exigeoit ainsi; les lois civiles en ordonnoient positivement l'exécution.

Que faudroit-il donc encore? Tous les caractères se réunissent pour buriner dans l'éternité l'épitaphe civile de la sœur Eustelle Blanc! Liée par les lois de l'église, par le droit civil, par les règles de son ordre, exhérédée par son engagement irrévocable, et remplacée, quant à ses droits civils, par des parens qui ont vécu et contracté, sur la foi de cet ordre de choses, que peut-elle demander aux juges de la terre?

En se vouant perpétuellement à la chasteté, elle

s'est interdite pour jamais toute espèce d'engagement et de nœuds profanes, au point qu'un mariage, quoique régulièrement célébré, seroit, aux
yeux de la religion, une conjonction incestueuse è
sacrilége.

En se vouant à l'obéissance, elle a sacrifié ses volontés à la soumission la plus entière, à l'abnéga-
tion la plus absolue.

Enfin, en se vouant à la pauvreté, elle a renoncé à toute propriété, à toute succesion ; elle
auroit par-là perdu ses droits à la couronne, si elle
eût eu l'honneur d'être princesse héréditaire.

Il résulte de ces trois vœux obligatoires, suivant
les règles de son ordre, et, suivant les lois, qu'elle
s'est séparée de l'espèce humaine , et de sa pa-
renté.

Retranchée de sa famille, la puissance paternelle
a perdu tous ses droits sur sa personne ; par une
juste réciprocité, elle n'a plus rien à prétendre ni
de sa famille, ni de l'ordre civil : en un mot, la dissolution de ses droits et de ses devoirs naturels a
été entièrement consommée.

Elle a prononcé des vœux solemnels. Cette promesse terrible fut toujours prise dans le sens de
solemnité chrétienne. La présence de Dieu, l'invo-
cation de la Vierge, le ministère d'un ecclésiastique, représentant l'évêque, l'assemblée des religieuses, l'assistance des parens, les cérémonies en
ces touchantes occasions, tout est solemnel.

C'est à l'Eternel que la religieuse, entrant en
profession, donne son cœur pénétré d'une piété
sublime. C'est l'auguste mère de la chasteté qu'elle
prend pour modèle ; c'est par devant le ministre
de la Divinité, l'officier public de l'église qu'elle
contracte sa sainte alliance. Alors prenant place

parmi les membres d'une nouvelle famille, elle fait ses derniers adieux à son père, à sa mère, à ses parens, au monde entier ; et quand les larmes de la nature inondent encore les liens que la religieuse vient de briser, l'amour le plus pur, le plus délicieux sans doute, l'attache sans retour à des nœuds qui commencent, mais qui touchent déja à l'éternité. Le ciel, dès ce moment, est l'héritage qui remplace le patrimoine auquel elle vient de renoncer, et cet héritage se réalise incessamment par la contemplation des épouses de J. - C. Voilà la religieuse, voilà ses biens et ses espérances.

Comment donc, sortie de sa tombe, et seulement ressucitée au monde, après l'ouverture des successions paternelle et maternelle, la demoiselle Blanc s'est-elle avisée d'y reporter une volonté impuissante et de disposer de droits recueillis ? une religieuse, (et elle se donne encore ce titre) qui n'a pu avant sa réintégration dans le monde, disposer même de son pécule, n'a pu, à plus forte raison, transmettre des droits dont ses frères sont légitimement et irrévocablement saisis.

Le donataire est non-recevable.

Point de fait.

M. Delusson fit un testament mystique, le 29 fructidor an 6. L'acte de suscription du 11 brumaire an 7., est ainsi conçu : « Le testateur tenant » le présent cahier à la main, nous a déclaré (au » notaire), en nous le remettant, que c'est une » feuille de papier, dans laquelle est écrit son » testament mystique ».

11

QUESTION.

Ce testament est-il régulier et valable ?

SOLUTION.

Le testament est nul.

L'article 9, de l'ordonnance de 1735 exige, entre autres formalités, que le testateur présente le papier clos et scellé *à sept témoins*, au moins, *y compris le notaire.*

Cette disposition n'est point comminatoire ; il faut, pour qu'un testament ait de l'effet, qu'elle se trouve rigoureusement observée.

Or, il est littéralement prouvé que le testament dont il s'agit n'a été présenté qu'au notaire seul ; que le testateur n'a déclaré qu'au notaire seul que le cahier remis à cet officier étoit son testament.

L'unique formalité remplie, en présence des témoins, consiste dans l'acte de suscription ; qui au lieu de constater la présentation du testament aux témoins, énonce précisément le contraire.

La présence des témoins est énoncée, mais d'une manière tellement inutile, qu'on ne voit agir que le notaire, et qu'on ignore sur quel objet l'attention des autres témoins se trouvoit alors fixée ; on voit dans l'acte, qu'ils n'ont été que les auditeurs des opérations du notaire, qui, au surplus, a tout rapporté à lui et à son ministère.

L'article 9, de l'ordonnance de 1735 a par conséquent été transgressé. L'identité du cahier présenté au notaire ne peut être certaine ; ce qui s'oppose à l'admission du testament, et ce qui le fait réputer non existant.

Ainsi, nullité radicale, qui anéantit l'institution, qui laisse l'hoirie de feu M. Delusson, sous la direction de la loi, et qui ne peut empêcher qu'elle ne soit partagée, *ab intestat*, entre les héritiers naturels.

Nota. Cette question, diversement résolue par diverses consultations, sera reproduite et discutée d'après l'examen des motifs respectivement opposés.

QUESTION.

Un arbitre, nommé par le tribunal de commerce, peut-il déléguer sa mission, et le jugement qui adopte le rapport de l'arbitre, d'après les relations du délégué, est-il par cela seul susceptible d'infirmation ?

SOLUTION.

Avant l'espèce que nous examinons, il n'y avoit pas encore d'exemple d'une pareille irrégularité, et ce phénomène n'est pas le seul objet qui étonne dans cette cause.

Bergeron, marchand de vin, fut pendant douze ans l'associé de la dame veuve R.... L'activité, la conduite et l'intelligence de ce particulier ont enrichi la société.

Maîtresse des livres et de la caisse, la dame R.... déclara, il y a environ dix-huit mois ; qu'elle entendoit dissoudre cette société, et que pour toute mise de fonds et tout bénéfice, elle livreroit des vins pour 12,000 liv.

Bergeron, consterné, tenta de ramener la dame R.... à des propositions plus équitables, elle persista, et le malheureux qui avoit apporté environ 10,000 , qui avoit élevé la richesse commune à près de 200,000 liv. fut contraint de souscrire.

Un acte constate la dissolution, et la livraison

des vins pour environ 6000 fr. et porte que la livraison ultérieure du surplus sera constatée *aux pied des présentes*

Bergeron fut obligé de poursuivre la dame R.... pour obtenir le surplus. Elle se défendit, en alléguant quelle avoit livré.

Un négociant honnête fut nommé arbitre, à l'effet de visiter les caves de Bergeron. Ce négociant délégua sa mission à un ami de la dame R.... Ce commis-arbitre avec elle, se transporta dans les magasins de Bergeron; elle dit reconnoître les pièces qu'elle a livrée. L'opérateur délégué est de l'avis de la défenderesse; il communique sa crédulité à l'arbitre; celui-ci la transmet au tribunal, qui l'adopte.

De cette manière, c'est la dame R.... qui a jugé elle-même son procès; car c'est d'elle qu'est émané le motif du jugement; et ce qu'il y a de plus remarquable, c'est que l'allégation de la dame R.... n'est appuyée d'aucun livre; raison déjà suffisante pour n'ajouter aucune foi à son exception, devant laquelle pourtant s'est évanoui un titre obligatoire.

Un jugement fondé sur une base aussi dérisoire n'a pas encore de nom, et ne peut subsister. En matière de commerce, on peut user de bonhommie, mais il n'est pas permis de fouler ainsi aux pieds les règles, les titres, les présomptions concluantes. La Cour s'empressera, on doit l'espérer, d'anéantir ce monstre hideux.

COUR DE CASSATION.

AMNISTIE.

Sébastien-Yves-François B...., très-jeune encore, mais pourvu d'une éducation soignée, partit au premier signal de la conscription générale. Son père, homme vertueux, traça à son fils les devoirs qui l'attendoient sous les drapeaux, lui rappela l'honnêteté de son origine, la pureté des principes dans lesquels il avoit été élevé, et l'abandonna au destin qui ordonnoit.

Le jeune homme se rendit à Bourg, pour être incorporé dans un bataillon qui s'y organisoit. Malheureusement le commandant de la place, qui lui remarquoit des talens, le retint dans les bureaux, et, par-là, le rendit coupable de désertion : peu de temps après, le général commandant le département, le choisit pour son secrétaire.

On prétend qu'à ce poste, il fabriqua de faux congés.

Huit ans s'étoient écoulés depuis cette fabricacation, lorsque B.... fut arrêté et constitué prisonnier.

Ce long intervalle avoit été rempli par une conduite irréprochable, par des travaux utiles chez un négociant.

Voilà donc un homme qui, depuis sa maturité, s'est montré digne de la plus honorable confiance, a développé une sagesse et des mœurs conformes à l'honnêteté de sa famille, et à l'austère probité de son père.

Lorsque la Cour spéciale de l'Ain examinoit encore les motifs de compétence, le Conseil fut consulté par le prévenu. La nature de l'accusation imposa aux jurisconsultes délibérans une circonspection sévère ; l'avis fut partagé et distribué entre l'intérêt public et celui de B....

L'arrêt de compétence fut rendu. Le Conseil chargé de la cause du prévenu, devant la Cour de

Cassation, édifié par des renseignemens, produisit un Mémoire, et choisit M. Bourrée de Courberon, l'un de ses avocats plaidans, pour développer les moyens à l'audience.

Extrait du Mémoire.

Un moyen de salut, offert à B.... et la Cour le saisira sans doute, dans une cause où la société est intéressée, à l'absolution du prévenu, parce qu'il lui est utile, et qu'il ne peut lui être nuisible. Ce moyen, c'est l'amnistie accordée par l'Empereur, en l'an 10, *à tout déserteur et à tout fabricateur de faux, relatifs à la désertion.*

L'effet de cette loi est, pour ainsi dire, sans bornes.

Une lettre du ministre de la guerre, en date du 7 messidor de la même année, en explique les dispositions de manière à les rendre applicables à tout délit, qui peut être ou la suite ou la cause de la désertion.

« Les délits accessoires de la désertion (dit son » excellence), tels qu'enlèvement d'armes ou d'effets » d'habillement, *fabrication de faux congés ou » passe-ports*, résistance à la force armée, etc. » Tous ces délits qui ont pu, ajoute le ministre, » servir à préparer ou à consommer la désertion, »sont compris dans les effets de l'amnistie. »

D'après cette instruction, on voit que la clémence de S. M. a embrassé tous les délits et tous les crimes qui ont pu se rapporter directement ou indirectement à la désertion, et cette immense latitude a été calculée par une sage et prévoyante politique.

A l'époque de l'amnistie, d'innombrables déserteurs et faussaires fuyoient et leurs drapeaux et

leurs foyers. Les armées, les arts, l'agriculture sol-
licitoient leur retour ; l'humanité, l'intérêt de l'État
réclamoient leur libération ; la tranquillité publique
y étoit même intéressée, car, il faut le dire, l'homme
errant n'écoute plus que l'intérêt de sa conservation, et, pour échapper aux dernières horreurs de
la misère, il saisit toutes les ressources qui s'offrent
à son désespoir.

Alors le même genre de malheur, de crainte et
de besoins avoit déjà réuni sur plusieurs points des
masses d'individus résistant à la force armée et faisant craindre de plus grands désordres.

Un Monarque prodigieusement éclairé, qui sait
allier à la prévoyance paternelle l'art de régner avec
fermeté, a vu, dans ce débordement de fuyards,
un fléau public, qu'un mot généreux pouvoit faire
cesser et changer en une source d'utilité pour l'État
et pour le corps social.

Sa Majesté a considéré que ces divers crimes
n'avoient pas eu leur source dans la corruption, que
par conséquent tout remède extrême opéreroit une
plaie inutile et douloureuse à la société ; que, pour
ramener les coupables à leur pureté primitive, à
leur destination civique, à leurs travaux, il suffisoit
de les rendre au calme, à leurs penchans naturels.

Le Souverain a encore considéré que la désertion et les faux y relatifs, avoient été commis à une
époque où la législation et le Gouvernement flot-
toient entre des passions et des opinions toujours
menaçantes et mobiles ; que dans cet état de ver-
satilité et d'incertitude, il n'y avoit nulle protection
pour les individus, et on peut le dire, nulle patrie
au moins tutélaire ; que par parité de raison, les
devoirs étoient moins impérieux, la culpabilité
beaucoup plus relative qu'absolue, que par consé-

quent elle pouvoit être remise sans danger par le Restaurateur de l'ordre , le Résurrecteur de la patrie.

A cette époque à jamais éclatante et fameuse, il s'éleva des siècles entre les années précédentes et le moment présent. En l'an 10, les institutions reparurent là où l'on venoit de déplorer leurs ruines ; une nouvelle création fit naître de nouveaux citoyens; des lois observées, des principes conservateurs de nos droits nous rattachèrent à nos devoirs. Le peuple, qui deux ans auparavant étoit agité par des passions tumultueuses dans le vague d'une anarchie opiniâtre, devint docile , confiant, reprit ses mœurs et ses habitudes. Les déserteurs de l'autre règne brûlèrent de s'associer à la gloire des armées de Napoléon ; les faussaires, qui s'étoient rendus coupables, lorsque le mot crime avoit perdu son acception repoussante, se seroient épouvantés d'en concevoir l'idée, lorsque le retour de l'ordre, des mœurs et de la patrie eût fait luire l'espérance avec les premiers rayons de la monarchie. En un mot, le peuple d'aujourd'hui est une sorte de postérité du peuple qui avoit perdu le sentiment de son existence politique.

C'est par ces considérations importantes, que voulant ramener au giron de l'Etat des jeunes gens nuls et dangereux dans leur vagabondage, l'Empereur a jugé salutaire de comprendre dans le pardon, tous les crimes qui aboutissoient à la désertion, ou qui en étoient provenus, soit qu'ils y eussent des rapports médiats ou immédiats.

Cette intention est manifestée sans restriction dans la lettre du ministre de la guerre, le confident et l'interprète des pensées généreuses de son Souverain.

Il considère comme délits accessoires de la désertion, toute fabrication de faux congés ou passe-ports, et toute résistance ayant eu pour but le salut du déserteur.

Il en est de même du faux, commis pour favoriser la désertion ou pour en chercher l'impunité. Ce crime, si dangereux pour tout autre fin criminelle, est avec raison regardé ici comme un instrument qui n'a été créé que pour la désertion, ou à cause de ce délit, et qui a été brisé aussitôt qu'il est devenu inutile comme moyen relatif.

Il y a en effet autant de différence entre un fabricateur de faux congés ou passe-ports d'alors, et un faussaire de profession sans cesse occupé à simuler des valeurs quelconques, qu'entre un individu qui assassine dans la nécessité d'une défense légitime, et un malfaiteur qui extermine son semblable pour voler sa bourse et ses bijoux.

L'un est digne de pardon, l'autre est un exécrable brigand par inclination et par habitude.

Ce point de vue philosophique touche à un autre point de vue qui n'a pas échappé au Monarque, et qui frappera également Messieurs de la Cour suprême.

Ce dernier aspect se présente à l'observateur, alors qu'il découvre le but de la législation criminelle.

Quel est ce but ? Tout le monde sait que ce n'est pour satisfaire aucune passion que la société prononce des peines, mais pour supprimer les malfaiteurs et pour corriger l'homme vicieux.

Le meurtre commis avec préméditation, suppose des affections inhumaines ; une ame atroce, une corruption totale et sans remède. L'assassin doit donc être immolé à la tranquillité publique, à la sûreté de l'espèce humaine.

Les crimes qui ne supposent que des passions et des égaremens passagers, ont provoqué des précautions moins affligeantes. La détention, les fers sont bien plus des moyens de châtiment que d'expiation.

Tel qu'un père qui renferme ou qui lie un enfant, pour le faire réfléchir sur ses fautes, suivant leur gravité et l'intensité du vice, le législateur a voulu qu'il y eût des prisons et des fers, où les hommes coupables de certains délits pussent apprendre à déplorer les suites du vice, à regretter dans l'opprobre les douceurs attachées à la pratique du bien et à la jouissance de l'estime publique. Ce n'est pas pour faire souffrir l'individu, c'est pour le corriger qu'on le renferme ou qu'on l'enchaîne ; et si les juges qui prononcent sur le sort de l'accusé pouvoient voir en lui un repentir sincère, un retour décidé à la morale et à ses devoirs, comme organes du Prince et de la société, ces magistrats prononceroient l'absolution ; et certes, cet acte de justice et de sagesse contribueroit à la prospérité de l'Etat et à la propagation des mœurs.

Ainsi, lorsque l'Empereur a répandu les bienfaits de l'amnistie avec une profusion si auguste et que son ministre a expliqué l'immensité de cette clémence, sa Majesté et son illustre interprète ont vu, dans les circonstances politiques, la cause de la désertion et des faux y relatifs ; dans les déserteurs et les faussaires, des enfans égarés, malheureux, auxquels il ne falloit que rouvrir la voie du bien pour le leur faire pratiquer.

Sans doute, la justice ne doit pas appliquer indistinctement le pardon à ceux qui ont mis et qui mettent en péril et le Trésor public et les fortunes particulières, comme à ceux qui, par des faux, n'ont commis en quelque sorte que des actes de rébellion. Mais ceux-ci, revenus de leur propre mouvement à la pratique des bonnes mœurs, et qui y ont persévéré, ne peuvent être exclus de la faveur d'une loi qui a été rendue en considération de leurs penchans honnêtes ; et quel bonheur ne ressent pas le magistrat, en retrouvant un homme estimable dans celui qui ne fut pas toujours irréprochable, mais en qui le germe de la probité se développa malgré l'influence du sort, et perça, si l'on peut le dire, le limon qui avoit momentanément enseveli et souillé sa conscience.

Pour cet homme est-il besoin d'opprobre et de fers ? il est pur, et docile aux lois. Par l'ascendant de ses dispositions naturelles, il s'est relevé jusqu'à sa dignité primitive ; par l'exercice de ses devoirs, il trace d'heureux exemples ; par ses travaux, il contribue aux ressources de la société ; par reconnoissance, il s'attache à la patrie qui le protége.

Le soustraire à la vie civile, ne seroit-ce pas déchirer le sein de la société qui l'aime et qui jouit de ses travaux ? enfin le mettre dans les fers uniquement destinés à châtier le vice, ne seroit-ce pas blesser la vertu ?

Devant la Cour suprême, M. de Corberon a donné aux moyens tout le développement dont ils étoient susceptibles.

Dans cette cause délicate, il a obtenu l'attention la plus soutenue et la plus flatteuse.

Il a démontré que l'arrêt de compétence n'avoit pas d'objet, parce que l'amnistie avoit effacé la complicité comme le délit principal.

« Autrefois, dit l'orateur, chez tous les peuples,

» chez les Romains sur-tout, on avoit un respect
» profond pour les asiles. Le coupable, retiré dans
» un de ces refuges consacrés, étoit à l'abri de
» toutes poursuites. Eh ! quel asile plus auguste et
» plus inviolable que le cœur du Souverain : lors-
» qu'il a pardonné, quelle est la puissance qui pré-
» tendroit avoir le droit de punir ? »

La Cour suprême a cassé, attendu l'application
de l'amnistie à B....

PROPRIÉTÉ LITTÉRAIRE.

QUESTION.

Un compilateur qui a recueilli un ouvrage pres-
qu'entier, peut-il être poursuivi comme contrefacteur?

SOLUTION.

Le seul genre de compilation permis, c'est le
rapport de diverses opinions émises sur la matière : c'est une sorte de délibération où chaque
auteur donne son avis. M. le procureur-général
Merlin, que l'on cite et que l'on citera, use lui-
même de ce droit, notamment dans son Réper-
toire universel de jurisprudence, mais il ne ravit
rien à personne, il donne au contraire un grand
prix à la doctrine de chacun.

Le compilateur, au contraire, qui ne produit
nulle idée, n'est qu'un mauvais histrion, qu'un
misérable forban dans l'ordre littéraire. S'il ne
couvre sa nullité que de quelques passages, il est
simplement justiciable de l'opinion, mais s'il s'empare d'un ouvrage, il en dépouille le propriétaire ;

il n'est pas moins coupable de contrefaçon que tel autre voleur qui reproduit le livre et le titre ; il est également justiciable des Tribunaux répressifs, et doit être condamné à la même réparation.

On connoît deux espèces de gens qui butinent avec un grand dévergondage, les plagiaires et les contrefacteurs.

Le plus ridicule *coquin*, c'est le plagiaire. Si le hasard lui fait préférer de riches pensées ou de brillantes draperies, il ne peut assez en couvrir ses haillons pour déguiser son état. Alors il est à peu près affublé comme seroit un mendiant revêtu d'un élégant habit de cour, et qui auroit conservé ses culottes et ses chaussures déguenillées et fugitives.

Mais le plus coupable coquin, c'est le contrefacteur. Il vole et le nom et l'ouvrage, et le produit. S'il supprime le nom et le titre, il commet de plus une sorte de faux qui aggrave le délit au lieu de l'excuser.

L'auteur qui a à s'en plaindre est fondé dans son action.

QUESTION.

Un avancement d'hoirie, fait par un père à l'un de ses enfans, sous l'ancienne législation et en pays de droit écrit, peut-il avoir l'effet d'un don par préciput, ou fait avec une défense de rapporter, et le donataire peut-il s'affranchir du rapport en renonçant à la succession ?

SOLUTION.

Il est de principe, et l'opinion n'a jamais varié

sur ce point, que les successions sont régies par la loi en vigueur, lors de leur ouverture.

La raison de décider est inaltérable. Les biens que possède l'homme sont à sa disposition jusqu'à sa mort, et ne reçoivent le titre d'hérédité qu'au moment où il les délaisse. Tant qu'il a vécu, il a pu les aliéner ; on n'y succède donc que lorsqu'il ne peut plus les transmettre par son propre fait.

Or, dès que commence l'action de la loi, c'est elle qui ordonne, et non celle qui a ordonné, qui distribue aux héritiers leurs droits successifs. C'est donc le Code Napoléon qu'il faut suivre relativement à la succession qui vient de s'ouvrir.

Il faut cependant distinguer entre une hoirie dont la destination a été réglée par une institution contractuelle, et une succession abandonnée aux règles communes; au premier cas, c'est le contrat qui s'exécute; au second, c'est le Code : il faut encore distinguer entre les dons, par préciput ou avec défense de rapporter, et le simple avancement d'hoirie.

En pays de droit écrit, les deux premières espèces de dons pouvoient, lorsqu'il n'y avoit que quatre enfans et au-dessous, épuiser les deux tiers de la succession, même au profit de l'un d'eux, qui n'en prenoit pas moins sa part légitimaire dans la portion réservée; mais pour que cela fût, il falloit que les termes de la donation la rendissent irrévocable, et qu'ils lui donnassent le caractère de la libéralité ; c'est ce que n'opéroit pas l'expression d'avancement d'hoirie.

Dans l'espèce, point d'institution contractuelle, ni de préciput, ni de don avec défense de rapporter.

La succession du donateur est parconséquent

restée au pouvoir de la loi, qui appeloit, comme notre législation, tous les enfans également à la succession de leur père, sans aucune distinction de sexe ni de primogéniture, mais qui laissoit à la volonté de l'homme beaucoup plus de latitude.

Dans l'un comme dans l'autre temps, la succession restée intacte, auroit par conséquent été partagée, par portions égales, entre les trois enfans.

Mais aucun n'auroit pu se plaindre, si le père les eût réduit au neuvième sous l'empire du droit écrit.

Nos lois nouvelles ont autrement imité les affections naturelles.

Dans une sorte d'intempérance d'équité pour tous les enfans indistinctement, elles avoient aboli jusqu'aux institutions contractuelles; mais les excès de raison ne sont que des espèces d'étincelles qui s'éteignent à quelque distance du foyer. Aussi, le 18 pluviose an 5, l'inégalité résultante d'avantages irrévocables et d'institutions contractuelles, abolie par les décrets rendus antérieurement, fut rétablie.

Mais entendons la loi sur la nature de ces avantages.

Lorsqu'ils étoient véritablement irrévocables, ils avoient la stabilité des choses réglées par la loi elle-même, ils devenoient les bases d'établissemens et d'engagemens sacrés sur la foi desquels les familles avoient assis leurs destinées. On épousoit un héritier institué, un donataire par préciput, et l'on contractoit avec eux sur le fondement de clauses incommutables. Les lois qui y dérogèrent momentanément étoient donc subversives; l'ordre réclamoit contre cette tache dans la législation; il fallut rétrograder, on le fit.

Mais on ne parla, dans la restitution des droits
acquis, que de ceux qui l'étoient véritablement;
on se garda bien de mettre au nombre des avantages irrévocables ceux qui ne devoient durer
qu'autant que la vie des donateurs, et tel est
l'avancement d'hoirie.

Qu'est-ce que c'est?

C'est une anticipation sur la succession. En
donnant ainsi, un père ne manifeste nullement la
volonté d'avantager l'un au préjudice de ses autres
enfans; il pense, au contraire, ne donner qu'une
partie du lot qui adviendra un jour au donataire.
Tel est le prisme de la paternité; il présente toujours la prospérité, et l'espérance se mêle perpétuellement aux calculs que l'homme fait pour ses
descendans.

Et si le donateur a cru n'avancer qu'une portion des droits héréditaires de sa fille, s'il n'a eu
aucune raison de croire qu'il lui avançoit plus
qu'elle ne pouvoit prétendre, comment en conclure qu'il lui ait fait une donation irrévocable.
Un don semblable doit partir de la volonté et être
énoncé positivement. Sous ces deux caractères les
dispositions de la loi ne peuvent être restreintes;
car elle ordonne toujours là où l'homme n'a pas
ordonné lui-même.

Or la loi veut que les enfans aient chacun la
même part dans la sucession de leurs auteurs. Ce
vœu est si fortement prononcé par l'équité qu'il
ne peut rester sans effet, que lorsque la puissance
s'en trouve modifiée par une expression plus forte
encore.

Et dans quel acte ici voit-on que le père ait exprimé quelque prédilection pour sa fille donataire? où voit-on que ses autres enfans lui soient

moins chers? où a-t-il déclaré qu'ils auroient moins dans sa succession? on ne voit nulle part qu'il ait voulu les dépouiller de l'égalité consacrée par la loi.

Le donataire ne le prétend pas lui-même, mais il soutient qu'en renonçant à la succession, il est dispensé de rapporter, pourvu qu'elle puisse fournir la légitime suivant l'ancien droit.

Ainsi, d'après ce système, la succession ouverte sous le Code Napoléon seroit régie par le droit écrit; l'avancement d'hoirie auroit le même effet que l'institution contractuelle, ou que le don par préciput et hors part : c'est une erreur, c'est le Code qu'il faut suivre; et si elle s'en tient à sa qualité de donataire, le don ne pourra être conservé que jusqu'à concurrence du quart de la succession, lequel forme la quotité disponible.

Ainsi si le don est de 100,000 fr. il faut, pour qu'il soit conservé en entier, que la force de la succession s'élève à 400,000 fr.

La raison en est que l'objet de la donation n'a jamais cessé d'appartenir à la succession; que l'avancement d'hoirie n'est pas proprement dit un don, mais un prêt qui oblige celui qui l'a reçu envers la succession.

Les institutions contractuelles, les préciputs et tout avantage irrévocable n'étoient subordonnés à aucune réforme législative; mais l'avancement d'hoirie en dependoit totalement, et c'est bien évidemment une erreur de prétendre qu'en y appliquant ces lois nouvelles ce seroit leur donner un effet rétroactif, car ces lois agissent nécessairement sur toute succession dont l'ouverture a eu lieu depuis leur promulgation; et par une conséquence nécessaire, sur les donations dont la mesure est restée incertaine et a dépendu de la quotité des légitimes à l'époque où les droits héréditaires seroient échus.

Mais à supposer que les lois anciennes pussent être appliquées à l'espèce, qu'en résulteroit-il ? rien autre chose sinon, que les co-héritiers de la donataire seroient également fondés à prétendre chacun un tiers de la succession dans son état intégral, car elle ne fut altérée par aucune libéralité qui en retranchât la moindre portion.

Lebrun paroît ne voir aucune différence entre le don irrévocable et l'avancement d'hoirie, mais il n'établit leur similitude sur aucun principe certain. Il ne réfute pas l'opinion des jurisconsultes romains, qui fondent sur l'équité l'obligation de rapporter : *Hic titulus manifestum habet æquitatem.*

Cette maxime naturelle et sociale est conforme au droit suivant lequel le rapport est toujours ordonné quand il n'est pas défendu : *Aut. ex testamento C. D. collatione.*

Dumoulin estime « qu'une donation faite en
» avancement d'hoirie oblige précisément le dona-
» teur au rapport, et est résolue et anéantie dès
» que le donataire s'est refusé de rapporter et de
» se porter héritier. »

Dargentré dit que « la cause d'avancement d'hoi-
» rie n'est pas extrêmement conforme aux principes
» de notre jurisprudence, selon lesquels la qualité
» d'héritier ne dépend pas du choix de la personne,
» mais de la disposition de la loi, et en tout cas on
» ne la devroit donner que dans un contrat de ma-
» riage, qui est le seul où les institutions contrac-
» tuelles soient permises. »

Le véritable sens de cette opinion est que l'avancement d'hoirie ne constitue pas tellement héritier,

que le donataire soit tenu des dettes, même en renonçant à la succession.

Dumoulin est d'un avis contraire. Il dit : « on
« » est censé prendre à titre successif, ce que l'on
« » reçoit en avancement d'hoirie. »

Cependant, il laisse au donataire l'alternative
d'accepter la succession en rapportant, ou de résoudre sa donation de manière que le bien donné
se reconsolide à la masse héréditaire.

Cette opinion est une modification de la rigueur
du principe d'après lequel tout avancement d'hoirie imprime au donataire la qualité irrévocable
d'héritier.

La conséquence que plusieurs auteurs en ont
tirée, est que celui qui continue de jouir de la donation après la mort du père donateur, est tenu
des dettes.

La raison en est qu'après l'ouverture de la succession à laquelle l'avancement d'hoirie appartient,
la jouissance n'est plus celle du donataire, mais
bien de l'héritier, et telle est notre espèce.

En résumé, il étoit deux moyens de déroger à la
disposition de la loi : l'institution contractuelle, et
le don irrévocable.

On ne peut en créer un troisième sans s'écarter
des principes et de l'équité.

Cependant, des jurisconsultes estimables par leurs
lumières et leurs vertus, ont quelquefois pensé dif-
féremment, la cause en est la faculté de renoncer
à toute succession. Il paroîtroit en effet au premier
coup d'œil, qu'un donataire quelconque qui répudie la succession du donateur, s'affranchit par-là
des obligations du co-héritier. Le point de vue est
si près de la raison, qu'il est facile de l'en croire
une lueur.

Mais en distinguant, toute méprise cesse. On s'affranchit des obligations de l'héritier, quand l'objet donné est détaché de la succession au point que la qualité de donataire est absolue, imprimée sans retour, mais on ne s'en affranchit pas lorsque cette qualité n'est que temporaire comme la donne l'avancement d'hoirie et qu'on la perd à l'époque même où celle d'héritier commence.

On peut donc dire, que si pour en jouir il suffisoit de renoncer à la succession, l'héritier renonçant se feroit lui-même la donation, seroit par conséquent le donateur et le donataire.

On peut renoncer à des droits et non à des devoirs. L'hérédité est un droit, le rapport est un devoir.

En renonçant à une succession, on renonce donc à tout ce dont elle se compose, et par conséquent à l'avancement d'hoirie qui en fait partie et qu'on n'a pu recevoir que comme héritier.

Nous distinguons pourtant entre les co-héritiers et les créanciers.

Les premiers, en demandant le rapport, réclament la chose qui leur appartient et qui n'a jamais cessé de leur appartenir ; les seconds réclameroient un gage qui ne leur a jamais appartenu parce qu'ils sont censés n'avoir fondé leurs prétentions que sur ce qui restoit à la disposition du donateur, et nous le répétons, l'avancement d'hoirie est un objet soustrait à sa volonté, au point que du moment qu'il est fait, il appartient aux héritiers.

Ainsi, supposons qu'il ne soit plus resté à la succession dont il s'agit, que l'avancement d'hoirie ; cet objet appartient aux trois héritiers, et celui des trois qui y renonce n'y prend rien, s'il n'est d'ailleurs donataire par préciput ou avec défense de rapporter.

Tel est l'esprit du Code Napoléon. L'art. 843 veut, « que tout héritier, même bénéficiaire, ve- » nant à une succession, rapporte à ses co-héritiers » tout ce qu'il a reçu du défunt...... A moins que » les dons ou legs ne lui aient été faits expressé- » ment par préciput, ou hors part, ou avec défense » du rapport ».

L'art. 845 s'exprime ainsi, « l'héritier qui renonce » à la succession peut cependant retenir le don » entre-vif, ou réclamer le legs à lui fait jusqu'à » concurrence de la portion disponible ».

Cette dernière disposition ne donne pas à l'héritier renonçant, le droit de garder ou de prendre la portion disponible au moment de la donation ou du testament; mais évidemment au moment de l'ouverture de la succession, car le testament ne date que de cette époque.

Il faut donc que les trois quarts de la succession dont il s'agit restent intacts pour les héritiers, et que le donataire renonçant rapporte à la masse si la quotité réservée ne s'y trouve pas entière.

QUESTION.

Une épouse en secondes noces, à laquelle l'époux, père de trois enfans du premier lit, a fait une donation fixe, au lieu d'une part d'enfant légitime le moins prenant, mais qui n'excède pas cette part, peut-elle être dépouillée de ce don sous prétexte que l'avancement d'hoirie auquel veut se tenir l'enfant qui l'a reçu, épuise et au-delà la portion disponible ?

SOLUTION.

Il faut encore répéter ici que l'avancement d'hoirie n'a cessé de faire partie de la succession : que le don fait à l'épouse est la première disposition irrévocable qu'ait fait le donateur, ainsi sa volonté auroit pu souverainement agir, même dans l'hypothèse où il seroit vrai que la part d'enfant le moins prenant ne pût être conférée que sur la quotité disponible.

On établit le système contraire sur la confusion d'avancement d'hoirie avec le préciput, et de ce que le père avoit le droit de donner les deux tiers de son patrimoine, on en conclut que l'aîné de ses enfans, qui n'en a reçu que la moitié en dot, n'est pas tenu de rapporter.

De leur côté, les deux autres enfans invoquent le Code Napoléon, et de ce que cette législation réserve les trois quarts aux héritiers directs, ils en concluent que la succession, ne pouvant même fournir leurs portions légitimaires, on ne peut y rien prendre pour remplir la clause matrimoniale de la belle-mère.

Ainsi, deux sortes de législation se trouveroient concourir pour régler une seule et même succession. Cependant, on méconnoît la disposition favorable à la femme qui épouse un homme veuf ayant des enfans du premier lit : il nous semble qu'on ne peut pas morceler le droit de cette manière.

Il est aisé de remarquer la différence qu'il y a entre le préciput et l'avancement d'hoirie, car, outre le préciput que garde le donataire en venant à la succession, il prenoit sa légitime, comme il prend sa portion réservée, tandis qu'il rapportoit et qu'il rapporte à la masse, avant partage, tout ce qu'il a reçu en avancement d'hoirie.

Le père avoit le droit de donner hors part, mais

n'ayant pas donné de cette manière, on ne peut s'en arroger l'avantage, sans conclure du droit au fait, et cette fausse conséquence ne peut obtenir la sanc-de la justice.

A supposer que la succession se fût ouverte sous l'empire du droit écrit; qu'au lieu d'avoir constitué en dot la moitié, le père eût constitué les sept neuvièmes de sa succession, et qu'alors comme aujourd'hui, il eût eu stipulé soit une part d'enfant moins prenant, soit une rente viagère à sa seconde femme. Dans cette hypothèse, cette dernière auroit-elle été privée de cet avantage, parce qu'après l'avancement d'hoirie, auquel on se seroit tenu, il ne fût resté qu'une valeur égale au droit légitimaire des deux autres enfans?

La négative ne peut être incertaine. Il auroit fallu que la portion légitimaire se trouvât composée des trois neuvièmes, comme si aucun des héritiers n'eût renoncé; et voilà bien le sens que l'on doit attacher à la part d'enfant le moins prenant.

C'est-à-dire, que celui qui s'en tient au don n'est pas légitimaire, mais qu'en renonçant il doit laisser ou rapporter la part que lui déféroit la loi, laquelle part devient celle de la femme en secondes noces.

Si, au contraire, le rapport de l'avancement d'hoirie eût été fait à la masse, et que le donataire eût par conséquent pris ses droits héréditaires, la clause matrimoniale auroit été remplie par tous les héritiers; enfin dans l'un et l'autre cas, cette clause auroit été exécutée.

Elle doit l'être également aujourd'hui, et dans toute son étendue; mais pour l'héritier renonçant, l'avantage n'est plus le même qu'alors, parce qu'au lieu de pouvoir conserver les deux tiers, il ne peut en retenir que le quart.

S'il étoit possible qu'il retînt les deux tiers, il faudroit admettre que la renonciation peut avoir un effet retroactif; cette proposition est évidente.

L'enfant est héritier de son père, jusqu'au moment où il se dépouille de cette qualité; comme tel, il doit à la masse l'avancement d'hoirie. Il ne devient donataire qu'en cessant d'être héritier, et de quoi peut se composer la donation qu'il se fait par son option? ce n'est pas de ce qu'avoit mis à la disposition de l'homme la loi qui n'est plus, mais de ce qu'y laisse la loi qui gouverne. Or, dans l'espèce, la quotité disponible n'est que du quart; le donataire ne peut donc conserver que 75,000 fr. si la succession n'est que de 300,000 fr.

Il est indubitable que la renonciation ne peut avoir d'effet antérieur à son existence; qu'on ne peut en étendre la faveur au-delà des bornes de la législation sous laquelle cette renonciation est faite.

Le Code Napoléon accorde plus que n'accordoit le droit écrit à l'héritier, et moins au donataire; mais celui qui a la faculté de choisir peut il s'en plaindre? en renonçant de connoît-il pas le résultat de cet acte?

Mais si le droit écrit n'avoit pas permis la moindre disposition, et qu'en renonçant alors il eût fallu par cette raison que le donataire rapportât le don en entier, faudroit-il qu'il le rapportât également aujourd'hui, nonobstant la portion mise par le Code à la disposition de l'homme?

Certes, personne ne s'aviseroit de vouloir établir l'affirmative. L'héritier renonçant soutiendroit, avec raison, qu'il n'a répudié la succession que pour préférer la quotité disponible : il invoqueroit l'article 845, sous les auspices duquel il a fait sa renonciation.

Cette disposition ne porte pas que l'héritier renonçant pourra conserver le don entre-vifs, jusqu'à concurrence de la portion dont, sous l'empire du droit écrit, le père pouvoit disposer ; mais jusqu'à concurrence de la quotité disponible, et ne met aujourd'hui aucune différence entre les dons antérieurs et les dons ultérieurs.

De la succession dont il s'agit il ne peut donc rester que le quart entre les mains de l'héritier renonçant.

De cette manière et quand bien même leur belle-mère viendroit pour une part d'enfant le moins prenant, ils auroient chacun ce que leur réserve la loi ; au lieu d'avoir la portion disponible, elle prendroit celle de l'héritier.

Il n'en seroit pas de même si la dot eût été constituée par préciput ou avec défense de rapporter. Dans ce cas, l'héritier renonçant conserveroit tout ce que pouvoit lui donner le père lors du contrat de mariage ; le Code Napoléon ne pourroit réagir sur cette libéralité et la restreindre ; elle auroit reçu toute l'immobilité possible !

Si telle étoit la nature du don, il seroit encore permis de prétendre que l'avantage stipulé au profit de la belle-mère seroit un droit infaillible. Pourquoi, c'est que la législation, sous le règne de laquelle le don a été fait, vouloit que la légitime fût remplie, et que la femme avantagée tînt la place de l'héritier donataire renonçant, ainsi elle auroit eu le neuvième répudié par l'héritier. Le cas est plus favorable.

Mais, objecte-t-on, la réduction des dispositions entre-vifs ne peut être demandée que par ceux au profit desquels la loi fait la réserve, par leurs héritiers ou ayant causes, et la belle-mère est non-recevable.

Deux motifs font évanouir cette objection. Le premier, c'est que la personne qui a droit à la part de l'enfant le moins prenant a celui de la représentation, c'est-à-dire, d'exercer l'action qu'avoit le représenté :

Le second motif, c'est que si cette action pouvoit ne pas être inhérente à la qualité fictive d'enfant, les héritiers naturels ne pourroient la négliger qu'à leur propre détriment. La succession n'en seroit pas moins tenue de l'usufruit déféré à la belle-mère.

On conçoit qu'autrement, les avantages d'époux en secondes noces seroient toujours illusoires. Les héritiers seroient infailliblement d'accord sur le moyen de se soustraire à la libéralité, les uns renonceroient, les autres resteroient dans l'inaction, en conformité d'arrangemens conclus entre eux ;

Ce genre de fraude ne peut être toléré. La femme qui se résigne à partager le sort d'un mari qui a des enfans, sans partager leur affection, doit être protégée par la justice contre tout concert dont ils peuvent être capables pour anéantir ses droits.

Point de fait.

Par testament olographe, un mari institue sa femme son héritière générale et universelle. En mourant il laisse sa mère à laquelle la loi réserve le quart des biens de feu son fils.

La veuve légataire prétend jouir des trois quarts en propriété et de l'autre quart en usufruit.

QUESTION.

Cette prétention est-elle fondée?

SOLUTION.

L'art. 920 du Code Napoléon, veut que les dispositions, soit entre-vifs, soit à cause de mort, qui excéderont la quotité disponible soient réduites à cette quotité lors de l'ouverture de la succession.

Mais la veuve légataire en vertu de l'art. 1094, prétend faire résulter le don de l'usufruit de l'universalité des legs.

Cette induction outre-passe la volonté manifeste du testateur.

Deux dispositions différentes doivent être distinctement énoncées, surtout dans un acte testamentaire, dont les termes ne peuvent être pris dans un sens trop étroit.

En vain dira-t-on que l'institution étant universelle elle comprend tout ce qui étoit à la disposition de l'homme et conséquemment l'usufruit du quart réservé.

Cela seroit vrai dans l'hypothèse dont nous allons donner un exemple.

Un testateur pouvant disposer de la moitié de ses biens en propriété, et de l'autre quart en usufruit, le surplus, étant absolument réservé, lègue cependant la quotité disponible, et la totalité de l'usufruit de la portion non disponible.

Alors on procède à la réduction de l'usufruit jusqu'à la concurrence du droit qui a pu en être conféré au légataire.

Dans cette hypothèse, il se trouve deux sortes de dons; chacun expressément énoncé, et il ne s'agit que de retrancher.

Mais dans l'espèce il faudroit ajouter au lieu de réduire. Que demandera la veuve? la portion des biens dont a pu disposer son mari ; mais son action ne pourra résulter que de sa qualité d'héritière instituée ; comme usufruitière elle seroit non recevable, parce que la portion réservée n'est pas grevée de l'usufruit, et qu'elle ne pourroit l'être que par une disposition expresse.

Il faut bien se garder de confondre l'usufruit disponible avec la quotité disponible. L'un est un droit qu'il faut créer pour détacher de la propriété la jouissance qui en est une partie inhérente.

Or, d'après l'art. 1004, dont nous avons déjà cité l'esprit, la mère survivante est saisie et de la propriété et de l'usufruit qui en est l'attribut naturel, et qui ne peut en être temporairement séparé que par une clause dérogatoire et suffisamment expresse pour suspendre ce seul avantage réel de la propriété.

Point de fait.

Par testament public, du 20 avril 1808, la dame Barret dicta, entre autres dispositions, celle qui suit : « Je donne à Pierre Barret, mon mari, la » jouissance, pendant sa vie naturelle, de tous les » biens et droits dont je mourrai vêtue et saisie, » sans exception ni réserve, pour mon dit mari » prendre la jouissance du tout, incontinent mon » décès arrivé, et à la charge de payer les dettes » contractées *seulement depuis notre mariage.* » Toutes celles antérieures restant à la charge de » mes frères auxquels je donne la propriété de » mes biens et droits, dont je donne l'usufruit à » mon mari ; mais à la charge, par ce dernier, de

» payer sur ledit usufruit, audit sieur Charles-
» Louis Pourcher, mon oncle, pendant sa vie na-
» turelle durant et annuellement une pension ali-
» mentaire ».

Les héritiers légataires de la propriété, poursuivis par les créanciers de la testatrice décédée,
intentèrent une action contre le sieur Barret, usufruitier, tendant à ce que des immeubles suffisans fussent vendus, pour acquiter lesdites dettes antérieures au mariage.

Le sieur Barret soutint que l'usufruit devoit rester intact, suivant le vœu du testament.

Le tribunal de prémière instance de Châlons-sur-
Saône accueillit cette demande, et condamna le
sieur Barret aux dépens.

QUESTION.

Le sieur Barret est-il fondé à interjeter appel de
ce jugement?

SOLUTION.

Il est d'autant plus aisé de se décider pour l'affirmative, que ce sont les dispositions testamentaires, qui ordonnent à l'exclusion de la loi.

Prétendre que la testatrice n'a pas dérogé à l'article 612 du Code Napoléon, article qui règle la
contribution au payement des dettes entre l'usufruitier universel et le propriétaire, c'est soutenir
qu'il n'y a pas de testament, et conséquemment dénier l'existence d'un acte avoué et reconnu.

Il n'est pas nécessaire, et chacun le sait, que dans
un testament on déclare que telles et telles dispositions de la loi ne seront pas suivies, quant à la succession dont on dispose : il suffit de dicter des vo-

lontés contraires pour faire régner celles-ci et rendre celles-là muettes.

L'article 612 devroit être observé, si la dame Barret eût purement et simplement donné l'usufruit de ses biens, et laissé à la propriété sa destination légale; mais elle a voulu que l'usufruitier ne fût tenu que de certaines dettes désignées, et qu'on ne pût rien retrancher de la jouissance même, pour acquitter les autres dettes, à la charge desquelles elle a donné la propriété de ses biens à ses frères.

Cependant le tribunal a jugé comme si le testament ne régloit pas cette répartition. Il a plus fait encore; il a grevé le sieur Barret d'une charge plus onéreuse que celle qu'il eût supportée dans le cas où le testament auroit gardé le silence, au lieu de renfermer une condition favorable. Par quels motifs? Examinons-les et voyons s'ils sont capables de fonder le jugement.

« Considérant qu'il faudroit que le testament de
» la dame Barret contînt en termes exprès et for-
» mels la dérogation que son mari voudroit en
» induire, pour qu'on pût la supposer et l'ad-
» mettre.

» Que loin que l'on puisse raisonnablement la
» faire résulter de la manière dont elle a réglé
» qu'il seroit pourvu au payement des dettes, il en
» résulte au contraire qu'au lieu d'avoir favorisé
» son mari autant qu'elle l'auroit pu, elle l'a chargé
» personnellement de payer, seul, la totalité d'une
» portion des dettes, au payement de laquelle ses
» héritiers auroient été obligés de contribuer sans
» cela; qu'ainsi il doit commencer par payer seul
» sur son usufruit la portion des dettes qu'elle a
» mise à sa charge personnelle, et qu'il doit être

« » pourvu au payement des autres par ses héritiers,
« » mais de la manière réglée par l'art. 612 du Code
« » Napoléon; que d'après cela, puisque ni lui, ni le
« » sieur Barthélemy ne jugent convenable à leur
« » famille ou à leurs intérêts de faire la vente des
« » fonds nécessaires pour acquitter lesdites dettes,
« » il ne reste d'autre parti à prendre que de vendre
« » jusqu'à concurrence une portion des biens sou-
« » mis à l'usufruit ».

Ainsi, dans l'opinion du tribunal, il faudroit que le testateur, après avoir ordonné une libéralité, déclarât que la loi à laquelle déroge cette disposition, ne réglera point l'hoirie.

Dans ce sens, aucun testament ne pourroit avoir d'effet, car aucun ne renferme de dérogation explicite et formelle.

Selon le jugement, la volonté par laquelle la testatrice charge son mari d'une portion des dettes, est sacrée, et produit virtuellement une dérogation aggravante pour l'usufruitier : mais la volonté par laquelle la testatrice charge les propriétaires de l'autre portion des dettes n'est pas sacrée; elle est impuissante et laisse peser sur l'usufruitier tout le faix de l'article 612, auquel on n'auroit pu déroger que d'une manière expresse et positive.

On ne conçoit pas aisément ni cette partialité, que l'on suppose à la loi, ni la possibilité de décider; comme si, d'une part il s'agissoit d'une espèce, *ab intestat*, et de l'autre, comme le prescrit le testament.

Ce mystère, pour l'esprit humain, devient plus impénétrable encore, quand on remarque que c'est la même disposition qu'à-la-fois on adopte et qu'on répudie.

Examinons l'espèce dans ses propres élémens.

Les biens de la dame Barret étoient à sa disposition ; elle pouvoit donner la propriété et dépouiller ses frères de l'espérance qu'elle tenoit de la loi. Elle a donc pu aussi ne leur laisser ces biens, dont elle étoit la maîtresse de les priver, qu'à la charge de payer ses créanciers.

Cette sorte de legs est onéreux, mais s'il est accepté ; il faut que la condition soit remplie par les légataires.

La volonté de la dame Barret est-elle assez claire, assez impérative pour obliger ses frères au payement de ses dettes personnelles ?

Quant à la clarté, l'esprit ne peut rester dans le doute. Deux sortes de dettes sont distinguées, deux classes de débiteurs sont désignées, sur chacune desquelles pèse une portion déterminée de dettes.

Quand à la volonté, l'expression est toute puissante. « Toutes dettes antérieures restant à la charge » de ses frères, auxquels elle donne la propriété » des mêmes biens dont elle donne l'usufruit à son » mari, *sans exception ni réserve* ».

On voit dans ce rappel de l'usufruit une intention si nette, qu'on ne peut douter que la testatrice n'ait voulu que les propriétaires fussent tenus d'acquitter certaines dettes de leurs propres deniers et sans altérer la jouissance de l'usufruit.

Et l'on remarque aussi que les frères auxquels elle donne la propriété de ses biens n'en peuvent être saisis par la loi, mais bien par le testament, qui loin d'être attaqué, est adopté par eux ; eux-mêmes ont requis l'apposition des scellés sur les meubles faisant partie de la *succession testamentaire* (telle est la propre qualification dont ils se sont servis), eux-mêmes invoquent l'application du testament, en ce qui grève le sieur Barret, et la lui contestent en ce qui lui est favorable.

Il n'est pourtant pas de milieu : en pareil cas, il faut annuler totalement la clause, ou l'observer dans tout ce qu'elle ordonne.

Cette clause dispose comme si la testatrice eût dit : « je veux que la propriété de mes biens passe » à mes frères, à charge par eux de payer mes » dettes de leurs propres fonds, ordonnant que » l'usufruit reste intact ».

Cette inversion ne change rien au sens de la clause, et si la testatrice se fût exprimée ainsi, ses héritiers légataires n'auroient certes pas formé la demande qui a donné lieu au jugement que nous examinons

Il n'est pas besoin de commenter la disposition pour en trouver l'objet; il est littéralement manifeste, et nulle interprétation ne pourroit ni le faire évanouir ni le dénaturer.

La dame Barret exprime une volonté précise, impérieuse et sacrée; elle entend, elle ordonne que l'usufruit de tous ses biens passe sans réserve dans la jouissance de son mari, et pour ne laisser aucune incertitude sur l'exécution de cette disposition et pour ne laisser rien dépendre de l'action de la loi, elle règle d'une manière absolue la contribution aux dettes, les distingue, désigne l'usufruitier pour payer les unes et les légataires propriétaires pour acquitter les autres. Ce testament accepté par toutes les parties fait leur loi commune. En exécutant, comme on le doit, le sieur Barret doit payer de ses deniers les dettes contractées pendant le mariage, comme de leur côté les frères de la défunte, doivent acquitter celles pour lesquelles la testatrice s'étoit obligée auparavant. Ce nest pas ainsi que le veut le Code Napoléon, et c'est précisément ce qui démontre que la testatrice y a dérogé; elle a voulu que l'article 612 restât muet à l'effet de quoi elle a réglé la contribution de manière à ne nécessiter ni ne permettre aucune opération ultérieure. Le jugement déroge donc au testament qu'il consacre, en ce qu'il en supprime une disposition expresse et claire. Ce jugement mutile une volonté indivisible, laquelle, d'une part, établit que le sieur Barret jouira sans rien y retrancher, et de l'autre, à cet effet que les frères de la testatrice payeront ses dettes personnelles. Le motif de cet étrange dérogation implique une contradiction si violente, que l'esprit en est fatigué. Dans le même contexte, l'on affirme que la disposition testamentaire a dérogé à l'article 612; et qu'elle n'y a pas dérogé.

Il faut tout l'un ou tout l'autre. Car, ou la loi régit, ou le testament ordonne. Au premier cas, c'est l'article 612 qui s'applique à l'espèce sans exception; au second cas, c'est la volonté de la testatrice qui règne exclusivement. Or il est impossible de douter que le testament gouverne absolument, par la raison bien simple qu'il ne doit rien laisser à régler.

L'appel est donc fondé.

Point de fait.

Le sieur Henry-Joseph-Claude Joly, obligé de s'expatrier, pour attendre sans danger sur une terre étrangère, que se dissipassent certaines erreurs relatives à des comptes entre lui et le Gouvernement, constitua pour sa procuratrice, par acte devant notaire, à Amsterdam, la dame son épouse, restée à à Étampes, au domicile momentanément abandonné par son mari.

Divers objets spéciaux sont énoncés et désignés dans cette procuration. Un des paragraphes qu'il faut recueillir ici, parce qu'il est la source de la difficulté, porte « donnant aussi, par ces présentes, » pouvoir à sadite épouse de vendre ou donner à » lover tout ce qu'elle jugera convenable des biens » dudit constituant ».

Le sieur Joly étoit propriétaire de plusieurs immeubles ; entre autres d'une maison, cour, bâtimens sis à Étampes, d'un jardin en dépendant, et 237 perches de vignes également situées au même lieu.

Il avoit acquis ces objets conjointement avec sa femme, d'un sieur Desforges, par contrat reçu par devant notaire, le 6 thermidor an 3, moyennant la somme de 35,000 fr. assignats, selon l'enonciation du contrat, mais réellement moyennant la somme de 70,000 fr. dont moitié fut payée comptant sans qu'on en fit mention.

Quant aux 35,000 fr. auquel fut ostensiblement porté le prix de l'acquisition, ils furent convertis en une rente annuelle de 1750 fr., jusqu'au remboursement que les parties convinrent ne pouvoir être effectué avant la révolution de six ans.

Devenu propriétaire, le sieur Joly fit beaucoup d'améliorations, tant en bâtimens que plantations, et parvint, moyennant une dépense d'environ dix mille francs, outre ses travaux et son industrie personnelle, à obtenir de sa propriété environ 2,000 f. de revenu annuel.

Après le cours du papier monnoie, la rente de 1750 fr. se trouvoit exhorbitante et hors de toute proportion avec la valeur des objets acquis par le sieur Joly. En conséquence, et en vertu de la loi du 16 nivose de l'an 6, les parties procédèrent à une réduction calculée sur cette base légale, et déduction faite des 35,000 fr. tacitement payés d'abord, elles ont fixé à 300 fr. la rente annuelle et réglé à 500 francs les arrérages qui restoient à payer.

Cette transaction passée pardevant notaire, est du 24 prairial an 6.

La dame Joly, abusant de sa procuration, et par un concert déloyal avec le sieur Desforges et sa femme, rétrocéda à ceux-ci les biens dont il s'agit par contrat reçu pardevant notaire, le 24 ventose an 9, sans aucune iudemnité, ni relativement aux 35,000 fr. payés, ni aux améliorations faites par le consultant:

Les causes de la rétrocession sont remarquables.

L'une est le défaut de payement de la rente, depuis la disparition du papier monnoie, défaut que l'on attribue, notamment aux dépenses faites par le sieur Joly, pour opérer de nouvelles distributions dans l'intérieur des bâtimens et convertir en maison de vigneron une grange faisant partie des objets vendus.

L'autre est la saisie, ou pour mieux dire l'exploit de carrence, dressé à la requête du receveur des contributions de l'arrondissement, d'après quoi le sieur Desforges a provoqué la rentrée en possession des héritages *par lui donnés à rente* foncière, et a obtenu cédule en conséquence.

Une troisième cause est exprimée de la manière suivante : « Que le 26 du mois de fructidor an 8, » jour indiqué pour la comparution, Joly ne se » présenta point, et ce parce que depuis plusieurs

» mois auparavant il avoit quitté son domicile;
» qu'instruit des intentions du citoyen Desforges,
» et d'ailleurs convaincu de l'impossibilité où il se
» trouvoit d'acquitter ses arrérages échus du passé,
» et de servir à l'avenir la rente de 500 fr. il avoit
» proposé audit Desforges de reprendre les im-
» meubles par lui vendus, le 2 thermidor an 5;
» que ce dernier paroissant disposé à accueillir
» cette proposition; en vertu de la procuration à
» elle donnée, la dame Louise Lecerf, au nom et
» comme fondée de pouvoir dudit Joly, son mari
» vend, cède, quitte, transporte, même en tant
» que de besoin rétrocède et consent la nullité des
» actes de bail à rente et réduction de celui susdaté,
» et délaisse au citoyen Desforges à ce présent et
» ce acceptant, etc. ».

Cette vente ainsi faite, pour, par ledit Joly demeurer quitte envers ledit Desforges du capital de
six mille francs, à quoi a été fixé et réduit celui de
la rente foncière.

Le sieur Joly fait observer que l'on a faussement
énoncé le montant des arrérages à 1400 fr., puisqu'il ne s'étoit écoulé que vingt mois depuis la réduction à 500 fr. par année.

QUESTION.

Le déguerpissement consenti par la femme du
sieur Joly est-il valable ou nul?

SOLUTION.

L'acte du 24 ventose est nul et ne peut produire
d'effet, soit qu'on le considère comme rétrocession
ou déguerpissement volontaire.

Il est à remarquer qu'on y a perpétuellement
qualifié de bail à rente la vente faite au consultant,

par contrat du 2 thermidor an 3 ; et c'est de cette erreur de fait qu'on a fait résulter l'action en déguerpissement, et dont est émanée la rétrocession dont il s'agit.

Il n'en faudroit pas davantage pour anéantir cette rétrocession, fut-elle aussi conforme à la procuration qu'elle l'excède.

Il faut d'abord démontrer qu'il s'agissoit d'une vente et non d'un bail à rente, ensuite développer le point de droit.

« Lesquels (le sieur Desforges et sa femme)
» *ont vendu, cédé, quitté et transporté à Henry-*
» *Joseph - Claude Joly, et Louise Lecerf sa*
» *femme* ».

Voilà bien une transmission formelle du droit de propriété faite au profit du sieur Joly ; il est revêtu incommutablement des objets dont les vendeurs viennent d'être dépouillés. Cherchons maintenant le prix, le capital représentatif.

« Cette vente est faite moyennant la somme de
» *trente-cinq mille fr.,* pour laquelle somme les
» acquéreurs constituent dix-sept cent cinquante fr.
» de rente annuelle et perpétuelle, laquelle sera
» payée jusqu'au remboursement ».

Voilà bien encore le prix parfaitement déterminé.

On trouve donc dans l'acte les trois élémens dont la réunion est nécessaire à la perfection de la vente ; savoir : 1°. le consentement des parties respectivement énoncé ; 2°. la chose formant l'objet de la vente, et consistant en des immeubles de diverses natures ; et 3°. le prix de la chose vendue.

Il est donc constant que, dans aucun cas, les vendeurs ne pouvoient revendiquer ces immeubles,

» et que le seul droit qu'ils eussent, faute du service,
» de la rente, étoit d'en poursuivre le payement par
» les voies ouvertes à tout créancier contre son dé-
» biteur.

Pour démontrer qu'ils étoient effectivement
créanciers, il ne faut que reporter les yeux sur
l'acte de vente : « *Pour en jouir par eux en*
» *toute propriété ; reconnoissent les vendeurs que*
» *les titres de propriété des objets susvendus*
» *leur ont été à l'instant même remis par les*
» *vendeurs, dont décharge.* »

Point de doute que les immeubles n'ayent été
échangés contre un capital de 35,000 fr., et même
de 70,000 fr., dont moitié fut retranchée dans l'é-
nonciation; mais, quoi qu'il en soit, c'est le capital
du prix spécifié qui a été aliéné à titre de constitution; ce n'est donc pas le fonds territorial qui a
été donné à rente, mais la valeur représentative, et
de telle manière que l'immeuble appartient à
l'acquéreur et le prix au vendeur.

Il n'a pas été stipulé que : *faute d'acquitter les
arrérages, le sieur Desforges rentreroit dans sa
propiété ;* il a été convenu, écrit, signé, au contraire, que le capital pourroit être remboursé dans
six ans, à partir du contrat.

Il est donc vrai de dire qu'il y a eu deux sortes
de conventions dans le même acte ; d'abord la
vente et la transmission fictives des immeubles,
suivies de la tradition réelle, ensuite la constitution d'une rente de 1750 fr., au capital de 35,000 fr.
et cette seconde convention est aussi distincte de
la première, que s'il y avoit eu deux contrats,
l'un de vente, l'autre de constitution.

Suivant les règles du droit français, les rentes
foncières sont celles qui ont été créées par bail

d'héritages, et ne sont point rachetables de leur nature ; si elles ont été stipulées rachetables, la faculté de les racheter se prescrit par trente ans, différence totale entre les rentes constituées, qui sont essentiellement estinguibles par le remboursement du capital. « Cette liberté, disent les docteurs, est de droit, sous-entendue sans stipulation ; elle est perpétuelle et imprescriptible ; toutes les clauses qui peuvent la suspendre, la limiter, la rendre plus difficile, sont vicieuses et nulles.

» On peut, dit Argou, abandonner son héritage, à la charge d'une rente purement et simplement ; et alors c'est une véritable rente foncière non rachetable.

» On peut, continue le même auteur, vendre son héritage, moyennant une certaine somme, pour raison de laquelle l'acquéreur lui constitue une rente, *et alors* cette rente n'est pas foncière, mais constituée, et par conséquent rachetable à perpétuité. La raison de la différence que l'on vient d'établir sort de ce que, dans le premier contrat, les parties n'ont point songé à acheter ni à vendre, mais seulement à faire un bail à rente...... Au contraire, *dans le dernier contrat, les parties ont commencé par une véritable vente, et ont ensuite converti le prix de la vente en un contrat de constitution ; de sorte que le dernier contrat en contient deux, savoir : un contrat de vente et un contrat de constitution.* »

D'après cette opinion, qui ne peut être contestée, voyons comment on est parvenu à opérer un désistement.

On a supposé que le sieur Joly étoit hors d'état

(201)

d'acquitter la rente de 5oo fr.; et comme cette
supposition ne suffisoit pas pour demander la rentrée en possession des immeubles vendus, on a
intitulé la vente de *rente foncière de bail à rente.*
On a fait plus, on a osé énoncer une imposture
manifeste, en exposant *que* le sieur Joly avoit proposé à Desforges de reprendre les immeubles, et
l'effet de toutes ces causes fausses a été l'annula-
tion du *bail à rente,* EN VERTU, ajoute l'acte,
de la procuration donnée par le sieur Joly à
la dame Louise Lecerf, son épouse.

Avant d'examiner la procuration, et de démontrer qu'elle n'autorisoit pas cette espèce de transaction, établissons la nullité de cet acte sur sa
propre substance.

Il est de principe qu'il ne peut y avoir de convention sans cause, et qu'une cause supposée ne
produit pas plus d'effet que le néant même de la
cause. Il est encore de principe que toute erreur
de fait sur laquelle est fondé, soit un jugement,
soit une convention, annulle l'un ou l'autre, du
moment qu'elle est désignée.

Or, il est constant dans l'espèce, que la cause
du déguerpissement, si légèrement consenti par la
procuratrice, est une supposition, une erreur, même
une substitution de fait, en ce qu'on a qualifié de
bail à rente une vente et un contrat de constitution, et que la conséquence, vicieuse comme le
principe, a été une restitution d'immeubles, au lieu
d'une expropriation.

Il est évident que si la femme du sieur Joly
n'a pas concouru au concert, on peut dire frauduleux, par lequel on a dépouillé son mari, elle
a été surprise par la supposition d'un droit non
existant, qu'elle a cru qu'il existoit un bail à rente,

et qu'elle ne l'a annullé que parce qu'on lui a persuadé qu'on pouvoit faire prononcer le déguerpissement.

Mais de ce qu'on a annullé un bail à rente, on
a laissé exister le contrat de vente. On ne peut
avoir anéanti ce contrat sous l'énonciation d'une
autre convention et d'une espèce tout-à-fait dif-
férente, d'où il suit que le sieur Joly n'a jamais
cessé d'être propriétaire des biens qu'il a acquis
par contrat du 2 thermidor an 3.

Qu'a-t-on anéanti ? Un bail à rente. De quoi
s'agit-il ? D'un contrat de vente et d'un contrat de
constitution. Qu'a-t-on dit à la dame Joly ? Qu'on
pouvoit la faire déguerpir. Qu'a-t-on fait ? Un déguerpissement volontaire. Cet acte, assis sur une
erreur, sur une supposition, est encore assis sur
l'incapacité de la rétrocédante ; et c'est ici qu'il
faut examiner les pouvoirs en vertu desquels elle
a contracté.

On trouve bien qu'elle pouvoit vendre et faire
vendre le biens du consultant, mais on n'y trouve
pas l'autorisation de les rétrocéder à qui que ce
soit, ni de consentir à un déguerpissement ; on ne
trouve même pas qu'elle puisse toucher le prix de
la vente, ni en donner quittance.

Cette réticence avoit eu, dans la prévoyance du
sieur Joly, un motif que l'événement n'a que trop
justifié ; on a cru éluder cet obstacle en faisant une
rétrocession ou une vente sans prix, mais on s'est
trompé ; une rétrocession causée pour une cause
fausse est nulle ; une vente sans prix est nulle ; sous
aucun point de vue, l'acte du 24 ventose an 9 ne
peut être exécuté.

On y dit que le sieur Joly a fait beaucoup de
dépenses, qu'il a converti une grange en une mai-

« son de vigneron, et cependant on n'évalue en au-
« cune manière ces améliorations notables. On vend,
« moyennant quoi ? moyennant l'annullation des
« actes *de bail à rente, et réduction* d'icelui, moyen-
« nant rien conséquemment : et, reprenant ensuite
« l'expression de la vérité, on rétrocède ; mais,
« pouvoit-on rétrocéder des accroissemens prove-
« nus du sieur Joly, et représentant ses dépenses,
« son industrie, ses sueurs ? Les lois, l'équité, les
« principes, tout prononce la négative. Il n'y a pas
« de vente, parce qu'il n'y a pas de prix ; il n'y a
« pas de rétrocession, parce que la dame Joly n'a-
« voit pas le pouvoir de rétrocéder ; il n'y en a pas,
« parce qu'en vertu même de pouvoirs spéciaux, la
« rétrocession ne pouvoit se faire que de valeurs
« qui avoient été cédées, et qu'il auroit fallu, pour
« compenser celles qui y avoient été ajoutées, fixer
« une somme dont la procuratrice n'eût pu donner
« quittance valable, mais dont au moins son mal-
« heureux mari auroit profité.

« Attendu qu'il n'a pas été annullé de vente ni de
« contrat de constitution, mais bien un bail à rente,
« dont le sieur Joly ne réclame ni l'existence ni
« l'exécution ; qu'il n'a jamais été donné de pouvoir
« de déguerpir ni rétrocéder les immeubles ; qu'il
« n'a été procédé à aucune vente desdits immeubles,
« conformément à la procuration ; que la dame Joly
« a fait ce qu'elle ne pouvoit, et n'a pas fait ce
« qu'elle pouvoit ; que, dans tous les cas, l'acte du-
« dit jour, 2 thermidor an 5, est sans cause, et
« qu'il a pour objet une convention pour la con-
« clusion de laquelle le sieur Joly n'a donné aucun
« pouvoir.

« On ne peut en induire l'autorisation de ven-
« dre les immeubles. » Une vente diffère essen-

tiellement d'une rétrocession gratuite, et d'un déguerpissement ruineux. Une vente produit un capital représentatif; un déguerpissement de la nature de celui-ci, dépouille le propriétaire de tout bien et de tout dédommagement; ce qui n'a pu entrer et ce qui n'est point entré dans l'intention du sieur Joly.

Point de fait.

Par son testament, Michel Roussier, décédé le 17 octobre 1807, a, entre autres dispositions, établi celle qui suit : « Quant au surplus de tous les » biens meubles et immeubles, rentes, créances, » droits et actions, de quelque nature qu'ils soient, » je les donne et lègue sans aucune exception ni » réserve au sieur J. B. Raimbaut, comme époux » de Florence Roussier, ma nièce, à l'effet de quoi » je fais et institue le sieur Raimbaut et Florence » Roussier, mes légataires universels de tous mes » biens, pour par eux en jouir en toute propriété » et comme choses à eux appartenantes, à comp- » ter du jour de mon décès, comme aussi ils se- » ront tenus de mes obligations et charges, *et,* » *dans le cas où madite nièce viendroit à décé-* » *der sans enfans, les biens immeubles rentre-* » *ront directement à la ligne de ses frères et* » *sœurs.* »

QUESTION.

Cette disposition renferme-t-elle un fidéicommis ?

SOLUTION.

Il ne paroît pas possible d'apercevoir une

substitution fidéi-commissaire dans la condition qui termine la disposition précédente.

Le fidéi-commis a ordinairement pour objet de transmettre à un incapable et même à un indigne, une succession qu'il n'est pas permis de lui donner d'une manière manifeste : alors l'héritier ostensible n'est qu'un dépositaire, agent de la fraude.

Cependant, lorsque cette voie oblique étoit ouverte parmi nous, le testateur désignoit presque toujours la personne à laquelle l'institué devoit remettre l'objet de l'institution; ce dernier, dans cette espèce, ne remplissoit donc en quelque sorte que l'office d'exécuteur testamentaire.

En France, le fidéi-commis avoit généralement pour but de conserver les biens dans la famille, ou bien de préserver de la misère, des enfans qu'y pouvoit plonger un père imprévoyant et dissipateur, précaution qui n'étoit pas sans danger pour le public, parce que le testateur pouvoit dépouiller son héritier présomptif, pour frustrer des créanciers légitimes.

Les substitutions fidéi-commissaires furent abolies par les lois intermédiaires, et sont prohibées par le Code Napoléon.

Jetons un coup d'œil vers la source et sur l'esprit de la loi régnante.

En relevant les institutions nécessaires, l'Empereur est attentif à laisser ensevelis les abus déracinés par la révolution. Il étoit donc impossible que le fidéi-commis fût adopté dans notre législation. Reproduit comme il l'auroit pu être de degré en degré, à l'infini, il eût ramené les substitutions perpétuelles, frappé les biens d'inertie, quant au commerce, et favorisé les donations à des incapables.

Tels sont les trois principaux motifs qui ont dicté l'article 896, dans lequel on remarque que la sévérité du législateur atteint le donataire comme le tiers appelé à recueillir; et il le falloit, pour empêcher l'effet du fidéi-commis; car si le donataire, l'héritier institué, ou le légataire pouvoient conserver le bénéfice de la disposition, ils seroient les maîtres d'en remplir l'objet, et toujours de rendre la prohibition impuissante. Cette atteinte, qui anéantit la libéralité dans tout ce qu'elle embrasse, nous met à même de mesurer la grandeur du motif qui a dirigé l'esprit de l'article qui vient d'être cité.

Mais aussi, pour ne laisser aucune possibilité de confondre avec le fidéi-commis la substitution vulgaire, et quelques autres dispositions analogues, le Code Napoléon les définit et distingue entre les espèces qu'il prohibe et celles qu'il permet.

Examinons avec soin la nature de la clause testamentaire arguée, pour nous assurer de l'effet qu'elle auroit pu avoir, lorsque le fidéi-commis étoit en faveur, et celui que cette clause doit et peut produire aujourd'hui. Voyons enfin dans quelle cathégorie on doit ranger la disposition critiquée par les héritiers.

Et d'abord nous sommes frappés de ces termes: « Je fais et institue le sieur Raimbaut et Florence » Roussier mes légataires universels de tous mes » biens, pour en jouir en toute propriété et » comme *choses à eux appartenantes*, à compter » du jour de mon décès ».

En vertu de cette partie de la disposition, la

dame Raimbaut peut, sans contredit, hypothéquer, aliéner ou léguer valablement les biens composant le legs universel. De la propriété dont elle
est revêtue, résulte nécessairement la faculté de disposer, faculté qui exclut toute obligation de conserver et de rendre, faculté inconciliable avec l'existence ou la supposition d'un fidéi-commis.

Pour vérifier cette proposition, il suffit de supposer encore en vigueur les substitutions fidéi-commissaires. Dans cette hypothèse, les frères de Florence Roussier viendroient-ils demander la résolution de la vente des biens dont il s'agit, si la dame
Raimbaut venoit à les aliéner? Se fondroient-ils
sur la possibilité qu'elle mourût sans enfans, et sur
le droit qu'alors ils auroient de recueillir la succession. A cette prétention, il suffiroit de répondre
que le testament ne contient pas l'ordre ou la prière
de conserver et de rendre, non plus que la défense
d'aliéner; que la vocation, si c'en étoit une, seroit
subordonnée, non-seulement au cas où le même
légataire viendroit à décéder sans postérité, mais
encore à celui où elle mourroit sans avoir disposé
des biens à elle légués.

Sous l'ancien droit, la défense d'aliéner n'étoit
pas suivie, lorsqu'elle ne désignoit personne indi-
viduellement ou collectivement, quoiqu'on dût présumer que cette défense appeloit virtuellement les
héritiers les plus proches. Le motif en étoit que le
fidéi-commis ne pouvoit s'établir par induction ;
que pour qu'il valût, il falloit que les termes en
fussent positifs.

« Lorsque le testateur (dit Argou) défend à son
« » héritier d'aliéner ses biens, sans nommer per-
« » sonne en faveur de qui la prohibition est faite,
« » ce n'est alors qu'un simple conseil que l'héritier

» n'est pas obligé de suivre ; mais s'il paroît que le
» testateur a voulu conserver ses biens à quelqu'un
» en général ou en particulier, par exemple, s'il a
» dit : Je ne veux pas que mon héritier puisse alié-
» ner mes biens, parce que je souhaite qu'ils soient
» conservés à ses enfans, ou à son aîné, ou dans sa
» famille ; alors c'est un véritable fidéi-commis.

» On peut charger l'héritier, continue le même
» auteur, de restituer toute la succession, d'en
» rendre une partie, ou seulement ce qui se trou-
» vera avoir de reste au jour de son décès ; mais
» en ce dernier cas, pour ne pas laisser à l'héritier
» la liberté d'absorber le bien, il a été ordonné
» qu'il sera obligé de conserver au moins au substi-
» tué la quatrième partie des biens qui lui ont été
» laissés par le testateur, à moins que la condition
» de rendre ce qu'il se trouveroit avoir de reste au
» jour du décès de l'héritier, n'étoit pas non plus
» un fidéi - commis ; mais le quart de l'hoirie se
» trouvoit grévé de la quarte trébellianique, à
» moins qu'il n'y eût une cause nécessaire d'aliéner
» ce quart, comme pour la dot d'une femme, pour
» aliéner, etc. »

Par parité de raison, l'héritier chargé de rendre,
après un certain temps, pouvoit retenir la quatrième partie des biens que le testateur lui avoit
laissés.

Pour l'un comme pour l'autre cas, l'ordonnance
de 1735 avoit disposé ainsi qu'il suit :

Art. 35. « Ceux qui auront droit de légitime et
» qui auront été institués héritiers pourront faire
» distraction de la quarte *falcidie* sur le legs et
» de la quarte trébellianique sur le fidéi-commis,
» et retenir en outre leur légitime. »

La quarte falcidie, en pays de droit écrit, étoit

une réserve à-peu-près semblable à celle établie par les coutumes ; elle étoit due en vertu de la loi ; l'héritier ne pouvoit en être dépouillé qu'en lui ordonnant, de la part du testateur, et d'une ma-nière expresse, d'acquitter les legs sans déduction de la falcidie.

« On nomme quarte trébellianique, dit Domat, » le quart que les lois affectent aux héritiers char-» gés d'un fidéi-commis universel de l'hérédité, ou » d'une partie, ce qui distingue la trébellianique » de la falcidie ; car celle-ci regarde les legs et les » fidéi-commis particuliers de certaine chose. »

Il est à noter que le droit conféré au substitué de succéder au quart des biens donnés sans défense d'aliéner, et le droit accordé au grevé de substitu-tion, chargé de rendre dans un temps donné, de retenir la même quotité, provenoient l'un et l'autre d'une réserve légale, et que la portion réservée en faveur du premier étoit compromise de manière à lui laisser peu d'espérance.

Il résulte des exemples et des règles cités, deux conséquences importantes dans l'espèce, savoir : 1.º Que la défense d'aliéner sans vocation ne pri-voit pas l'héritier institué de la disposition des biens ; 2.º que la condition de rendre ce qui se trouveroit rester de la succession au jour du décès de l'héritier, n'étoit point un fidéi-commis ; que l'héritier institué étoit tellement favorisé, que ses besoins prouvés étoient préférés à la quarte trébel-lianique, encore bien que ce droit provînt de la légitime.

Appliquons ces conséquences à notre espèce, et nous verrons s'évanouir toute idée de substitution et de fidéi-commis.

Il n'y a ni prière, ni ordre de conserver et de

rendre, ni défense d'aliéner dans le testament dont il s'agit ; d'où il suit, d'une part, que sous l'ancienne législation, la dame Raimbaut auroit pu aliéner, hors la quatrième partie des biens, et le tout, soit pour se procurer des alimens, soit pour se libérer, ou son mari, d'une contrainte par corps ; et d'autre part, que, sous le règne du Code Napoléon, la dame Raimbaut peut disposer de la totalité, sans qu'aucune circonstance doive restreindre cette disposition universelle ; pourquoi ? C'est que tous les biens du testateur étoient à sa disposition, et qu'il n'y a aucun retranchement à opérer.

Il y a bien une sorte de vocation dans le testament qui nous occupe ; mais elle est sans efficacité, n'étant sous la protection, ni d'une défense d'aliéner, ni d'une prière ou d'un ordre de conserver et de rendre, et n'établit conséquemment de substitution d'aucune espèce.

Pour en attribuer l'intention au testateur, il faudroit la faire résulter d'une induction forcée ; et jamais la justice ne s'est déterminée sur de simples présomptions.

L'article 20 de l'ordonnance de 1747 vouloit que les substitutions fussent expresses ; d'après quoi personne n'avoit le droit de prétendre être appelé, quand il n'y avoit pas une disposition correcte dans le testament.

Du même principe, il résulte aujourd'hui qu'on ne peut présumer une transgression de l'article 896, lorsque les termes du testament ne constituent pas un fidéi-commis. Il n'est pas plus permis de créer une nullité, qu'il ne l'étoit de créer un droit.

Au surplus, et en dernière analyse, voyons ce que défend et ce que permet le Code Napoléon.

Il défend de charger un héritier institué ou un

légataire de conserver et de rendre à un tiers l'objet de la libéralité.

Il permet, 1.º la substitution vulgaire; 2.º le don de l'usufruit à l'un, et la nue propriété à l'autre; 3.º les substitutions en faveur des petits-enfans et des descendans des frères.

La clause dont il s'agit ne se trouve point dans la prohibition prononcée par le second paragraphe de l'article 896 du Code Napoléon. Elle n'est pas entachée des termes *visieux*, CONSERVER ET RENDRE, les seuls qui puissent instituer un fidéi-commis. La Cour de cassation l'a jugé ainsi; et la raison de cette jurisprudence est puisée dans l'es-prit de la loi qui nous régit. Dans l'espèce de l'arrêt, comme dans notre espéce, il n'y avoit qu'une ins-titution; et nul tiers, non plus qu'ici, n'auroit pu prétendre raisonnablement que la libéralité fût grévée à son profit, parce qu'on ne peut trop le répéter, les mots *conserver et rendre* à un tiers formant le caractère sacramentel de la prohibition, pourroient seuls aussi caractériser la transgression, et opérer la nullité.

Ce que les adversaires veulent faire considérer comme un fidéi-commis, rentre dans l'art. 899, qui permet de donner la propriété à l'un, et l'usufruit à l'autre.

Veut-on en effet, que les frères et sœurs de la dame Raimbaut aient le droit de recueillir ce qu'elle n'auroit pas vendu à l'époque de son décès? Il n'en résultera pas pour cela une substitution fi-déi-commissaire; nulle obligation de *conserver et de rendre;* liberté entière, au contraire de dispo-ser en qualité de propriétaire; donc, point d'obli-gation résultant, ni du for intérieur, ni des expressions du testament, de restituer à un ou à des tiers l'objet légué.

Veut-on que les légataires universels ne soient ici que des usufruitiers, et que les frères et sœurs de Florence Roussier soient propriétaires? Cette version sera encore dans le vœu de la loi, et comme nous venons de le dire, elle recevra sa sanction de l'art. 899.

Y auroit-il quelque raison de croire que le testateur a choisi pour voile le nom de sa nièce, et pour intermédiaire sa capacité, à l'effet de transmettre le don, soit à un incapable, soit à un indigne, et violer toute prohibition sous des apparences légitimes?

Si ces présomptions pouvoient naître, notre opinion resteroit en suspens; alors nous rechercherions, comme doivent le faire les juges eux-mêmes, les indices de la fraude, et si, par exemple, nous apercevions une concubine, un enfant adultérin, un individu frappé de mort civile, à l'un ou à l'autre desquels le legs pût être destiné, nous dirions à la dame Raimbaut : « la conscience du juge peut, à » cause des circonstances, remplacer la force des » principes. Nous doutons ».

Mais, quelles sont les personnes auxquelles le testateur désire que les biens passent, dans le cas où la légataire mourroit sans enfans? Ce sont ses neveux et ses nièces légitimes, tous capables de recevoir, auxquel, par conséquent, il lui étoit permis de léguer ostensiblement et franchement, suivant l'art. 899.

Il suffit que cette capacité soit constante, pour qu'on ne puisse présumer un fidéi-commis, une donation oblique. De ce qu'en effet il n'étoit pas nécessaire de frauder la loi pour établir une volonté efficace, il en résulte que la disposition est licite, qu'elle ne peut être suspectée, et que, s'il étoit vrai que la propriété fût incertaine pour la dame Raimbaut, c'est qu'alors elle ne seroit qu'usufruitière, et que ses frères et sœurs auroient la nue propriété, c'est que, par conséquent, le testateur auroit usé, en termes douteux, de l'article 899, et la question de savoir s'il résulteroit un droit implicite pour ces mêmes frères et sœurs resteroit à discuter entre les légataires universels et les prétendus donataires de la nue propriété.

Mais qu'est-ce donc qu'une substitution implicite ? Nous ne le concevons pas, d'après les principes, et la doctrine des auteurs les plus respectés.

Ou le testament est positif, ou il est vague; s'il est positif, les termes mêmes dans lesquels il est conçu, caractérisent et peuvent seuls caractériser la nature de la disposition. S'il est vague, on ne peut y suppléer, ni par induction, ni autrement; à cet égard, on a vu que l'ordonnance de 1747 s'opposoit à toute espèce d'interprétation. Aujourd'hui nous n'avons, comme alors, qu'un moyen de fixer l'espèce, par l'effet que doit avoir le testament.

Or, le seul effet qu'il puisse avoir dépend, d'abord, de la volonté des légataires universels. S'ils vendent les biens, personne de la ligne n'y a droit, et nous avons vu qu'autrefois la faculté d'aliéner, nonobstant que quelqu'un dût succéder à ce qui pourroit rester, n'étoit pas un fidéi-commis, et que même la portion réservée pouvoit encore être absorbée par les besoins de l'institué. Si, au contraire, les biens restent intacts ,alors il arrivera que la nue propriété appartiendra aux frères et sœurs de la dame Raimbaut, en vertu de la condition de non postérité.

En cela, on ne verra qu'une substitution autorisée par l'art. 899.

Si le testateur eût dit : « Je donne l'usufruit à la » dame Raimbaut, et la propriété à ses frères et » sœurs, dans le cas où elle mourroit sans enfans, » et où il lui plairoit de ne pas aliéner les biens, » comme je lui en laisse la faculté »; bien certainement cette disposition seroit valable, le don de la propriété seroit conditionnelle, et précisément parce qu'il dépendroit et de la volonté et du fait de la légataire, il seroit opposé à un fidéi-commis qui toujours oblige de conserver et de rendre, lors même que cette obligation se trouve dans le mot prière, symbole, qui fut toujours respecté par la justice.

En résumé, la substitution fidéi-commissaire avoit pour premier caractère l'institution d'un héritier ou d'un légataire, et pour second caractère essentiel, l'obligation de *conserver et de rendre*, ce qui ne se rencontre pas dans le testament dont il s'agit.

Jamais lorsque le fidéi-commis étoit en vigueur, on ne considéra comme telle, la disposition par laquelle une seconde personne étoit appelée à recueillir ce qui n'auroit pas été aliéné par le premier héritier ou légataire.

Dans le pays de droit écrit, cette espèce de disposition étoit assujétie au retranchement de la légitime et de la quarte trébellianique, ou ailleurs de la réserve coutumière indépendamment de la volonté de l'homme, sauf néanmoins les besoins de l'héritier ou du légataire.

Aujourd'hui, la même institution, faite par un oncle à sa nièce n'est sujette à aucun retranchement, parce que toute sa fortune, tout son patrimoine sont à sa disposition, d'où il suit que la dame Raimbaut a la faculté de tout aliéner, et n'est conséquemment pas tenue de conserver et de rendre.

Si elle n'aliène point et qu'elle meurre sans enfans, ses frères et sœurs lui succèdent, et par l'évènement, elle n'aura été qu'usufruitière, mais de la même manière qu'elle l'auroit été de ses propres biens, si elle les avoit conservés à ses héritiers ; car, maîtresse de disposer du legs universel, comme des immeubles qui peuvent lui parvenir de succession *ab intestat,* elle n'est tenue à aucune obligation ; le testament n'enchaîne en aucune manière sa volonté et ne présente, enfin, on le répète, que le don de l'usufruit à l'un, avec la faculté de disposer et le don conditionnel de la nue propriété à l'autre, c'est-à-dire, si le légataire universel n'a pas aliéné. Il est donc évident que le testateur n'a fait autre chose que de léguer aux frères et sœurs ce qui pourroit se trouver de reste à la mort de la dame Raimbaut, disposition qui ne fut jamais considerée comme un fidéi-commis, mais bien comme une substitution vulgaire, reproduite par l'art. 898 du Code Napoléon.

Au surplus, la question est décidée en faveur de notre espèce, par la Cour de Cassation ; d'après cette jurisprudence fondée sur la raison éternelle, qu'il faut toujours regarder une clause testamentaire dans son sens le plus conforme à la loi.

Enfin, jamais il n'a été et ne sera permis de faire résulter une transgression, d'une clause qui offre un sens licite, et pour tirer une induction favorable au

système de l'hériter, il faudroit faire disparoître
une intention évidente pour adopter une volonté
absurde autant que fantastique.

QUESTION.

Des époux qui ont contracté mariage sous la loi
du 17 nivose an 2, sont-ils fondés à réclamer des
avantages matrimoniaux en vertu de coutumes et
statuts antérieurs à cette loi ?

SOLUTION.

A l'époque du contrat, toute coutume étoit
abrogée, et par conséquent ne disposoit plus. Il
falloit stipuler pour fonder des droits. Un arrêt de
la Cour de Cassation a prononcé dans ce sens,
ainsi la difficulté est hors d'examen.

QUESTION.

La femme d'un négociant, qui souscrit, conjointement avec son mari, un billet de commerce, peut-
elle subir la contrainte par corps ?

SOLUTION.

La femme, dans le cas dont il s'agit, n'est engagée que comme particulière. On peut obtenir sur
ses biens une hypothèque judiciaire ; c'est tout ce
que permet la loi. Celle du 15 germinal an 6 excepte de la contrainte par corps, les femmes, les
filles et les mineurs non commerçans ; c'est cette
disposition qu'il faut appliquer.

QUESTION.

Un père laisse en mourant trois enfans, savoir deux légitimes et un fils naturel reconnu.

Lors du mariage de son fils aîné légitime, il lui fit donation d'un immeuble.

A la mort du père le fils naturel a réclamé sa part dans sa succession.

Pour déterminer celle que la loi lui accordoit, il a demandé que le fils aîné rapportât l'objet donné, attendu qu'il ne lui avoit pas été transmis par préciput et avec dispense de rapport.

Le fils aîné consentoit bien à rapporter, mais en faveur de son frère légitime seulement ; et il soutenoit que la part du fils naturel devoit être fixée d'après les biens composant la succession, et qui appartenoient au père à l'époque de son décès.

L'enfant légitime et donataire appuyoit son système sur les articles 756 et 857 du Code Napoléon.

Suivant le premier, les enfans naturels reconnus ne sont point héritiers de leur père et mère, ils n'ont que des droits sur leurs biens.

Suivant le second, le rapport n'est dû que par le cohéritier à son cohéritier, et il n'est dû ni aux légataires ni aux créanciers de la succession.

SOLUTION.

L'enfant naturel, il est vrai, n'est point héritier de son père ; mais la loi lui accorde des droits, et ces droits s'étendent à tous les biens qui composent la succession.

Mais, suivant l'art. 843, tout héritier même bénéficiaire venant à une succession, doit rapporter à ses cohéritiers tout ce qu'il a reçu du défunt, par donation entre-vîfs directement ou indirectement, à moins que les dons n'aient été faits expressément par préciput hors part, ou avec dispense de rapport.

La quotité des biens que la loi accorde au fils naturel reconnu, est fixée par l'art. 757 du Code Napoléon.

Si le père ou la mère a laissé des enfans légitimes, le droit de l'enfant naturel est du tiers de la portion héréditaire qu'il auroit eue, s'il eût été légitime.

Pour recueillir cette portion héréditaire, l'enfant naturel est supposé un instant fils légitime, avec cette seule différence qu'il ne prend qu'un tiers, les deux autres accroissent à ses frères.

Mais pour déterminer la portion héréditaire il faut connoître et évaluer la totalité des biens qui composent la succession du père. Mais les biens donnés, même hors part, font essentiellement partie de cette succession, donc ils doivent y être compris.

Les biens donnés à l'enfant naturel ou à ses descendans, et qui seroient sujets à rapport doivent être imputés sur la portion qu'il a droit de prétendre sur la succession de son père ou de sa mère, art. 760 du Code Napoléon. Ainsi, par la même raison, le fils légitime donataire doit-il rapporter à la succession les objets à lui donnés?

La portion accordée tant aux enfans légitimes qu'aux enfans naturels étant fixée par la loi, il n'est plus au pouvoir des héritiers de prétendre la réduire. Les père et mère ont bien la faculté de disposer d'une portion, à titre de préciput, hors part, ou avec dispense de rapport, mais cette libéralité même à ses bornes, et un pareil donataire ou léga-

taire ne peut retenir le don que jusques à concurrence de la quotité disponible.

Nous ne pouvons dissimuler que plusieurs auteurs avoient cru pouvoir induire de quelques expressions de l'article 912 du Code Napoléon, que
l'existence, ni même le nombre des enfans naturels
reconnus n'entroient point dans aucune considération pour fixer la portion dont les père et mère
pouvoient disposer hors part.

Ils fondoient leur opinion sur l'expression *enfant
légitime*, de laquelle le législateur s'est servie.

Mais si l'on compare l'art. 915 avec l'art. 757,
on voit que les enfans naturels sont appelés concurremment avec les légitimes pour exercer le droit
que la loi leur donne sur la portion héréditaire
qu'ils auroient euc, s'ils eussent été légitimes.

Donc, le nombre des enfans naturels doit être
considéré pour fixer la portion héréditaire d'un
chacun ; mais comme la quotité des biens dont le
père peut disposer est fixée par le nombre des
enfans qui ont droit à une portion héréditaire, il
en sort la conséquence naturelle que les dons faits
par les père et mère à un de leurs enfans légitimes
doivent être rapportés, même vis-à-vis du fils naturel reconnu, afin que celui-ci recueille le tiers de la
la portion héréditaire qu'il auroit euc s'il eût été
légitime.

QUESTION.

Une constitution dotale promise en avancement
d'hoirie, et sur les successions des père et mère
donateurs, et payable après leur décès, rend-elle
la fille ainsi dotée, créancière de son père en vertu
de son contrat de mariage, et doit-elle être payée

de cette somme avant tous les créanciers de son père décédé en faillite, ouverte long-temps avant sa mort, ou par contribution avec eux, ou seulement sur les biens qui existeront après le payement des créanciers de la faillite ?

SOLUTION.

Il est nécessaire et important d'observer que les père et mère donateurs étoient, lors du contrat de mariage de leur fille, domiciliés en pays de droit écrit, et que tous les biens qu'ils possédoient étoient situés dans des pays régis par ce droit.

Ainsi la question ne peut être résolue par les principes d'aucune coutume, mais par les lois romaines.

Les donations en avancement d'hoirie ne sont faites que par forme d'à-compte sur les successions à écheoir. Lorsque le père ou la mère payent, au moment du mariage d'un de leurs enfans, une somme, ou qu'ils promettent payer à une époque certaine, ils payent un à-compte sur leur succession à écheoir. S'ils donnent et ne promettent payer qu'à leur décès, ce n'est plus qu'une institution contractuelle.

Telle est l'opinion de Dargentré, et c'est en partant de ce principe qu'il disoit que les dons en avancement d'hoirie ne doivent se faire que par un contrat de mariage, les seuls où les institutions contractuelles soient permises.

Ricard, dans son traité des donations, a défini peut-être plus exactement les donations en avancement d'hoirie : elles ne sont, dit-il, réputées autre chose que de véritables donations entre-vifs et testamentaires ; des premières, parce qu'elles sont irrévocables ; des secondes, parce que leur effet n'a lieu qu'après la mort. En effet, ajoute-t-il, elles n'empêchent pas d'aliéner, de contracter de bonne foi, elles ne doivent pas lier le donateur, parce que c'est le décès seul qui fixe l'état de la succession, parce que le décès met une fin à la mutabilité de la volonté et du consentement du donateur ; jusques à cette époque, l'un et l'autre sont ambulatoires et variables.

Le don fait en avancement d'hoirie est un acte de partage de la succession future, ou si l'on veut plus exactement, le payement d'un à-compte sur le lot qui pourra écheoir au fils donataire.

Mais la division ou le partage fait dans les pays de droit écrit, par les père ou mère entre leurs enfans étoit un acte de dernière volonté, conséquemment ambulatoire et révocable, ainsi que l'enseigne Dumoulin.

Divisio inter liberos est actus ultimæ voluntatis, ambulatorius et revocabilis.

Le don en avancement d'hoirie, qui n'est qu'une institution contractuelle, étoit bien un partage entre enfans. Mais quoiqu'elle fût irrévocable et qu'elle participât sous ce rapport de la donation entre-vif, elle tenoit plus de la disposition testamentaire, parce que le donataire n'étoit saisi véritablement de rien, qu'il ne recevoit qu'un à-compte sur la succession future, et qu'il falloit nécessairement attendre le décès du donateur pour savoir si l'à-compte donné ou promis surpassoit ou excédoit la quotité dont le père avoit pu disposer au préjudice de ses autres enfans, et surtout si les dettes passives n'absorboient point la plus grande partie, ou peut-être la totalité de la succession.

Ainsi la fille donataire n'a reçu, par la promesse de la dot qui fut stipulée, que la certitude de toucher cette somme après le décès de ses père et mère, quoiqu'elle pût excéder la portion héréditaire sur les biens de son père, soit qu'il eût fait un testament, soit qu'il fût décédé *ab intestat*.

L'irrévocabilité de la donation se réduisoit à cette seule expectative : mais cette irrévocabilité ne lui assuroit la somme promise, que lorsque tous les créanciers existans à l'époque du décès auroient été payés. Il falloit, pour que le don en avancement d'hoirie eût son exécution, quant à la somme, que la succession fût bonne.

En effet, il étoit, et il seroit même contre tous les principes de vouloir retenir un don comme héritier, et de ne pas vouloir payer les dettes de la succession. Ces deux prétentions sont tellement contraires, qu'il est impossible de les concilier ni avec les lois romaines ni avec la saine raison.

Dès qu'il est avoué et reconnu, par les meilleurs auteurs, que le don fait en avancement d'hoirie n'est qu'un partage anticipé d'une succession future, qu'un à-compte donné ou promis, il faut nécessairement en conclure que le donataire est obligé ou de renoncer au don, ou, s'il persiste à vouloir jouir, qu'il est tenu du payement de toutes les dettes.

Cette doctrine est la conséquence nécessaire d'une donation faite en avancement d'hoirie, et de la différence qui existe entre une pareille donation et celle faite entre-vifs.

Dans les donations entre-vifs, la qualité, le titre, d'héritier n'entrent point dans aucune considération, le donataire préfère celui à qui il donne, à lui-même, à ses héritiers naturels. Il use, il abuse même peut-être de la faculté que les lois lui donnent de disposer ainsi de la totalité ou d'une partie de ses biens.

(223)

Dans les dons, au contraire, faits à titre d'avancement d'hoirie, le titre et la qualité d'héritier
sont toujours présens au cœur et à l'esprit du donateur. Ce n'est même qu'en faveur d'un de ses héritiers qu'il peut ainsi disposer de cette qualité;
sans quoi le don ne pourroit être fait.

Ainsi, dès que la qualité d'héritier est indispensable pour recevoir un don à titre d'avancement
d'hoirie, nécessairement il faut la conserver pour
la recueillir. Donc celui qui renonce à la succession n'est plus héritier; donc il ne peut et ne doit
point profiter d'un don qui ne lui a été fait, et
qu'il ne peut réclamer qu'en cette qualité.

Ainsi la fille dotée en avancement d'hoirie par
son père, n'est point créancière de son père;
même elle ne peut, en renonçant à la succession, réclamer le payement de la somme promise au préjudice des créanciers de la faillite de
son père.

Nous savons qu'on oppose l'article 307 de la
Coutume de Paris, et la jurisprudence constante
de ce parlement, qui a décidé que cet article 307
de la nouvelle Coutume, qui permettoit de renoncer à la succession en se tenant au don, compre-
noit même les dons en avancement d'hoirie.

Dumoulin avoit attaqué fortement cette doctrine. Il avoit soutenu que le fils donataire à titre
d'avancement d'hoirie, étoit un véritable héritier, et tenu de payer les dettes ou de renoncer
au don.

*Si postea filius donatarius non velit esse hœ-
res resolvitus donatio tanquam causâ finali
non secuta, et res revestitus ad corpus suc-
cessionis.*

Dargentré attaqua et combattit l'opinion de

Damoulin. Il disoit que la qualité d'héritier ne dépendoit pas du choix de la personne, mais de la disposition de la loi, et qu'ainsi le fils donataire à titre d'avancement d'hoirie, pouvoit renoncer en se tenant à son don.

Ricard et Lebrun ont adopté cette opinion de Dargentré, qui est devenue, sur-tout depuis l'interprétation de l'article 507 de la Coutume de Paris, la loi et la règle générale des pays coutumiers.

En effet, presque dans tous les pays régis par les coutumes, les héritiers du sang, sur-tout les descendans, étoient héritiers indépendamment de la volonté du défunt.

Mais dans les pays de droit écrit, les père et mère avoient la facilité d'instituer un héritier universel et des héritiers particuliers. C'étoit à ce titre qu'ils étoient obligés de laisser la légitime à leurs enfans, et l'omission de cette institution rendoit le testament nul. Ainsi, dans les pays de droit écrit, la qualité d'héritier dépendoit et du choix de la personne et de la disposition de la loi; ainsi lorsque le fils ou la fille donataire ne tient le don que du choix et de la volonté de son père, qu'il ne l'a reçu qu'à titre d'avancement d'hoirie, qu'il n'a pu même le recevoir qu'en cette qualité, il sera démontré qu'il ne peut retenir comme héritier et ne pas vouloir contribuer au payement des dettes, suivant la maxime *non dicitur hœres nisi deducto ere alieno*.

Aussi dans l'espèce soumise à la décision du Conseil, la fille à laquelle son père avoit constitué une dot à titre d'avancement d'hoirie, ne peut se prétendre créancière de la faillite de son père, ni exercer aucune action sur les immeubles qu'il possédoit au moment de sa faillite, qu'après que tous les créanciers de son père auront été entièrement payés.

QUESTION.

Une femme mariée en pays de droit écrit, mais avec la stipulation de la communauté d'acquets, qui a signé, conjointement avec son mari, l'acte de vente sous l'empire de l'édit de 1771, d'une maison que le mari avoit acquise depuis le mariage, est-elle fondée à recourir contre le détempteur qui a pris des lettres de ratification, pour obtenir le payement de sa dot dont elle a fait prononcer la condamnation contre son mari ?

SOLUTION.

Les lois romaines accordoient un privilége et une hypothèque à la femme sur tous les biens du mari, pour la restitution de la dot payée, soit en deniers, soit en objets évalués à une somme fixe et déterminée.

Les mêmes lois déclarent que la dot de la femme est inaliénable, même de son consentement, que le mari ne pouvoit hypothéquer le fonds dotal ni établir aucune servitude.

Sous l'empire des lois romaines les femmes ne pouvoient s'obliger, à cause de leur dot, même du consentement du mari, que dans deux cas, et par quelques motifs infiniment rares.

Cette défense étoit une conséquence du principe qui déclaroit la dot inaliénable.

En France, avant et depuis l'édit de 1771, concernant les hypothèques, les priviléges des femmes, à cause de leur dot et des reprises matrimoniales, ont toujours été conservés. Avant la loi du mois de brumaire an 7, elles n'avoient pas besoin, du vivant de leur mari, de faire aucun acte conservatoire, la loi conservoit pour elles, et les acquéreurs devoient prendre toutes les précautions nécessaires pour s'assurer que les immeubles qu'ils achetoient, n'étoient point affectés au payement d'aucune somme dotale.

La loi de brumaire an 7 porta atteinte à ce droit, que tous les législateurs avoient respecté. Elle soumit les femmes, comme les mineurs, à la nécessité indispensable de requérir des inscriptions pour conserver leur hypothèque et leur rang. Le Code Napoléon est revenu aux anciens principes. Ce retour a placé les femmes dans la même position où elles étoient avant la loi du mois de brumaire an 7, pourvu que des tiers n'eussent acquis aucun droit par l'accomplissement des formalités prescrites par cette loi, article 2155 du Code Napoléon. Ces principes posés, il faut considérer la question sous le seul et véritable point de vue sous lequel elle doit être envisagée.

L'acquéreur a pris des lettres de ratification exigées par l'édit de 1771, pour purger les hypothèques. Mais il n'a point purgé les hypothèques de la femme à cause de la dot.

Ainsi ce droit de la femme est encore entier.

La difficulté naît de l'intervention de la femme au contrat de vente, et de ce qu'en vendant conjointement avec son mari un acquet, elle paroît avoir renoncé à l'hypothèque qu'elle avoit sur ladite maison.

Cette difficulté, ou pour mieux dire cette objection, n'est que spécieuse. Il est constant que le mari peut vendre, aliéner, hypothéquer les ac-

quets ; que la femme, perpétuellement sous la puissance du mari, n'a point, comme dans les pays
coutumiers, la faculté de pouvoir demander une
séparation de biens, et faire cesser une communauté d'acquets qui pouvoit lui être funeste. Mais
aussi la loi veille pour elle, elle déclare que sa
dot est inaliénable, qu'elle a un privilége ineffaça-
ble sur tous et chacun des biens du mari. La dot
est la chose essentielle de la femme, elle est l'objet constant des dispositions de la loi.

La femme, en consentant à la vente d'un immeuble que son mari pouvoit valablement vendre sans
elle, n'a pu porter aucune atteinte au droit certain
que la loi lui donnoit, sur-tout lorsque cette loi
veilloit elle-même contre la séduction, ou tout autre moyen que le mari pouvoit employer pour la
faire consentir, ou même participer à un acte qui
auroit porté quelque préjudice à sa dot.

Tout vendeur doit garantir l'acquéreur de tout
trouble ou éviction. Pourroit-on soutenir que la
femme, dans l'espèce, eût affecté ou hypothéqué
sa dot pour la garantir de l'acquéreur? non. La loi
uni. §. 15, ff. *de rei uxor. acl.* réprouve un pareil
système.

« *Fondum dotalem non solum hypothecœ ti-*
» *tulo dare, nec consentiente muliere maritus*
» *potest, sed nec alienare, ne fragilitate natura*
» *suœ in repentinam deducantur inopiam* ».

Donc cette garantie, qui est de l'essence du contrat de vente, ne subsiste point, ou si elle subsiste,
elle porteroit atteinte à la dot. La dot seroit donc
aliénable du consentement de la femme, ou elle
pourroit diminuer ou perdre son privilége et son
hypothèque, et perdre ainsi sa dot. Un pareil sys-

tême est trop erroné pour qu'il ait besoin d'être combattu.

Le tiers détenteur voudra peut-être distinguer l'action qui appartient à la femme pour rentrer dans le fonds dotal, de l'action hypothécaire qu'elle a le droit de former à cause de sa dot payée en deniers contre les acquéreurs des biens de son mari. Cette distinction ne seroit qu'une erreur et même un sophisme que les lois romaines réprouvent ; elles accordent également à la femme l'action contre le mari et contre les détenteurs du bien du mari.

En effet, la loi veille si attentivement sur les dots des femmes, qu'elles ne peuvent renoncer ni par leur contrat de mariage ni par aucun autre acte à l'action en répétition. Telle est la doctrine enseignée par Lebrun, liv. 3, chap. 2, §. 2, Distin. 1, n°. 2.

Cette défense et cette prohibition est fondée sur la loi 2, ff. *de jure doctium*.

Reipublicœ interest mulieres dotes salvas habere propter quas nubere possunt.

Mais la vente d'un immeuble faite pendant le mariage, entraîneroit pour la femme, à cause des obligations qui en sont la suite, une renonciation expresse ou tacite à l'action en répétition. Donc la femme en parlant, dans un pareil contrat de vente, faisoit ce que la loi lui défend, ce que la loi ne lui permet pas de faire.

Mais ce qui est fait contre la loi ne produit aucun engagement. Donc la présence de la femme à la vente d'un acquet, son adhésion même, tout doit être attribué à la foiblesse, à la crainte de déplaire, d'autant plus que, comme nous l'avons dit, le mari étoit toujours le maître de vendre, sans le consentement ni l'adhésion de sa femme.

Ce seroit une erreur très-grave que de vouloir appliquer à la vente d'un acquet, hypothéqué pour la dot, les principes qui régissent la vente des immeubles hypothéqués pour le douaire, lorsque la femme a consenti aux deux ventes.

Le douaire, quelque favorable qu'il fût, n'étoit qu'un droit éventuel qui pouvoit avoir ou ne pas avoir lieu sur les biens propres du mari et non sur les acquets. La femme pouvoit donc renoncer à un droit dont l'événement étoit incertain; il n'en est pas de même de la répétition de la dot constituée surtout en pays de droit écrit.

Dotum causa semper et ubique præcipua est. Nam reipublicæ interest dotes mulieribus conservari. Leg. 1, *ff. solut. matri.*

Comme les douaires ne jouissent ni de la même faveur, ni des mêmes priviléges que les dots, cette différence doit en avoir établi une dans leurs résultats. Ainsi la femme peut consentir à l'aliénation d'un immeuble affecté à son douaire, elle seroit non recevable à former l'action hypothécaire contre le tiers détenteur, tandis que la femme mariée en pays de droit écrit, quoiqu'elle ait consenti à la vente d'un immeuble hypothéqué pour sa dot, est fondée et doit être admise à avoir, contre le tiers détenteur, l'action hypothécaire.

QUESTION.

Un acte passé devant notaire à Genève, plusieurs années avant la réunion de cette république à la France, peut-il donner hypothèque sur des immeubles situés en France, soit à la date de l'acte, soit à la date du décret de réunion de ce pays à l'Empire français?

SOLUTION.

Il ne s'agissoit pas de décider l'opinion, long-temps controversée, soutenue et attaquée tour-à-tour par les jurisconsultes les plus célèbres, et des auteurs d'une très-grande autorité, savoir, si les contrats passés en pays étrangers emportent hypothèque en France. L'article 121 de l'ordonnance de 1629, avoit décidé négativement cette question ; mais cette ordonnance, qui n'avoit été enregistrée qu'aux parlemens de Toulouse, Grenoble et Bordeaux, étoit méconnue du parlement de Paris. Cette fluctuation des opinions prouvoit le besoin qu'on avoit, sur cette matière, d'une loi positive; et l'article 128 du Code Napoléon a heureusement su concilier toutes les opinions, en déclarant que les actes passés en pays étrangers ne peuvent donner hypothèque sur les biens en France, s'il n'y a des dispositions contraires à ce principe dans les lois politiques ou les traités.

Il falloit, pour décider la question, lire attentivement le décret de réunion de Genève à la France. C'étoit dans les termes, dans les expressions de cet acte, qu'il falloit chercher quelle avoit été la véritable intention des hautes parties contractantes. Il falloit également connoître quels étoient à Genève les principes sur l'hypothèque résultant des actes passés en France.

Il est démontré, par la modification, que le parlement de Dijon apporta à l'enregistrement de l'ordonnance de 1629, que ce parlement déclara que l'art. 121 n'auroit lieu en Bourgogne, d'autant que cette province confinoit ès pays de Suisse, Genève, et que, s'il étoit observé, les voisins useroient du même droit dans leur pays, ce qu'ils n'avoient fait jusqu'à présent, et que, pour ce moyen, les sujets de Sa Majesté en ce ressort seroit privés de tout commerce.

La réciprocité entre la France et Genève en matière d'hypothèque, étoit constante. Il étoit reconnu que les actes passés à Genève et ceux passés en France, emportoient hypothèque comme s'ils avoient été reçus dans les pays même où les biens étoient situés. Mais on devoit s'adresser aux juges pour les faire déclarer exécutoires, et on ne pouvoit en poursuivre l'exécution qu'en vertu du jugement qui l'avoit permise.

Ainsi, dès que la réciprocité entre les deux états est attestée par les tribunaux des deux nations, qu'aucun gouvernement n'avoit contesté l'usage constant de cette réciprocité, ni même voulu la faire cesser par un acte nominatif, il faut en conclure que les actes passés à Genève conféroient hypothèque sur les biens situés en France.

Mais, dans l'espèce, le créancier n'avoit pas satisfait à la condition reconnue universellement indispensable pour rendre un acte passé à Genève exécutoire en France. Il n'avoit pas obtenu un jugement des tribunaux de France qui permit cette exécution, parce que la réunion avoit eu lieu avant l'époque de l'exigibilité de la dette.

Pour réfuter cette objection, qui étoit très-forte et très-pressante, le créancier invoquoit l'art. 7 du traité de réunion de la république de Genève à la France, du 7 floréal an 6.

« Tous les actes publics soit judiciaires, soit no-
» tariés, tous les écrits privés et les livres des né-
» gocians ayant date certaine, antérieurement à la
» ratification des présentes auront leur force, et

» porteront tout leur effet suivant les lois de
» Genève ».

La République de Genève se donnant à la
France, la Nation française avoit voulu lui donner *une preuve éclatante de son amitié généreuse.*
Les deux Nations française et genévoise devoient
confondre leurs moyens, leurs relations et leurs
droits pour ne plus former qu'un seul et même
peuple.

C'étoit même pour opérer plus promptement
et plus honorablement cette confusion des deux
peuples, cette réunion pour laquelle ils avoient
si solemnellement émis le vœu, que le traité appelle les genévois, des *Français nés.* Cette expression si inusitée et qu'on trouve peut-être pour
la première fois dans un traité de réunion est la
mesure de tous les droits que la France vouloit accorder aux Genévois; elle vouloit oublier d'effacer
l'époque de leur réunion pour ne voir en eux que
des frères et des membres de la grande famille, et
les faire jouir de tous les droits qu'ils recevoient en
naissant et qu'ils conservoient sous l'empire des
lois.

Cette idée aussi saine en politique qu'en morale
convenoit sur-tout à la République de Genève.
Elle étoit digne de la France, de sa magnanimité,
et l'on ne peut voir dans tout le traité du 6 floréal
an 6, que les bienfaits généreux que la France veut
répandre sur les Genévois, que l'association à la
gloire et aux destinées brillantes de la grande Nation, qu'une participation honorable à tous les avantages et à tous les droits dont les Français jouissoient
déjà, ou à ceux qu'ils devoient obtenir.

Il falloit donc qu'il existât une confusion de tous

les droits civils et politiques, que les uns ne fussent plus étrangers chez les autres, qu'il n'y eût plus qu'un seul peuple. Il faut donc que les actes passés à Genève avant la réunion soient exécutés en France, comme s'ils eussent été passés dans cet empire; ainsi les Genévois seront traités comme des *Français nés*.

Les actes passés à Genève doivent même conférer hypothèque sur les biens de France, à leur date, à cause de la réciprocité attestée, dont jouissoient à Genève les actes passés en France (1).

QUESTION.

Un père dote sa fille à titre d'avancement d'hoirie. Le grand père de la future intervient au contrat de mariage, et se rend caution vis-à-vis de sa petite fille et de son mari, de la donation faite par le père. La dot n'est payable qu'après le décès du père. Le grand père meurt, il laisse à son fils, son seul et unique héritier, une fortune immobilière très-considérable. Celui-ci en dispose d'une grande partie. Il fait faillite sous l'empire de la loi de brumaire an 7. La fille requiert une inscription postérieurement à la faillite de son père. Par une inscription postérieure à la publication du Code Napoléon, elle requiert la séparation des patrimoines de son grand père, comme étant sa créancière, à cause de son cautionnement.

Est-elle fondée dans sa demande ?

---

(1) Pendant le cours de l'impression, la Cour de Cassation, par un arrêt solemnel, a consacré les mêmes principes que ceux émis par le Conseil lorsqu'il fut consulté.

SOLUTION.

Nous avons prouvé dans un autre article, que le
don fait en avancement d'hoirie ne constituoit pas
le donataire créancier du donateur; qu'un pareil
don n'étoit qu'une institution contractuelle, et que
le donateur n'avoit les mains liées, qu'en ce qu'il ne
pouvoit disposer des biens compris dans le don à titre
gratuit, mais qu'il pouvoit les vendre, les hypothéquer suivant ses besoins ou sa volonté.

Ainsi le don en avancement d'hoirie, participant
de la nature des donations entre vifs, à cause de son
irrévocabilité, et des dispositions testamentaires, à
cause de la faculté qu'à le donateur de pouvoir
aliéner ou engager ses biens, il s'ensuit que pour
que le don en avancement d'hoirie puisse être devenu certain, il faut qu'il y ait une succession qui ne
soit pas onéreuse.

Mais, dans l'espèce, le père, qui a constitué une
dot en avancement d'hoirie, a fait faillite, ses créanciers ne trouvent pas dans les biens de leur débiteur de quoi se payer du montant des sommes dues;
donc il n'y a pas de succession. La dot, promise à
titre d'avancement d'hoirie, ne peut être payée par
le père.

La fille est bien convaincue de la déconfiture de
son père; et de l'insuffisance des biens pour payer
sa dot. C'est d'après cette conviction que, se préva-
lant du cautionnement de son grand père, elle demande la séparation des biens de sa succession, de
ceux de son père.

Il est de principe constant que toutes les exceptions et moyens du débiteur sont communs à la
caution. Elle ne répond que de ce qui est dû vé-

ritablement. *Leg.* 22 ff. *de fide juss. Leg.* 19. ff. *de except.*

L'intention du père n'ayant été que de promet-tre, à titre d'avancement d'hoirie, la caution n'a pu et dû prendre des engagemens plus étendus, ni contracter des obligations plus étroites que le débiteur principal. Mais celui-ci ne promettoit que de ne pas révoquer le don par des actes à titre gratuit, mais il ne s'étoit pas interdit la faculté de disposer de partie ou de la totalité de ses biens, soit en les vendant, soit en les hypothéquant. Cette volonté, cette réserve sont essentiellement indiquées par ces mots, à titre d'avancement d'hoirie sur sa succession, cette volonté, dis-je, de la faculté étoit parfaitement indiquée par le père; et la fille donataire, n'a pu accepter le don que sous la condition que le père lui imposoit, et dès que le père a dissipé en spéculations hasardées ou infructueuses la totalité de sa fortune, sa fille, doit par la nature même de la donation qui lui a été faite, supporter la chance des événemens malheureux, comme elle eût profité de ceux qui auroient favorisé son père.

Pourroit-elle former contre son père une demande en payement de la somme promise? Non, son père ne lui doit rien, ce sera sa succession qui sera la débitrice. Mais la succession est onéreuse : le passif excède l'actif : donc il n'y a pas de succession, donc il n'y a pas de débiteur principal, et dès qu'il n'y a point de débiteur principal, il n'y a pas de caution.

La renonciation de la caution au bénéfice de division et de discussion, ne change point la nature de ses engagemens; elle n'est obligée qu'autant que le débiteur principal est obligé et qu'il peut être poursuivi lui-même. mais la demande en séparation du patrimoine du grand père et du père, n'a pu être formée qu'en vertu du cautionnement qu'il avoit donné, et qui se trouve éteint par les événemens qui ont préparé ou occasionné la faillite du fils. L'engagement de la caution suit l'obligation, donc celle-ci étant éteinte, l'engagement doit être pareillement éteint.

Donc la fille n'est point fondée à reclamer la séparation des patrimoines.

Dans l'espèce proposée, il y a encore une autre exception à opposer à la fille. Elle n'a requis inscription que sur les biens de son père, c'est-à-dire, sur lui seul, mais postérieurement à la faillite ouverte et déclarée.

Par l'événement de cette faillite, tous les biens possédés par le père sont devenus le gage des créanciers hypothécaires qui avoient conservé leurs hypothèques par une inscription légalisée, et celui des créanciers chyrographaires auxquels il n'est pas permis d'en prendre.

Par cette inscription prise sur son père, la fille a fait une novation en ne reconnoissant que son père pour son débiteur.

« *Cœterum si heredem animo novandi secuti » sunt, amiserunt separationis commodum.* Leg. 1. » § 10. ff. de separ. ».

A l'époque de l'inscription, il y avoit plus de huit années que le grand père étoit décédé, que le fils avoit vendu une partie considérable des immeubles qu'il avoit recueillis dans la succession de son père, qu'il avoit disposé à titre gratuit d'une autre partie en faveur d'un de ses enfans, ces dispositions à titre onéreux, ou à titre gratuit, avoient été parfaitement connues de la fille, elle n'a pas réclamé contre les dernières, et elle a donné main levée pure et simple de l'inscription, en ce qu'elle frappoit sur des biens vendus, avant la faillite, et dont le prix étoit dû au moment de son ouverture.

Donc, elle ne reconnoissoit plus que son père pour son débiteur, donc, elle ne seroit plus créancière, que de l'héritier de son grand père.

Ainsi, cette novation est un obstacle à la demande en séparation du patrimoine, contre laquelle s'élèvent en même temps la nature de l'obligation primitive et les principes qui régissent les dons faits à titre d'avancement d'hoirie.

QUESTIONS.

Un héritier bénéficiaire, qui a exercé contre son cohéritier donataire, renonçant à la succession, l'action en rapport, et qui a reçu une somme quelconque, est-il tenu de rendre compte de cette somme aux créanciers de la succession, ou peut-il la garder à titre de légitime ?

Les créanciers peuvent-ils attaquer l'acte ou transaction passé entre l'héritier bénéficiaire et le donataire renonçant à cause de la lésion et même de dol pratiqué entre eux ?

Le donataire renonçant pour s'en tenir à sa donation qui, dans cette transaction, se réserve la moitié de tous les biens composant la succession après le payement des dettes, a-t-il fait acte pur et simple ?

Un acte passé entre l'héritier bénéficiaire et les donataires renonçant après une renonciation déclarée nulle, peut-il être considéré comme un acte d'héritier, lorsque la renonciation a été renouvelée depuis cet acte dans la forme prescrite par la loi?

SOLUTIONS.

§. I.

Il n'existe entre l'héritier pur et simple et le bénéficiaire, d'autre différence que celle-ci. Le premier est tenu au payement de toutes les dettes. Le second ne les paye qu'autant que les biens de la succession peuvent y suffire ; aussi l'héritier bénéficiaire peut exercer toutes les actions qui appartiennent à l'héritier pur et simple, il peut conséquemment exercer l'action en rapport contre les donataires renonçant, pour trouver dans la succession la part et portion que la loi lui assigne et lui assure.

Mais à qui profitera le rapport ? Est-ce aux créanciers de la succession ou bien à l'héritier bénéficiaire ?

L'héritier bénéficiaire étant obligé de payer toutes les charges jusques à concurrence des biens de la succession, il ne peut rien retenir personnellement sans faire un acte d'héritier pur et simple. Il ne peut demander la légitime qu'après le payement de toutes les dettes de la succession.

La légitime étant une portion de l'hérédité, la demande de la légitime est une véritable action en partage.

Il est cependant vrai que la légitime est un droit accordé aux enfans ou ascendans, *debitum bonorum subsidium, debita portio;* que c'est pour eux seuls que la loi la leur a accordée. Mais il est aussi très-vrai que la légitime ne peut se prendre que sur la portion des biens qui existent après le payement de toutes les dettes.

(239)

Ainsi l'héritier bénéficiaire qui a droit à une portion légitimaire, ne peut la demander qu'après le payement de toutes les dettes.

C'est en vain que l'héritier bénéficiaire opposeroit la loi qui veut que les donataires ne rapportent qu'à leurs cohéritiers, et que l'action en rapport est interdite aux créanciers de la succession.

Sans doute, les créanciers ne peuvent exercer cette action ; mais l'héritier bénéficiaire qui l'a exercée ne peut rien conserver pour lui, il doit rendre compte de sa gestion, il doit la composer de tout ce qu'il a reçu, et tant qu'il n'aura pas pu acquitter toutes les dettes, il ne pourra, sous prétexte de son droit de légitime, retenir la part qu'il s'est fait délivrer à ce titre, et s'il prétend la conserver, il fait un acte d'héritier, et alors il devient personnellement obligé à toutes les dettes, car il a reçu une somme qui ne lui étoit due qu'en sa qualité d'héritier ; donc s'il ne la présente pas aux créanciers, il fait un acte d'héritier.

Ainsi, dans l'espèce, l'héritier bénéficiaire doit compte et représenter à la masse des créanciers la somme qu'il a reçue à titre de légitime.

§. I I.

L'héritier bénéficiaire prend et administre sa succession ; il doit en rendre compte aux créanciers, et il est tenu de toutes les fautes d'une mauvaise administration, car il doit être assimilé au mandataire.

Il ne peut vendre les biens qu'en présence des créanciers ; il ne peut remettre les dettes, il ne peut même valablement transiger au préjudice des créanciers sans les avoir appelés à la transaction.

Dans tous ces cas, il seroit réputé avoir agi comme héritier pur et simple, s'il n'avoit rempli les formalités requises.

L'action en rapport qu'il exerce, devant profiter à la masse des créanciers, il paroît évident, que, dès qu'elle a été exercée, la masse des créanciers est fondée à l'examiner, à la critiquer, à l'approuver ou à en demander la nullité. L'exercice de l'action en rapport étant essentiellement attaché à la seule qualité d'héritier, et ne pouvant avoir lieu qu'en cette qualité, l'héritier bénéficiaire qui en a usé, l'a fait pour l'intérêt des créanciers, et pour l'honneur et la réputation du défunt. Ainsi l'exercice de cette action est un droit nouvellement acquis, et qui doit profiter à la masse.

Mais si l'héritier bénéficiaire a, dans la liquidation du droit de légitime, commis un vol, en ne comprenant pas dans la masse tout ce qui devoit y être compris, ou en fixant arbitrairement ce produit à une somme très-inférieure à celle qu'il devoit obtenir ; il est constant que les créanciers sont bien fondés à se plaindre de cette transaction faite à leur insu, et sans qu'ils y aient été appelés.

La légitime se règle non-seulement sur la valeur des biens qui composent la succession au moment du décès, mais encore de ceux dont le défunt avoit disposés à titre gratuit. Ainsi, en formant la masse des biens sur lesquels doit se régler la légitime de l'héritier bénéficiaire, il falloit y comprendre tous les biens donnés aux autres enfans. On prouvera la lésion en composant la masse héréditaire, et en la divisant suivant les règles prescrites par le Code Napoléon.

On prouvera la fraude, lorsqu'il résultera de l'acte même qu'on n'a pas compris dans la masse l héréditaire le don fait à un des successibles.

§. III.

Le donataire héritier qui renonce à la succession pour s'en tenir au don qui lui a été fait, ne
peut se rien réserver sur la succession à laquelle il
a renoncé.

Une renonciation ne peut être conditionnelle ni
suspensive : se réserver la moitié des biens malgré
une renonciation publique est faire un acte d'héritier. On n'est plus héritier de celui à la succession
duquel on a renoncé. Du moment que la renonciation est faite, les droits à la succession sont dé-
volus à un autre cohéritier, ou à défaut d'héritier
dans la même ligne, à ceux de l'autre ligne.

Ainsi, dès que l'héritier renonçant a fait une
réserve, il a fait un acte d'héritier, et il est obligé
comme tel.

§. IV.

Une renonciation qui a été déclarée nulle, ne
peut produire aucun effet. On est autorisé à renoncer à toute succession dans laquelle on ne s'est
pas immiscé.

Mais l'héritier bénéficiaire a demandé le payement de sa légitime, avant d'avoir fait une déclaration valable, portant qu'il n'acceptoit la succession
de son père que sous bénéfice d'inventaire ; donc
il a fait un acte d'héritier. Son frère a fait la réserve
de la moitié des biens, avant une renonciation valable, donc il a fait un acte d'héritier pur et simple.

Point de fait.

Le sieur André Loisel a, par exploit du 15 ther-

midor an 13, formé contre le sieur Blondel une demande en déclaration d'hypothèque , sur un
bien qu'il avoit acquis d'un autre sieur Louis
Blondel.

Le 26 thermidor suivant, le sieur Blondel, acquéreur, forma contre Louis Blondel, son vendeur, une demande en garantie.

Ces deux demandes ont été instruites conformément à l'ordonnance de 1667.

Ce ne fut que le 24 janvier 1809, qu'il est intervenu un jugement contradictoire entre le demandeur originaire en déclaration d'hypothèque, et le
défendeur, et par défaut vis-à-vis l'appelé en garantie.

Ce jugement a été signifié le 30 mars 1809, et
fut suivi d'un commandement fait le 13 mai.

Le 18 août suivant, il fut procédé à la saisie,
mais l'huissier ayant éprouvé une rébellion de la
part du débiteur , la constata par son procès-verbal; depuis cette époque, il n'a été fait aucune
poursuite.

QUESTION.

Un jugement par défaut, faute de comparoître,
rendu par un Tribunal de première instance, sous
l'empire du Code judiciaire, mais sur une demande
récursoire en garantie, jointe à une demande principale, toutes les deux formées antérieurement à la
publication du Code, peut-il être regardé comme
non avenu, vis-à-vis le défaillant, pour n'avoir pas
été mis à exécution dans les six mois de sa date. .

SOLUTION.

Le défaillant ne peut point faire considérer comme

non avenu, le jugement par défaut obtenu contre lui, le 24 janvier 1809.

Cette demande avoit été formée sous l'empire de l'ordonnance de 1667, et le Code de procédure déclare expressément, que ses dispositions ne sont applicables qu'aux procès qui seront intentés depuis le 1.er janvier 1807.

Ce fut même pour prévenir toutes les contestations et les difficultés qu'on pourroit élever, qu'un décret impérial a approuvé un avis du Conseil d'État qui a déterminé le véritable sens de l'art. 1041 du Code judiciaire.

Ce décret a décidé que toutes les demandes formées avant le 1.er janvier 1807, tous les appels interjetés avant cette époque, devoient être instruits conformément aux anciennes lois. Mais que les appels interjetés depuis les jugemens rendus avant le 1.er janvier étoient soumis au nouveau Code, ainsi que les ordres dont le procès-verbal d'ouverture étoit postérieur au premier janvier.

Ainsi, il n'y a pas lieu de douter que le jugement du 24 janvier 1809, ne doive être considéré comme définitif, qu'il ne puisse être exécuté même par la voie de la saisie immobilière, ou toute autre voie d'exécution que l'on pourra, ou jugera à propos de prendre.

QUESTION.

L'article 453 du Code Napoléon est ainsi conçu.

« Les père et mère tant qu'ils ont la jouissance propre et légale des biens des mineurs, sont dispensés de vendre les meubles, s'ils préfèrent les garder pour les remettre en nature.

» Dans ce cas ils en feront faire à leurs frais une estimation à juste valeur par un expert qui sera nommé par le subrogé tuteur, et prêtera serment par devant le juge de paix ».

Souvent et même toujours à la suite de l'estimation faite par l'inventaire en exécution de cet art. , sont faites les déclarations d'argent, dettes actives et analyse des titres.

Les père et mère qui veulent jouir du bénéfice de la loi doivent les frais de l'estimation ; mais les opérations qui suivent cette estimation et les frais qu'elles occasionnent, sont ils à leurs dépens, ou doivent-ils employer ces derniers frais en frais de partage ?

Aux frais de qui, est la nomination de l'expert ?

SOLUTION.

Il n'y a que les frais d'estimation qui sont à la charge du père ou de la mère qui veut garder les meubles trouvés dans la succession échue à leurs enfans mineurs.

Tous les autres frais sont une charge de la succession.

Il est même essentiel que le Notaire, qui procède à l'inventaire, constate d'une manière certaine, le nombre des vacations employées pour faire ladite estimation, afin de connoître celles qui doivent être acquitées par le père ou la mère, et celles que la succession doit supporter.

Le doute ne provient sans doute que de ce que les opérations postérieures à l'estimation, sont contenues dans le même acte que l'inventaire et l'estimation. Mais cette circonstance qu'on pourroit éviter, ne change rien à la nature de l'opération, et il

 est toujours aisé de connoître précisément la part
 que les père et mère et la succession doivent supporter dans les frais nécessaires.

La nomination de l'expert, les frais de prestation
de serment et ceux du jugement, sont nécessairement à la charge du père ou de la mère.

Cette nomination et la prestation de serment,
étant indispensables pour valider la garde que le
père ou la mère veulent faire des meubles, elles entrent nécessairement aussi dans les frais que la loi
les oblige de payer personnellement.

QUESTION.

Une Veuve avec deux enfans, se remaria et eut
trois autres enfans. En l'an 10, elle fit son testament à son second mari, par lequel elle lui légua
tout ce dont la loi lui permettoit de disposer, elle
est morte en 1809.

Est-ce l'art. 1098 du Code qui doit régler la portion léguée, ou la loi qui existoit en l'an 10, date
du testament ?

SOLUTION.

C'est l'art. 1098 qui doit régler la quotité de la
portion léguée, il a été constamment décidé que
toutes les successions ouvertes depuis la publication
du Code Napoléon étoient soumises aux dispositions
de ce Code.

C'est par une conséquence de ce principe, que
la Cour d'appel de Bruxelles a déclaré nulle, une
substitution faite en 1783 par un Flamand, alors
sujet de la Cour de Vienne, mais qui n'étoit dé-

cédé que depuis la promulgation du Code qui prohibe les substitutions.

Dans l'espèce, le père survivant ne peut avoir qu'une part d'enfant.

QUESTION.

Un testament dans lequel le Notaire a dit qu'il lui a été dicté par le testateur en présence de témoins, est-il nul, parce que le Notaire, après avoir énoncé que les dispositions de dernières volontés ont été écrites par lui, n'a pas ajouté, telles qu'elles lui ont été dictées ?

SOLUTION.

L'article 972 du Code Napoléon, n'est autre chose que l'explication plus développée et plus clairement exprimée de l'article 5 de l'ordonnance de 1735.

Quoique la loi voulût que le Notaire écrivît les dispositions du testateur à mesure qu'elles étoient prononcées, on avoit remarqué dans une foule de testamens, que c'étoit les Notaires eux-mêmes qui avoient rédigé, c'est-à-dire, qui avoient arrangé les dispositions, en prêtant leur style aux testateurs ; ceux-ci n'y avoient souvent pris part que par un simple témoignage de consentement ou d'approbation ; ainsi on ne savoit si le testament que l'on présentoit étoit l'expression libre et non équivoque de leur volonté.

La loi avoit voulu corriger et faire cesser un abus depuis long-temps invétéré et même passé en habitude ; mais la plupart des Notaires, sous le vain prétexte de l'arrangement progressif des dis-

» positions, avoient continué de rédiger à leur gré,
» parce qu'ils n'avoient pas été assujétis à faire mention expresse que le testateur leur avoit dicté et
qu'ils avoient écrit ses dispositions au fur et à mesure qu'elles avoient été prononcées.

Les auteurs du Code Napoléon, pour faire
cesser cet abus, ont voulu que le Notaire fît mention expresse que le testateur lui avoit dicté ses
volontés. Mais il suffit qu'il en fasse mention pour
qu'il ait rempli le vœu de la loi, et il n'est pas nécessaire qu'après avoir dit que le testament lui a
été dicté, qu'il l'a écrit, il répète *tel qu'il a été
dicté*.

Cette répétition ne seroit qu'une vaine redon-
dance, et jamais le législateur ne l'a ainsi entendu.

S'il avoit exigé que le Notaire fît cette répétition, il n'eût pas manqué de l'ordonner dans le second alinéa de l'article 972; mais dès que l'injonc-
tion n'est pas énoncée dans cet article, il faut nécessairement en conclure que la loi ne l'a pas ordonné.

Les mots, *tel qu'il a été dicté* sont l'explication de ceux employés dans l'ordonnance de 1755,
*lequel écrira lesdites dispositions à mesure
qu'elles seront prononcées ;* et jamais, sous l'empire de cette ordonnance on n'avoit demandé la nullité d'un testament, parce que le Notaire n'avoit
pas déclaré avoir écrit à mesure que le testateur
prononçoit ses dispositions. On étoit convaincu
qu'il avoit satisfait au vœu de la loi, en énonçant
que le testateur lui avoit dicté son testament.

Il faut bien se garder de croire que le Code
Napoléon, ni même les anciennes lois sur cette
matière, ayent voulu introduire des formes et des

formules sacramentaires, dont l'oubli ou la négligence devoit entraîner la nullité d'un testament,
quoiqu'il n'y ait pas véritablement des termes équipollens. Cependant, la Jurisprudence des Tribunaux et des Cours, et même de la Cour de Cassation, a admis certains termes, comme équipollens
à ceux que la loi a indiqués. Ainsi, on a jugé qu'un
Notaire, qui avoit, dans un testament, employé
le mot *rédiger* au lieu de celui *écrire*, avoit suffisamment rempli les formalités prescrites par l'article 972 du Code, et que le testament n'étoit
pas nul.

Mais dans l'espèce, il n'y a point d'équipollence;
le Notaire a déclaré que le testament lui avoit été
dicté, qu'il l'avoit écrit de sa main, ainsi il n'a
pas fait de nullité.

Les mots *dicter* et *écrire* sont corrélatifs, ils ex-
priment l'action de celui qui dicte et celle de celui
qui écrit sous la dictée, et l'on n'a pas besoin de
répéter qu'il a été écrit tel qu'il a été dicté, pour
être convaincu que le Notaire a suivi scrupuleuse-
ment les intentions de la loi, et nous le répétons
avec confiance et sécurité, le testament dont il est
question ne peut être valablement attaqué de nullité, parce que le Notaire n'a pas répété les mots
tel qu'il a été dicté.

Point de Fait.

On s'est inscrit en faux contre un testament, reçu
par un Notaire et quatre témoins.

On a présenté, comme moyens de faux, que les
témoins, qui ont signé ce testament, n'avoient pas
été presens à la dictée, et pour prouver ce fait,

on a offert le temoignage des *quatre témoins si-gnataires du testament.*

L'héritier institué a soutenu que le moyen de faux étoit inadmissible, et que les témoins qui avoient attesté un fait par leur signature, ne pouvoient pas être admis à déposer le contraire de ce qu'ils avoient dit dans le testament.

Le Tribunal de première instance a admis le moyen de faux. Les témoins indiqués ont été entendus, et tous les quatre ont déposé qu'ils n'avoient pas été présens à la dictée du testament, qu'ils n'étoient arrivés chez le testateur, qu'au moment où *le Notaire l'écrivoit*, et qu'ils avoient entendu la lecture que le Notaire avoit faite au testateur, avant la signature.

QUESTIONS.

Les témoins signataires du testament ont-ils pu être entendus?

Quel est l'effet que peuvent produire leurs dépositions?

Quel moyen peut et doit employer le défendeur pour faire rejeter ces témoignages, et maintenir le testament argué du faux?

SOLUTIONS.

Il est de principe, consacré par une foule de lois romaines et confirmé par l'article 1341 du Code Napoléon, que les actes authentiques, et revêtus de toutes les formes prescrites pour la validité de ces sortes d'actes, doivent faire foi entière.

Quand ils sont revêtus de toutes les formes, non seulement on ne reçoit pas de preuves contraires, mais on n'écouteroit pas une partie qui prétendroit faire ouïr en justice les témoins d'un acte, pour y apporter quelque changement, ou pour l'expliquer; car, outre le péril d'une infidélité de la part des témoins, l'acte ayant été écrit pour demeurer invariable, et faire foi pleine et entière, sa force consiste à demeurer toujours tel qu'il a été fait.

Census et monumenta publica potiora testibus esse senatus censuit. Leg. 10. ff. de probat.

Contra scriptum testimonium non scriptum testimonium non fertur. Leg. 1. Cod. de testibus.

Ces principes ne sont et ne peuvent être admis qu'en matière civile; car quand on veut attaquer un acte notarié, ou un testament par la voie du faux, soit incident, soit civil, alors on admet la preuve du faux.

En effet, le faux est un délit, et la preuve d'un délit doit être toujours admise.

L'article 48 de l'ordonnance de 1735, ordonnoit que « les Notaires, Tabellions ou autres per-
» .sonnes publiques, comme aussi les témoins qui
» auroient signés les testamens, codiciles ou autres
» actes de dernières volontés, ou les actes de sus-
» cription des testamens mystiques, *sans avoir*
» *vu le testateur, sans l'avoir entendu pronon-*
» *cer ses dispositions* », et les lui avoir vu présenter, lors de ladite suscription, fussent poursuivis extraordinairement et condamnés, savoir : les Notaires, Tabellions, ou autres personnes publiques, à la peine de mort, et les témoins à telles peines afflictives et infamantes qu'il appartiendra.

Cette disposition est conforme aux lois 2 et 9 *ad leg. Corneliam de falsis.*

Qui testamentum falsum scripsit, signaverit, recitaverit dolo malo, cujusque dolo id factum erit, lege Corneliá pœná damnetur.

Les tribunaux sont autorisés, et même obligés à employer tous les moyens pour découvrir la preuve du crime de faux.

Ubi falsi examen inciderit, tunc acerrima fiat indago argumentis, testibus, scripturam collatione, aliisque vestigiis veritatis : nec accusatori tantùm quæstio incumbat : nec probationis ei tota necessitas indicatur : sed inter utramque personam sit index medius. Leg. 22. Cod. de lege Corneliá.

Ainsi le juge est le maître d'admettre ou de rejeter les moyens de faux qu'on lui propose ; il doit peser, apprécier la nature des preuves, et la qualité des témoins qu'on veut faire entendre : c'est au défendeur à s'opposer par tous les moyens que la loi lui donne, soit à l'admission des moyens de faux, soit à la preuve qui en est offerte.

On ne peut se dissimuler qu'il paroît extraordinaire, et même inconvenant, de vouloir entendre le témoignage de ceux qui veulent déposer contrairement à ce qu'ils ont déjà certifié ; la loi 2 ff. *de testibus* rejette les témoins qui vacillent dans leurs déclarations, *testes qui adversùs fidem suam testationis vacillant audiendi non sunt.*

Ainsi, appeler en témoignage des personnes qui, par leur signature donnée au bas d'un acte authentique, ont affirmé que le fait s'étoit passé, comme il est dit dans l'acte ; c'est les exposer ou à persister méchamment dans leur première déclaration, ou à la rétracter en entier ; dans le premier cas, ils trompent la justice, et se rendent volontairement les complices d'un délit qu'ils avoient pu commettre, peut-être sans mauvaise intention.

Dans le second, ils déclarent qu'ils ont menti

dans leur première déclaration, et s'avouent coupables d'un délit : mais la confession seule d'un individu, ne peut le constituer coupable aux yeux de la loi, si elle n'est appuyée par les témoignages de ceux qui ont eu connoissance du délit. *Non auditur perire volens*, est une maxime ancienne de la législation criminelle, et c'est par une sage conséquence de cette maxime antique, qu'on a aboli la torture préparatoire, qu'on faisoit subir aux accusés, pour obtenir l'aveu d'un délit, dont la procédure n'offroit que des indices.

Mais quelle confiance peut avoir la justice dans des témoins qui sont absolument contraires à eux-mêmes, qui sont en contradiction avec eux-mêmes, qui rétractent la totalité de leur déposition.

La rétractation des témoins, soit à la charge ou à la décharge de l'accusé, a toujours été rangée dans la classe des délits ; l'ordonnance de 1673, et le Code pénal en contiennent une disposition expresse.

Il n'en seroit pas de même, si les témoins du testament étoient poursuivis personnellement, comme auteurs ou complices de faux.

Alors, on peut entendre des témoins étrangers, qui déposeroient conformément à la plainte ; l'aveu des accusés fortifieroit les dépositions des témoins ; alors les accusés ne pourroient être taxés de rétractation, de variation ou de vacillation.

Il est encore une autre raison qui devoit empêcher d'admettre le témoignage des signataires du testament.

Ils ont un véritable intérêt, à cause de la peine prononcée contre les complices de faux, à déguisser la vérité, ou du moins à l'affoiblir assez pour ne pas se compromettre.

Nullus idoneus testis in re suá intelligitur. *Leg.* 10 *ff. de testibus.*

Ainsi, dès que le témoin avoit un intérêt dans la décision de l'affaire, il déposoit *in re suá :* il ne pouvoit être entendu.

Et qui sait les moyens plus ou moins artificieux, les promesses plus ou moins grandes qu'on a employées pour arracher aux témoins les dépositions vraiment extraordinaires qu'ils ont faites? On ne peut se dissimuler combien on est douloureusement affecté de voir des témoins rétracter ainsi la déclaration qu'ils ont signée dans le testament : cela suffit pour déterminer les juges à suspecter leur moralité.

Le Conseil de Jurisprudence, déjà consulté sur une semblable question, a formellement décidé que l'on ne pouvoit pas entendre comme témoins, dans une affaire en faux, ni les parties contractantes, ni les témoins qui avoient signé aux actes que l'on prétendoit attaquer comme tels.

Les auteurs des Annales du notariat ont aussi décidé la même question, et leur solution a été affirmative.

Mais ici les témoins ont été entendus; et on ne sait pourquoi l'héritier institué ne s'est pas rendu appelant du jugement qui a admis les moyens de faux; car toutes les fois qu'un tribunal rend un jugement interlocutoire qui préjudicie le fond de la contestation, la partie à laquelle ce jugement fait tort, peut en interjeter appel.

Les premiers juges, en ordonnant une preuve, auroient-ils voulu faire dépendre leur décision de l'événement de l'enquête? Assurément ils n'ont eu ici qu'une seule intention, celle de rechercher la vérité ; mais ils n'ont pas prétendu la trouver dans la déclaration des quatre témoins signataires du testament ; ce seroit leur faire injure que de le penser, ils ont voulu seulement balancer les allégations de faux et les comparer avec les faits résultans de l'acte authentique.

On sait qu'un jugement interlocutoire lie les juges qui l'ordonnent, qu'il lie aussi les parties qui en ont consenti l'exécution. Mais il les lie uniquement en ce sens qu'ils peuvent avoir égard à la preuve adoptée, s'ils la trouvent plus déterminante, plus concluante que celle déjà faite, et dont on veut détruire l'effet ; mais en ordonnant une preuve aussi extraordinaire, en admettant des témoins aussi suspects, ils n'ont pas pris l'engagement avec leur conscience de prononcer d'après les témoignages qu'ils ont reçus, ils se sont réservés d'en examiner la véracité et de les comparer avec les preuves existantes.

Ici le défendeur n'a pas appelé du jugement qui a admis la preuve, quoiqu'il pouvoit le faire, et qu'il le devoit même pour ses intérets.

Mais de ce qu'il ne l'a pas fait, quelle conséquence peut-on en tirer contre lui ? L'enquête à la vérité sera lue au procès ; et loin qu'elle soit défavorable à sa prétention, elle doit servir à confirmer qu'il ne redoutoit pas cette preuve, et qu'en souffrant qu'elle soit faite il vouloit convaincre la justice elle-même jusqu'à quel point il étoit certain de la vérité de l'acte attaqué de faux ; car si il avoit redouté la preuve, il se seroit nécessairement empressé d'appeler du jugement qui l'avoit ordonné, et certainement les juges d'appel l'auroient réformé.

N'ayant point appelé du jugement interlocutoire, il ne peut plus le faire aujourd'hui; cependant si le jugement qui a admis à la preuve des
faits faux renfermoit les mots : *sans préjudice du
droit des parties* ou *sous la réserve de leurs
droits*, alors le défendeur reste dans la même position où il étoit avant, et peut toujours discuter la
nullité du moyen et l'illégitimité des témoignages
offerts.

Si le jugement ne contient pas l'une de ces dispositions, et si l'héritier a laissé faire la preuve sans
aucune protestation de se pourvoir, il ne peut plus
aujourd'hui soutenir devant les premiers juges, ni
même en Cour d'appel, que le moyen de faux n'est
pas admissible.

C'est un malheur sans doute qu'il auroit été
facile d'éviter en se rendant appelant du jugement.

Mais le mal est fait, et il est d'autant plus
grave que le président du tribunal peut décer-
ner mandat d'amener contre les prévenus du crime
de faux; c'est-à-dire, contre le notaire et les témoins.

Mais ce moyen de rigueur, s'il étoit employé,
devroit l'être uniquement contre les témoins ré-
tracteurs de leur premier témoignage; car ici il n'y
a qu'eux de coupables, encore pourroit-on objec-
ter en leur faveur que n'existant au procès d'autre
preuve du faux qu'ils prétendent avoir commis,
que leur seule déclaration, ils se sont accusés eux-
mêmes, et que d'après les maximes reçues nul n'est
admis à s'accuser et à provoquer contre soi la vengeance des lois.

En venant déposer d'une manière contraire à
l'acte qu'ils ont signé, ils ont fait une déclaration

insensée ; ils ont menti impudemment à la justice ; et pour s'être comportés ainsi, il faut qu'ils y aient été déterminés par des moyens bien puissans.

Mais où en seroit la société, les fonctionnaires publics, si les actes revêtus des formes authentiques pouvoient être attaqués de faux sur le témoignage de ceux qui auroient consenti les actes, ou qui y auroient signé comme témoins, il n'y a point d'acte public qui ne puisse être impudemment attaqué, point de fonctionnaires qui ne soient exposés à figurer comme faussaires dans les tribunaux criminels.

Ce n'est pas que l'on veuille prétendre ici que les actes des notaires ne puissent être attaqués de faux, ce seroit une opinion erronée combattue par les principes et la sagesse de nos lois ; mais leurs actes ne peuvent être attaqués que par des preuves évidentes, étrangères aux parties et aux témoins qui ont signé lesdits actes. Eh ! la qualité de notaire sera-t-elle ici comptée pour rien ?

Si on la met en balance avec la conduite des témoins, ne lui accordera-t-on pas de suite une préférence qu'elle mérite à tous égards à raison du caractère et de la sévérité qu'il impose ?

Quel intérêt avoit-il ce notaire de dire que le testament lui avoit été dicté en présence des témoins, lors même que cette diction n'auroit pas eu lieu, puisque le testament ayant été lu au testateur il n'a pas réclamé contre son contenu, et que d'un autre côté la loi n'impose au notaire que de lire le testament au testateur en présence des témoins.

Dans la position où se trouve l'affaire, l'héritier doit constamment soutenir que les quatre témoins ne pourroient être entendus en développant les mo tifs et les raisons que nous avons exposés. Il pourra joindre à ces considérations, qui sont d'un ordre majeur, celles qu'il puisera dans les dépositions elles-mêmes des témoins entendus.

Il soutiendra que dès que les témoins ont déclaré être présens à la lecture du testament faite au testateur, ils l'ont nécessairement entendu dicter puisque le testateur n'a pas réclamé ni eux non plus lors de la lecture ni contre l'assertion de la diction, ni contre les dispositions testamentaires.

Et nous le répétons, quel intérêt avoit ce notaire à faire un faux, du moment que les témoins conviennent que le testament a été lu en leur présence au testateur, qui l'a signé ainsi qu'eux sans réclamation ? le testateur n'a-t-il pas entièrement approuvé le testament, et s'il ne l'avoit pas dicté, n'auroit-il pas réclamé contre son contenu ? il a par son silence, reconnu qu'il l'avoit dicté, et cette approbation faite devant les témoins, ainsi qu'ils l'ont reconnu, *coram judice,* suffit pour convaincre qu'il a été écrit tel qu'il a été dicté.

Mais n'eût-il pas été dicté par le testateur en présence des témoins, le testament seroit-il nul pour cela ?

Le Conseil ne le pense pas.

D'abord, de l'aveu même des témoins le testament a été écrit chez le testateur, car si on peut les en croire dans leur seconde déclaration, ils sont arrivés chez le testateur au moment où le notaire *écrivoit le testament.* Or, si il écrivoit le testament sous les yeux du testateur, il l'écrivoit nécessairement sous sa dictée, sans cela le notaire eût écrit toutes autres dispositions, et contre lesquelles le testateur eût nécessairement réclamé lors de la lecture.

Le législateur a voulu que l'intention du testateur fût manifestée d'une manière claire et non équivoque, il a désiré s'assurer que ses dispositions soient libres et conformes à sa volonté. Pour obtenir cette conviction, il a ordonné qu'il seroit fait lecture du testament en présence des témoins, et qu'il soit fait mention de cette lecture ; or, cette lecture, qui a été faite en présence des témoins, a rendu le testament parfait et inattaquable.

Il est difficile de penser que la justice trouve un faux dans l'acte attaqué, et plus difficile encore de prouver que le notaire, et les témoins en aient commis un ; nous le répétons, si une preuve semblable, pouvoit être faite, elle ne pourroit l'être que par des témoins dignes de foi, étrangers aux actes, et à leur confection.

Voilà une grande partie des moyens que l'héritier doit employer, et qui, développés avec force, doivent faire impression sur les juges, et faire maintenir le testament (1).

Point de fait.

Jean Sonnet possède une source dans son terrain. Le propriétaire du fonds inférieur cultivoit ce fonds et l'ensemençoit, et pour se garantir de la chute des eaux il fit construire des ouvrages ; cet état de choses a duré pendant environ vingt ans, après quoi le propriétaire du fonds inférieur a converti son champ en prés ; alors il a rompu les digues pour se procurer la jouissance des eaux.

---

(1) Le Tribunal de première instance d'Avènes, saisi de l'affaire, a jugé conformément aux principes développés ci-dessus, et a maintenu le testament.

Le propriétaire de la source a de son côté réta-
bli et augmenté les obstacles de manière qu'il jouit
exclusivement de ces eaux.

QUESTION.

Le propriétaire de la source est-il fondé à s'approprier, comme il est dit ci-dessus, l'usage ex-
clusif des eaux ?

SOLUTION.

Le propriétaire du fonds inférieur est tenu de
supporter l'écoulement des eaux sur la propriété
qui, d'après les lois anciennes et le Code Napoléon, est grévé de cette servitude naturelle; et ce
même propriétaire n'a pas le droit d'exiger l'usage
de ces eaux, si celui à qui appartient la source veut
en jouir exclusivement.

Avant notre législation actuelle, le propriétaire
n'acquéroit pas l'usage de ces eaux même par une
jouissance immémoriale : nos lois actuelles, plus
équitables, ont classé et consacré cette prescription.

Mais elle est trentenaire, un court espace de
temps ne suffit donc pas pour l'acquérir.

On peut prescrire aussi contre l'écoulement ordinaire des eaux, quoiqu'il soit une servitude
naturelle.

Par exemple, lorsque le fonds inférieur étoit en
état de culture, que la chute et le passage des eaux
pouvoient et devoient nuire à la production du
champ, il auroit été possible que le propriétaire
de la source en souffrît pendant trente ans le reflux
causé par les digues, qu'avoit pratiquées le propriétaire du fonds inférieur, et après ce période, le

terrain naturellement sujet à l'écoulement, s'en seroit trouvé à jamais affranchi.

Il eût acquis la prescription quant au droit de
maintenir les digues, mais il n'auroit pas prescrit
contre la nature. A cet égard il existe une impossibilité constante et physique ; car si, par l'événement, les eaux rompent la digue, le fonds inférieur
reçoit le débordement, et l'espérance de sa moisson
est détruite. Si l'abondance des eaux qui ont rompu
la digue vient d'une cause permanente, comme
d'un accroissement de volume, alors le propriétaire du fonds inférieur ne pourra augmenter ses
ouvrages pour en proportionner la résistance aux
progrès de la source et de son jaillissement ; par-là
il commenceroit seulement la tentative de la prescription, et l'action du propriétaire supérieur tendant à l'en empêcher, seroit accueillie : la justice
maintiendroit l'ancienne digue, mais elle en répri-
meroit l'augmentation, comme une entreprise nouvelle sur les droits d'autrui.

On le répète, on ne peut prescrire contre la
nature.

En principe, il est certain que dans l'état naturel
des choses, les eaux suivent la pente du terrain, et
que par conséquent la partie inférieure du côteau
doit subir l'écoulement, soit qu'il procède d'une
source existante dans la partie ascendante, ou d'un
cours antérieur qui passe dans cette partie pour
arriver dans l'autre.

Si c'est d'une source faisant partie de la propriété supérieure, nous voyons, par l'article 642
du Code Napoléon, comment on peut acquérir le
droit d'y participer.

Le propriétaire de la source a la faculté d'en
épuiser les eaux, mais s'il les laisse échapper, alors

le terrain inférieur les reçoit selon le vœu de la nature, comme aussi le terrain inférieur en profite toujours, par un droit acquis, si pendant trente ans son fonds en a été baigné.

Il est de la plus rigoureuse équité que l'héritage inférieur puisse acquérir un avantage de ce dont il pouvoit être incommodé, selon la volonté du propriétaire de la source.

Et, en effet, si cette même source venoit d'ouvrir son issue, le propriétaire seroit le maître ou d'en diriger le cours sur ses propriétés voisines, si cela lui étoit profitable, ou d'en laisser agir le cours naturel si l'usage des eaux pouvoit lui être inutile ou nuisible.

Dans ce cas, le terrain descendant, dût-il être enlevé, souffriroit l'écoulement en vertu de la loi naturelle. Le premier a donc la faculté inappréciable ou de tout consommer ; ou, après avoir usé de la quantité d'eau nécessaire pour son service, de laisser épancher sur l'héritage de son voisin l'exhubérance qui peut être dévastatrice. Pour l'un tout est avantageux, pour l'autre tout peut être ruineux.

Le législateur n'a pu empêcher l'exercice de cette faculté ; mais comme toutes les bonnes lois tendent à répartir également les biens et les maux qui viennent de la nature, il a été permis au propriétaire du fonds inférieur d'acquérir le droit de participer aux eaux de la source, lorsque pendant trente ans il en use par des moyens qu'il a créés.

On présume, dans ce cas, que le propriétaire de la source a trouvé son compte dans ce partage, qu'il n'a cédé que le superflu, et qu'il ne veut reprendre la jouissance exclusive, que lorsque tout lui est nécessaire : ce retour ne seroit pas juste.

Celui qui, pendant trente ans, s'est débarrassé d'une surabondance nuisible, ne peut pas priver l'autre, toujours assujéti à un accroissement désastreux, de l'avantage qu'il peut trouver dans un arrosage prospère. L'usage établi sur la prescription a compensé les biens et les maux, cet équilibre plaît à la justice.

Voilà les principes sur la matière, la prescription est favorable et juste, mais il faut l'avoir acquise pour jouir des eaux, et le propriétaire du fonds inférieur est bien loin d'avoir atteint le terme où pourroit commencer son droit contre le propriétaire de la source : ce dernier est fondé dans ses prétentions.

QUESTION.

Un créancier est-il recevable à former tierce-opposition à un jugement ou arrêt rendu contre son débiteur?

SOLUTION.

Pour se décider sur cette question, il suffit d'examiner sous quel titre la tierce-opposition a été formée, si c'est en qualité de propriétaire ou en qualité de créancier; et toute la difficulté résidera dans le sens des mots *ayant cause*.

Quelle étoit la cause de la créance du consultant? La réserve que la coutume de Normandie lui accordoit sur les biens ayant appartenus à son père, et qu'il tenoit du seigneur à titre de *fief*, et moyennant une rente annuelle.

Le père aliène ce domaine, laisse entre les mains de l'acquéreur une somme pour remplir le fils de la portion que la coutume lui adjugeoit.

L'acquéreur n'acquitte pas les intérêts de la

rente sous laquelle le domaine avoit été donné à
fief, le seigneur, fondé sur l'article 51 de la coutume de Normandie, se pourvoit et obtient jugement confirmé par arrêt qui déclare le contrat de
fief nul et résolu faute de payement des intérêts, et
condamne l'acquéreur à évacuer et rendre libre la
jouissance du domaine.

Le fils, propriétaire du tiers-coutumier, et, par
là même, créancier de la somme laissée pour y
fournir, forme tierce-opposition à l'arrêt rendu
contre le tiers-acquéreur ; mais non pas en qualité
de propriétaire de la portion du domaine que la
loi lui réservoit, mais sous celle simplement de
créancier de la somme laissée ès-mains de l'acquéreur.

Le fils ne réclamant point son tiers-coutumier,
ne doit être considéré que sous la qualité de créancier ; et sous cette qualité, il est non recevable dans
sa tierce-opposition, puisque sous cette qualité il est
ayant cause de celui avec lequel les jugemens sont
intervenus.

La tierce-opposition n'est admise qu'en faveur
de celui qui n'aura été partie ou duement appelé,
parce qu'à son égard, dit Bornier : *Non datur lo-
cus exceptioni rei judicatœ* ; mais dans le cas particulier , les créanciers du propriétaire évincé
n'avoient aucun droit, aucun intérêt à être appelés,
donc ils sont non recevables à former tierce-opposition.

Une seule circonstance pourroit autoriser leur
admission à la tierce opposition ce seroit le cas où
leurs moyens, contre le jugement ou arrêt, sorti-
roient du dol pratiqué entre les parties pour faire
passer à l'un les biens en fraude des créanciers, et
les priver de tout espoir de payement, et faire ré-

voquer : *Ea quæcumque in fraudem creditorum alienata sunt. L.* 1, §. 1, ff. quæ in fraud. cred. §. 6. inst. de art. *hæc verba generalia sunt et continent indè omnem omnino fraudem factum, vel alienationem, vel quemcumque contractum. L.* §. 2. L. 2, quæ in fraud. credit.

Mais sous la simple qualité de créancier, le fils demandeur n'est que *l'ayant cause* de son débiteur, et l'ordonnance ne lui laisse ouverte que la voie *de la requête civile* contre l'arrêt.

« *Le créancier* (dit Jousse sur l'art. 1 du tit. » 35 de l'ord. de 1667), est *l'ayant cause de son* » *débiteur* ». Ainsi sous ce titre il est non recevable puisqu'il y a chose jugée entre le débiteur et le seigneur demandeur en nullité de la vente, conséquemment avec le fils créancier qui étoit son ayant cause.

Ces principes ont été consacrés par arrêt de la Cour de cassation du 12 fructidor an 9.

L'art. 474 du Code de procédure n'a apporté aucun changement à cet égard aux dispositions de l'ordonnance de 1667, il permet la tierce-opposition en faveur de celui qui n'a été ni appelé ni représenté.

« Une partie peut former tierce-opposition à » un jugement qui préjudicie à ses droits, et lors » duquel *ni elle* ni ceux qu'elle représente n'ont » été appelés ».

L'article 480 permet la requête civile « à ceux » qui auront été parties ou duement appelés ».

Cet article ne se sert pas, comme l'ordonnance de 1667, du mot *ayant cause;* mais il n'en est pas moins certain que le créancier est en cause par le fait de son débiteur; que n'ayant pas dû être appelé, ce n'est que comme *ayant cause* de son débiteur qu'il peut proposer les moyens que la loi permet contre les jugemens et arrêts rendus en dernier ressort, et que n'ayant pas dû être appelé sur l'instance avant l'arrêt où il a été représenté par son débiteur, il ne peut former tierce-opposition, mais seulement prendre la voie de la requête civile lors de laquelle il peut proposer tous moyens de dol et de fraude employés par les parties pour lui faire perdre le montant de sa créance.

Point de fait.

Jean-Antoine Vagnier, prêtre, se déporta volontairement en 1792, en vertu de la loi du 26 août de la même année.

Sa mère décéda le 24 octobre suivant, laissant un testament par lequel elle avoit institué la demoiselle Vagnier son héritière universelle, sauf la légitime de son fils déporté.

Ce dernier décéda en Espagne le 13 février 1799. Le 5 janvier précédent il avoit fait son testament, et institué son héritier l'hospice de l'Avano, et à son défaut l'église paroissiale de la même ville.

QUESTIONS.

1°. Le testament fait par ledit Antoine Vagnier peut-il produire quelque effet?

2°. Les biens appartenant au sieur Vagnier sont-ils compris dans la disposition testamentaire faite par la mère ?

Ire. SOLUTION.

A l'époque du 26 août 1792, il régnoit encore eu France un certain esprit de justice qui se mani-

festoit jusques dans les mesures les plus rigoureuses. Alors, en exécution de la constitution civile du clergé, tout ecclésiastique, notamment
ceux qui remplissoient un sacerdoce, étoient tenus
de prêter serment; s'ils le refusoient, ils étoient
réfractaires, et comme tels, sujets à la déportation; mais le législateur trouva juste de donner
l'option à celui qui se trouvoit dans ce dernier
cas, de se déporter volontairement. En prenant ce
parti ils étoient privés de leur séjour habituel, mais
ils conservoient en France tous leurs droits civils.
Telle fut la ligne de démarcation qui subsista entre eux et les émigrés jusqu'au 17 septembre 1793,
époque à laquelle il les confondit tous, et fit partager aux uns la mort civile dont les lois antérieures avoient frappé les autres indistinctement :
dès-lors la confiscation de leurs biens fut ordonnée.

Cet anéantissement politique dura jusqu'à la
promulgation de l'amnistie prononcée consulaire-
ment en faveur des émigrés et des déportés.

Actuellement voyons à quelle époque le prêtre
Vagnier a fait son testament. Il l'a fait le 5 janvier
1799, en Espagne, et dans un monastère où il
s'étoit retiré.

Il est impossible de douter qu'à l'époque où il
a disposé, il n'étoit encore frappé de l'incapacité
civile où l'avoit plongé la loi du 17 septembre
1793; et tout le monde sait que l'individu mort
civilement ne peut contracter ni disposer valablement sous aucun rapport, que par conséquent
tous les actes qu'il a pu faire en Espagne ne peuvent produire aucun effet en France. Son testament est donc radicalement nul, et aucun de ses
legs ne peut valoir.

D'ailleurs l'acte testamentaire présente des faits

de rébellion, qui seuls empêcheroient qu'il valut relativement aux lois qui régnoient alors, et à l'espèce de gouvernement qui se trouvoit institué parmi nous.

Nous étions, en effet, et malheureusement constitués en république. Tout incommode, tout insupportable que pouvoit être ce régime politique, il falloit que tout Français s'y conformât et le reconnût, sinon par inclination, du moins par obéissance.

Eh ! bien, le prêtre Vagnier, dans son testament, au lieu de se servir des expressions de république française, s'est constamment servi de la dénomination de royaume de France, ensorte que, quand il seroit resté revêtu de tous ses droits civils et de la disposition de ses biens, son testament n'en seroit pas moins nul, parce qu'il s'est mis en état de révolte contre la loi constitutionnelle de son pays, et qu'une telle manifestation chez tous les peuples eût été, contre son auteur, un motif de réprobation, motif qui s'étend nécessairement aux actes qui renferment eux-mêmes la preuve de ce délit encore remarquable aujourd'hui, quoique nous ayons le bonheur de vivre sous les auspices d'une monarchie impériale.

Non seulement le testament est nul par toutes les raisons que nous venons de déduire ; mais il est encore frappé d'inefficacité par la circonstance que le testateur est mort en Espagne comme déporté, et sans avoir été relevé des peines prononcées contre toutes les personnes de sa classe.

La nécessité de se faire relever de la mort civile, pour rentrer dans ses droits, est établie par la loi du 20 fructidor an 5, qui ordonne la restitu-

tion des biens aux parens des condamnés révo-
lutionnairement.

L'article 3 de cette loi est ainsi conçu : « **Les**
» biens confisqués ou leur valeur seront remis sans
» délais, et suivant le mode ci-après, soit à ceux
» des ecclésiastiques qui pourront être relevés
» de leur déportation, réclusion, mort civile, et
» restitués dans les droits de citoyen, soit aux hé-
» ritiers présomptifs de tous ceux des ecclésiasti-
» ques qui resteroient en état de mort civile par
» jugement ou arrêtés qui les ont condamnés à la
» déportation ou réclusion à vie ».

Il est donc certain que pour qu'un prêtre déporté pût recouvrer ses biens, il falloit qu'il se fît
relever de l'état de déportation, autrement il restoit frappé de mort civile, et ses héritiers présomptifs étoient envoyés en possession de ces mêmes
biens.

On voit que dans l'espèce, le prêtre Vagnier n'a
pu disposer de biens et de droits qu'il n'avoit pas
recouvrés, et qu'il est censé être mort *ab intestat.*

Une loi du 19 fructidor an 4 disposa en faveur
des prêtres reclus; ceux-là furent réintégrés dans
leurs droits civils, et s'ils étoient morts, leurs héritiers recueilleroient les successions ouvertes. Mais
on ne peut étendre cette disposition spéciale à deux
classes d'individus quand elle ne s'applique qu'à
une seule, et qu'il n'y est nullement fait mention
des prêtres déportés.

IIe. SOLUTION.

Il est impossible que la dame Vagnier mère ait
pu disposer, par son testament du 23 octobre
1792, des biens de son fils qui en a conservé la

propriété au moins jusqu'au 17 septembre 1793; et il est évident qu'elle n'a pas voulu faire cette disposition, puisqu'au lieu de comprendre dans la libéralité des mêmes biens de ce fils, elle l'a institué son héritier particulier en sa légitime.

Il n'en faut pas davantage pour prouver que si la demoiselle Vagnier continuoit d'avoir des prétentions sur les biens du prêtre Vagnier, elle agiroit ouvertement contre les intentions de la testatrice à laquelle elle doit des bienfaits.

Il paroît que cette légataire se persuada que la loi du 17 septembre 1793, avoit fait remonter la confiscation et la mort civile à l'époque de la déportation volontaire, et que dans cette erreur elle attribue à la dame Vagnier la succession, comme si réellement elle l'avoit dès-lors recueillie.

Ce seroit là donner un effet retroactif à la loi précitée, ce qui est impossible, contraire à tous les principes, et à une disposition expresse du Code Napoléon.

Une vérité incontestable, c'est qne les biens que le prêtre Vagnier possédoit au moment de sa déportation, et ceux qui lui sont échus par le testament de sa mère, appartiennent aux héritiers présomptifs de cet ecclésiastique : ils peuvent se prévaloir de la loi du 20 fructidor an 3.

D'après les solutions ci-dessus, il est inutile de s'occuper de la réductibilité qui pourroit résulter de l'administration française en vigueur à l'époque du décès de Vagnier, prêtre. Ce testament ne détache rien de sa succession, puisqu'il est nul et conséquemment sans effe

Point de fait.

QUESTIONS.

1.º Pierre, fils de Jacques, marié en secondes noces, ayant du premier lit un garçon, et du second une fille ; veuf de son second mariage peut-il faire donation entrevif d'un domaine en faveur de la fille du second lit ? ce domaine est susceptible d'amélioration.

2.º Quelle formalité y a-t-il à remplir pour la validité de cette donation ?

5.º La nomination du tuteur doit-elle précéder la donation ?

SOLUTIONS.

La quotité disponible est, suivant l'art. 913, du Code Napoléon, du tiers des biens de Jacques, père de deux enfans légitimes. Il paroît que le domaine qu'il désire donner, excède cette quotité ; si cela est, la libéralité seroit susceptible de réduction.

Il seroit important de faire estimer ce domaine dans son état actuel, pour en fixer la valeur, y compris celle à laquelle peut s'élever le moyen intrinsèque d'amélioration, afin de ne pas laisser courir au donataire le risque de l'améliorer au profit de son cohéritier.

Si, comme on l'annonce dans le mémoire, l'avantage projété est un acte de justice tendant à balancer la fortune entre les deux enfans.

Quoi qu'il en soit, nous sommes d'avis qu'on ne peut ni ne doit se servir de moyen oblique tendant à frauder la loi, et que le père doit se borner à faire purement et simplement une donation entre-

vifs par préciput et hors part, et dispense du rapport ; et ce, par acte public, c'est-à-dire, par devant notaire, avec tradition de l'objet donné et réserve de l'usufruit si le père le juge à propos.

Si la donataire est non émancipée, la donation
pourra être valablement acceptée par un tuteur
subrogé à cet effet. Il conviendroit de la faire éman-
ciper si elle a atteint l'âge requis, alors son aïeul ou
aïeule l'assisteroit dans l'acceptation qu'elle feroit
elle-même, et cette assistance seroit formellement
énoncée dans l'acte.

Si elle n'a plus d'aïeul, alors il faudroit lui nommer un curateur suivant les formes ordinaires, sur
la demande qu'en feroit son père.

A défaut de l'âge requis pour être émancipée,
le subrogé tuteur accepteroit la donation après y
avoir été autorisé par un conseil de famille, conformément à l'art. 465 du Code Napoléon.

La tutelle des enfans mineurs appartient de plein
droit au survivant des père et mère. Le consultant
est donc nommé par la loi tuteur de sa demoiselle,
mais le subrogé tuteur doit être nommé par le conseil de famille, conformément à l'article 420;
il faut avant toute disposition procéder à cette élection.

Nous avons dit que, nonobstant la donation
hors part, la donataire seroit tenu de rapporter
l'excédent de la quotité disponible, et c'est ce
qu'ordonne l'article 844.

Et conformément à l'article 866, le rapport
doit se faire en nature s'il excède de plus de moitié la valeur de l'immeuble; et cette valeur s'estime suivant ce qu'elle étoit au temps de la donation.

Point de fait.

Le S. J. R., habitant de Bruxelles, étant condamné par corps au payement d'une somme assez considérable, s'est pourvu d'un sauf-conduit émané du président du Tibunal de commerce. Nonobstant cette précaution, il a été arrêté et écroué; ce qui a donné lieu à des contestations dans lesquelles le S. R. a succombé.

La cour de Bruxelles a posé ainsi un de ses considérant : « Attendu que le défendeur étoit por-
» teur d'un titre exécutoire, la contrainte par corps
» a pu, nonobstant le sauf-conduit qu'avoit accordé
» le président du Tribunal de commerce, dans un
» cas autre que celui de la loi, mettre à exécution
» le jugement à ses risques et périls, sauf à plaider
» ensuite sur la valité de ce sauf-conduit ».

QUESTIONS.

1.º Cette disposition annulle-t-elle le sauf conduit?

2.º Y a-t-il identité entre la demande formée devant le Tribunal de première instance, par la requête du 29 messidor an 13, et celle formée devant le même Tribunal par exploit du 24 septembre 1808?

3.º L'huissier Moon ne s'étant pas relevé du jugement par défaut du...... ce jugement est-il exécutoire contre lui, nonosbtant la décision intervenue sur le fonds, sous prétexte de la chose jugée?

Iʳᵉ. SOLUTION.

Au premier coup-d'œil l'esprit flotte dans l'incertitude sur l'intention de la Cour de Bruxelles, relativement à la nullité ou à la validité du sauf-conduit.

Par sa requête du 5 du même mois, le consultant n'a pas précisément demandé la nullité de son arrestation et de son écrou sur le fondement de l'existence du sauf-conduit, il n'a même pris de conclusions d'aucune espèce.

Mais il s'est attaché à prouver que le tribunal de commerce a eu pouvoir légal pour le lui délivrer; il a produit à l'appui de sa réclamation la requête par lui présentée au Tribunal civil de l'arrondissement de Bruxelles, le 29 messidor an 13, par laquelle il avoit formellement demandé la nullité de son emprisonnement, 1.º parce qu'il étoit porteur d'un sauf-conduit valable; 2.º parce que, en le supposant nul, il n'en étoit pas moins émané d'un Tribunal de justice, et que dès lors il devoit être exécuté jusqu'à ce qu'il eût été réformé ou annullé.

Ces deux moyens de nullité ont été formellement déduits devant la Cour d'appel, lors de la plaidoirie de la cause, et il y a été conclu de la part du consultant à la nullité de son emprisonnement, et à sa mise en liberté.

Le Créancier a soutenu la nullité du sauf-conduit, et pris des conclusions diamétralement opposées à celles du sieur de R.

La question de la validité ou de la nullité du sauf-conduit, a donc été agitée par les parties.

A-t-elle été jugée par la Cour d'appel?

L'arrêt porte : le sauf-conduit est-il nul?

Il seroit fort étrange qu'après avoir ainsi posé la question, et n'avoir posé que celle-là, la Cour d'appel l'eût laissée de côté pour prononcer sur toute autre question. Aussi n'est-elle pas tombée dans cet égarement : elle a rejeté purement et simplement la demande en nullité de l'emprisonnement, 1.º parce qu'aux termes de l'article 8 de la loi du 15 germinal an 6, le sauf-conduit ne peut arrêter l'exécution de la contrainte par corps, que lorsqu'il est délivré par le président d'un tribunal, et qu'il a pour cause le témoignage que le débiteur est appelé à faire, comme témoin devant ce tribunal ; 2.º parce que la contrainte par corps a pu être exercée dans l'espèce, nonobtant le sauf-conduit délivré hors des cas admis par la loi, aux risques et périls du créancier, et sauf à plaider ensuite sur la validité ou la nullité de cet acte.

Ces expressions dans l'arrêt, *sauf à plaider sur la validité du sauf-conduit*, lesquelles terminent le second motif de décision, n'indiquent pas qu'il faille examiner et décider ultérieurement la question, elles expliquent seulement la faculté qu'a eu l'huissier d'incarcérer le débiteur, même dans l'hypothèse de la nullité du sauf-conduit.

En cela, la Cour de Bruxelles a entendu ne pouvoir prononcer la nullité de l'arrestation, d'après la seule existence de l'acte ; s'il eût été valable, elle auroit annullé en conséquence de la validité, ne l'ayant pas reconnu comme tel, elle a sanctionné l'opération de l'huissier.

La question ne reste donc point indécise.

IIe. SOLUTION.

L'identité des demandes formées par requête du 29 messidor an 13, et celle formée par exploit du 24 septembre 1808, est tellement évidente qu'il est impossible d'y voir deux objets différens.

La seule chose qui diffère, consiste en ce que la

première demande n'a été dirigée que contre le créancier, et qu'elle n'a tendu qu'à la nullité de l'emprisonnement, tandis que la seconde a été formée, et contre le créancier et contre l'huissier qui a instrumenté, et qu'enfin on l'a compliquée par une plainte en faux principal.

Pour se convaincre de l'identité de l'objet essentiel commun aux deux demandes, il suffit d'en rapprocher les conclusions et les moyens.

IIIe. SOLUTION.

Si l'huissier n'a pas formé opposition au jugement par défaut, du 17 novembre 1808, ce n'est pas une raison pour que ce jugement soit exécutoire contre lui.

D'abord il peut en appeler dans les trois mois de la signification à personne ou à domicile.

Ensuite, le créancier s'est rendu opposant, et sur son opposition, il est intervenu un jugement contradictoire qui, attendu la chose jugée, a déclaré le consultant non recevable dans sa demande en nullité d'emprisonnement.

Cette contrainte est donc déclarée valable, elle est maintenue vis-à-vis du créancier.

QUESTIONS.

L'apparition momentanée d'un absent, suffit-elle pour anéantir l'acte du Conseil de famille qui avoit donné à l'aïeule maternelle, la surveillance des enfans de l'absent ?

Après deux années de nouvelle absence, le consentement de l'aïeule suffira-t-il pour la validité du mariage de la fille devenue majeure ?

SOLUTIONS.

Sur la première question, le Conseil n'a pas hésité de penser que du moment du retour de l'absent, l'acte de la délibération du Conseil de famille, qui avoit donné à l'aïeule maternelle, la surveillauce des enfans de l'absent, conformément à l'article 142 du Code Napoléon, avoit cessé d'avoir son effet fondé sur l'article 131 qui déclare « que si l'absent reparoît, ou si son existence est » prouvée, les effets du jugement qui aura déclaré » l'absence cesseront. »

Sur la seconde question, il a également pensé affirmativement que la fille, étant parvenue à sa majorité, l'absence du père n'étoit point un obstacle à son mariage, et qu'il suffisoit qu'elle justifiât de l'impossibilité où étoit son père de manifester sa volonté, et du consentement de son aïeule.

En effet, l'article 151 du Code porte que, si les enfans sont parvenus à leur majorité (21 ans pour les filles) ils seront tenus, avant de contracter mariage, de demander, par un acte respectueux, le conseil de leur père (il étoit absent) et de leur mère (elle étoit morte) « ou celui de » leurs aïeuls et aïeules, lorsque leur père et leur » mère sont décédés, *ou dans l'impossibilité de* » *manifester leur volonté.* »

Le mode de constater l'impossibilité du père de manifester sa volonté, est établi par l'article 155, « il suffit d'un acte de notoriété délivré par le » juge-de-paix du lieu où l'ascendant a eu son der- » nier domicile connu », sur la déclaration de quatre témoins appelés d'office, par le juge-de-paix, qui affirmeroient l'absence du père, sans qu'il eût donné de ses nouvelles.

Point de fait.

Par testament du 14 mai 1798, le sieur Charles-Antoine Gennaro a fait la disposition suivante :

« J'institue en mon héritière particulière, la
» dame Ange - Marie Gennaro, ma bien - aimée
» épouse, dans l'usufruit formel et entier de toute
» mon hoirie, et ce, pendant le temps qu'elle de-
» meurera veuve : et pour le cas de passage à de
» secondes noces, je la nomme héritière particu-
» lière dans la *quarta uxoria* portée par l'authen-
» tique de *præterea* dont au titre *unde vir et uxor*,
» du Code Justinien, et ainsi dans tout ce qui
» pourra lui être dû aux termes des lois ».

En mon particulier, J'institue Louis Gennaro, mon neveu.

Le testateur est décédé le 15 septembre 1809 sans laisser d'ascendans ni descendans.

A l'époque du mariage et de la confection du testament, le Piémont étoit régi par le droit romain.

QUESTIONS.

1.º Aux termes du testament, est-il loisible à la dame Ange-Marie Gennaro (qui ne veut point se remarier) de renoncer au legs de l'usufruit, et de demander la *quarta uxoria*, pareillement à elle léguée si elle venoit à passer à de secondes noces ; en d'autres termes, le legs de la *quarta uxoria* est-il conditionnel ou bien *legatum optionis* dont l'épouse survivante puisse profiter ?

2.º S'agissant, dans l'espéce, d'une femme pauvre et sans dot, qui s'est mariée en pays de droit écrit, est-elle autorisée à renoncer au legs de l'usufruit et à demander la *quarta uxoria* qui lui est due en vertu des lois en vigueur lors de son mariage? ce qui revient au même, la *quarta uxoria,* est-il un droit acquis à la femme pauvre dès le jour de son mariage, et dont elle n'a pu être depouillée par une loi postérieure, ou bien n'est-elle qu'une expectative de succession réglée par les lois régnantes au décès du testateur, et conséquemment par le Code Napoléon?

SOLUTIONS.

Point de doute que la légataire universelle n'ait le droit de renoncer à cette libéralité, pour s'en tenir à la disposition particulière.

L'une, plus étendue que l'autre, prit sa source dans une affection tendre, qui s'épancha sans réserve, à l'idée d'un deuil inconsolable, c'est un tribut que l'époux offre à la chasteté perpétuelle de sa compagne ; mais cette expansion, troublée par l'inquiétude d'un amour ombrageux, fut subordonnée à l'observation de la viduité de la part de l'épouse.

Le legs particulier fut restreint pour le cas où elle viendroit à être infidèle à la mémoire du testateur ; c'est un élan qui porta sa pensée au-delà de sa tombe, il voulut qu'elle ne pût se révéler à un nouvel époux, sans perdre le don offert à la constance, enfin il établit une condition qui tint lieu de vigilance lorsqu'il ne pourroit plus exercer la sienne.

La veuve Gennaro ne veut pas former de nouveaux liens, mais elle désire en avoir pourtant la faculté, et dans tous les cas, ne pas laisser attribuer à la condition, le sacrifice qu'elle fait aux mânes de son mari, elle n'entend pas laisser subsister une prohibition qui tourmente sa délicatesse, et revenant à cet effet au legs universel, elle l'anéantit, comme elle en a le droit, mais le surplus du testament reste intact, elle en demande l'exécution, elle l'obtiendra.

En cela, elle ne fait que renoncer volontairement à un avantage qu'elle n'auroit perdu (en convolant à de secondes noces) qu'en acquérant par conséquent un autre avantage, soit pour son cœur, soit pour sa fortune.

Mais, en considérant la privation du legs universel comme une peine sans compensation, soit parce que le second mariage deviendroit pour la femme une société indifférente ou fâcheuse, soit parce qu'il ne lui procureroit aucun moyen d'aisance, elle n'en seroit pas moins déchue de l'institution universelle, alors elle expieroit totalement sa légèreté et son irréflexion.

Si, venant à se remarier, elle ne peut éviter la rigueur de la condition, personne ne peut non plus la contraindre d'accepter le prix de son attachement à la mémoire de son époux ; elle mérite toute la faveur du testament, mais le droit d'y renoncer est incontestablement dans sa volonté, dans sa liberté civile. Les lois naturelles et positives l'accompagnent et la protégent dans cette détermination, et ce seroit ouvertement attenter aux unes et aux autres que de rejeter sa renonciation, ce seroit lui infliger une peine sans cause et sans motif, et le juge n'a pas ce pouvoir contraire à toute législation, à tout principe, à toute notion civile.

De la liberté qu'a la dame Gennaro de répudier

la disposition universelle, en demandant au surplus l'exécution du testament, il s'ensuit la faculté d'opter entre les deux legs ; elle se résigne à demander le moindre : par ce choix elle favorise les héritiers du testateur , lesquels, par conséquent, sont sans intérêt pour combattre la détermination.

Il n'en seroit pas de même si, pour recueillir un legs, il étoit défendu de faire une chose que l'on fit, et que pour obtenir un autre legs, il fallût faire une chose que l'on ne fit point ; car alors le légataire seroit déchu de l'une et de l'autre, et ne pourroit opter ; mais nulle condition n'est attachée à la disposition particulière, la consultante en demande la délivrance parce qu'elle a anéanti le legs universel , et que, pour le surplus, le testament doit avoir son exécution.

D'ailleurs , qu'est-ce que le legs particulier? à proprement parler, ce n'en est pas un. La loi elle-même accorde à la consultante la *quarta uxoria*, que le mari intitule, dans son testament, *legs particulier*, ce qui équivaut à une réduction légale ; et bien évidemment, le testateur a voulu dire que dans le cas où sa femme passeroit à de secondes noces, elle perdroit l'usufruit universel, et seroit réduite à la *quarta uxoria*, suivant les *novelles*, appelées authentiques, à cause de leur grande exactitude.

La quarte de la femme pauvre est, dans les pays de droit écrit, un gain nuptial très-respectable ; de-là parmi nous (en France) le douaire coutumier accordé, il est vrai, à l'épouse riche comme à l'indigente. A Rome, cette espèce de préciput, introduit par Justinien en faveur des veuves qui se trouvoient sans ressource, étoit regardé comme sacré ; c'est en effet une disposition pieuse envers le malheur; il auroit été cruel de laisser pauvre, et souvent réduite à la mendicité, la veuve d'un homme riche. Aussi, dans les pays français régis par le droit romain, la loi *unde vir et uxor* fut adoptée en ce point, et même en celui qui défère à l'époux survivant la totalité de la succession de celui qui décède sans postérité; et ce, malgré l'intérêt du fisc, auquel, sans l'adoption de cette loi, eût été dévolue la succession.

Il suit de tout ce que nous venons de dire, que le legs particulier dont il s'agit n'est autre chose que l'indication d'un droit acquis auquel le testament n'ajoute rien.

Cela posé, il ne peut s'élever le moindre doute sur la liberté que la consultante a de recueillir, en propriété, le quart des biens délaissés par son mari; maîtresse de refuser le don universel de l'usufruit, elle répudie ce legs pour exercer le droit que la loi lui a donné, et que le testament rappelle sous l'apparence d'une libéralité.

Elle se trouve dans le même cas où seroit un héritier qui auroit à choisir entre la disposition d'un testament et la disposition de la loi, et jamais on n'a contesté, dans cette sorte d'espèce, la faculté d'opter.

Sur la seconde question, il n'est pas plus difficile de fonder une opinion certaine, que relativement à la première.

S'il s'agissoit de savoir à quelle législation il faudroit recourir pour déterminer l'effet d'un testament, nous dirions que c'est à celle qui règne à l'époque du décès du testateur; et pour la validité de l'acte, à la législation qui gouvernoit à l'époque de la confection du testament.

On examineroit donc ici, 1.º si les formalités

prescrites par le droit écrit ont été observées; et 2.º si les disposions testamentaires se trouvent en harmonie avec le Code Napoléon : on les réduiroit si elles excédoient la quotité disponible.

Mais il s'agit de savoir si la *quarta uxoria* est un droit acquis à la femme pauvre, dès le jour de son mariage, et si les lois postérieures l'en peuvent dépouiller.

On ne peut hésiter de répondre affirmativement à la première partie de la question, et négativement à la seconde.

Le jour de la célébration du mariage, il se fit, par l'effet spontané de la loi de Justinien, au profit de la femme, une transmission de droits fixes, indépendans de toute mobilité législative; lesquels consistent, selon l'évènement, dans le quart des biens en propriété ou en usufruit, si le défunt vient à laisser des enfans.

Mais quoique la quotité de ce droit fut invariable, quelques pussent être les règles ultérieures, la consistance réelle ne pouvoit augmenter ou diminuer, soit que l'époux prospérât ou qu'il altérât son patrimoine; car le quart des biens accordés à la femme n'étoit pas retranché de la masse durant la vie de l'époux, il en avoit la disposition jusqu'à sa mort, et le sort de la veuve dépendoit toujours de l'état de la succession lors de son ouverture.

En cela différoit notre douaire coutumier. Ce gain nuptial accordé à la femme, la saisissoit fictivement des biens qui en étoient l'objet, ensorte que le mari ayant 3,000 fr. de rente, sans charges hypothécaires, se trouvoit dépouillé au jour de la célébration de la portion conférée à la douairière, et ne pouvoit ni la gréver ni l'aliéner valablement.

Mais pour n'avoir pas été revêtue de la propriété du quart des biens existans lors de son mariage, la veuve Gennaro ne la pas moins été du droit de prendre cette portion au moment du décès de son mari, quelle que soit la masse de la succession.

Pourquoi? c'est que c'est à la loi d'alors que la dame Gennaro a confié son destin; c'est cette loi qui a stipulé ses conventions matrimoniales, et la stipulation de la loi est, s'il est possible, plus inviolable que celle que font les parties contractantes, et qu'elles ont le droit de faire.

Tout le monde sait que toute espèce de convention licite ne peut être atteinte par les lois postérieures, fussent-elles directement contraires à la nature du contrat préexistant, parceque la loi ne réagit pas; et certes elle ne peut pas plus agir sur le pacte et les effets du mariage, le plus saint de tous les contrats, que sur la plus indifférente de toutes les conventions.

Il y a cette différence entre les effets du mariage et les effets du testament, que les uns dépendent des lois sous lesquelles la célébration a eu lieu; et que les autres, au contraire, procèdent des lois sous le règne desquelles arrive le décès, et la raison en est sensible.

Le mariage est une convention exécutée solennellement par la célébration; de ce moment la femme est en possession de son état et de ses droits, au lieu que le testament, révocable jusqu'au décès du testateur, n'est, jusqu'à cet événement, que son œuvre souvent secrète, et qui ne peut recevoir le caractère de convention et de contrat qu'après l'acceptation du légataire. Le testateur n'offre le don qu'après sa mort, d'où il suit qu'il faut examiner si

la loi le permet à ce moment; le contrat ne se form
qu'à l'époque où la libéralité est irrévocable et peu
être acceptée, il faut donc aussi examiner si cett
convention est permise.

On voit bien que le mariage ne peut être e
rien assimilé au testament; l'un se dissout et l'autr
se consolide par la mort. L'un quant aux effets, re
monte à la législation sous l'empire de laquelle il
été contracté; l'autre, quant aux effets, descend
la législation régnante au moment où peut se réali
ser la convention : jamais proposition, exactitud
de parallèle ne fut plus incontestable.

Mais admettons, pour un instant, que la veuv
Gennaro eût besoin d'invoquer les dispositions tes
tamentaires de son mari pour exercer des droit
sur la succession, dans cette hypothèse sa condi
tion n'en seroit pas plus malheureuse.

Le Code Napoléon permet de disposer entr
conjoints, en faveur de l'un d'eux, de la totalité des
biens en propriété si le testateur ne laisse ni ascendans ni descendans.

Ainsi, la faculté dont a usé le mari à l'époque où
il a disposé, lui a été conservée par la législation
sous laquelle il est décédé.

Il résulte de cette faculté des dispositions qui ne
l'ont pas épuisée, et qui par conséquent doivent
être exécutées.

La veuve Gennaro, renonçant au legs universel
pour s'en tenir au legs particulier, est donc fondée
à demander le quart en propriété des biens de son
mari, soit en vertu de son mariage et de la loi
d'alors, soit en vertu du testament et de la loi d'aujourd'hui.

Il faut bien se garder de croire que le Code Napoléon doive régler ou anéantir les prétentions de

a dame Gennaro *au titre des successions ;* ce n'est
pas comme héritière que la consultante a des droits
comme telle, le Code ne lui en accorde aucun;
c'est la loi de Justinien qu'elle invoque, elle n'a pas
cessé d'être sous la protection de cette loi qui
règne encore pour faire exécuter les conventions
qu'elle a stipulées, et pour réaliser les droits qu'elle
a conférés : c'est encore le testament que la consultante peut invoquer, parce que ses dispositions se trouvent conformes à la législation qui
a pu seule le sanctionner ou le modifier, ou l'a-
néantir ; elle a donc deux appuis infaillibles devant
la justice.

Point de fait.

Ensuite de contraintes décernées par le receveur
de l'enregistrement, contre chacun des censitaires
de la ci-devant forêt de Beaufort, ces derniers ont
fait un acte d'union, à l'effet de former opposition auxdites contraintes et aux commandemens
faits en conséquence.

Au lieu de l'administraiton de l'enregistrement,
c'est M. le Conseiller d'Etat, directeur général de
la caisse d'amortissement, qui a figuré dans l'instance qui a eu lieu pour raison des poursuites et
des oppositions dont il s'agit.

Les censitaires ont présenté plusieurs moyens
de nullité. Ils ont dit que les poursuites commen-
cées par la caisse d'amortissement, et suivies par
l'administration de l'enregistrement, étoient irré-
gulières et nulles en ce que :

Premièrement, chaque partie d'administration
ayant ses attributions particulières, n'étant pas dans
celles de la caisse d'amortissement d'exiger le paye-

ment des cens et rentes dont il s'agissoit; s'ils étoient exigibles, elle auroit dû faire connoître la décision supérieure qui lui transmettoit ces cens et rentes.

Deuxièmement, qu'eût-elle énoncée cette transmission? elle auroit dû énoncer et donner copie en tête du commandement, des titres sur lesquels la demande étoit fondée, ce qu'elle n'avoit point fait.

Troisièmement, que suivant l'article 3 du titre 9 de l'ordonnance de 1667, lesdits commandemens devoient énoncer, par joignans et aboutissans, les héritages prétendus affectés au payement des arrérages desdits cens et rentes.

Quatrièmement, que plusieurs des commandemens avoient été faits à des fermiers et à leurs domiciles, au lieu de l'avoir été aux propriétaires et à leurs domiciles; que les moyens de nullité, fussent-ils rejetés, l'arrêté de M. le Préfet du département, qui avoit attribué ces mêmes rentes aux hospices d'Angers, n'étant pas révoqué, la caisse d'amortissement n'étoit pas recevable à en faire la demande, etc.

D'autres faits et d'autres circonstances étant indiqués dans les questions suivantes, ne doivent pas être articulés dans l'exposé de la cause.

QUESTIONS.

1°. Les moyens de nullité et fins de non recevoir opposés par les censitaires, et consignés dans le jugement du 30 août 1808, sont-ils tellement péremptoires que le tribunal de première instance de Beaugé eût dû les accueillir?

2°. Les motifs donnés par le tribunal et consignés dans son jugement, peuvent-ils écarter sans

retour ces moyens de nullité et fins de non recevoir ?

3°. Les censitaires peuvent-ils reproduire en
cause d'appel? peuvent-ils incidemment se rendre
appelant en ce qu'il ne les auroit pas accueillis?
doivent-ils les reproduire devant la Cour d'appel?
peut-il en résulter pour eux un avantage? ne s'en
sont.ils pas réservé la faculté par l'exploit de signification du 25 septembre 1808 ?

4°. L'appel n'auroit-il pas dû être interjeté à
la requête du Conseiller d'Etat, directeur général
de la caisse d'amortissement; poursuites et diligence de l'administration de l'enregistrement et des
domaines, attendu que le jugement du 30 août est
rendu entre lui et les propriétaires ?

5°. L'acte d'union des censitaires ayant été signifié le 1er. brumaire de l'an 14, dans le cours
de l'instruction qui a eu lieu au tribunal de Beaugé,
cette signification ayant été faite à M. Molien,
Conseiller d'Etat, directeur général de la caisse
d'amortissement, les déclarations d'appel et l'assignation n'auroient-elles pas dû être signifiées aux
commissaires fondés de pouvoir nommés par l'acte
d'union du 21 vendémiaire an 14, au lieu de l'avoir
été à M. Tessié de la Motte et Tessié du Mottay,
sans les avoir qualifiés de commissaires ou de
fondés de pouvoirs?

SOLUTIONS.

Sur les Ire., IIe. et IIIe. Questions.

Il est de principe que toutes les questions soumises aux tribunaux de première instance, peuvent, sur l'appel interjeté, être de nouveau pro-

posées, discutées et soutenues devant la Cour saisie de la contestation sur le même appel.

Il suit de-là que les censitaires peuvent se rendre
incidemment appelant du jugement qui a rejeté les
moyens de nullité et les fins de non recevoir, les
proposer de nouveau pour rétablir la masse entière
de leur défense devant les juges supérieurs qui les
adopteront ou les rejetteront par les motifs qu'ils
croiront les plus applicables.

Cette faculté fait perpétuellement partie du
droit de fonder toute demande, ou d'y opposer
une défense légitime ; elle est naturelle et consacrée ; elle est imprescriptible ; elle dure aussi long-
temps que l'exercice en est nécessaire : et, dans
l'espèce, cette faculté est d'autant moins douteuse,
que les consultans se la sont réservée d'une manière très-positive dans la signification du jugement
dont il s'agit.

Mais ces moyens sont-ils péremptoires ? peuvent-ils leur procurer quelqu'avantage ? voilà ce
qu'il faut examiner.

Les vices et les défauts de formes ne nous paroissent pas fondés.

M. le procureur impérial et le tribunal ont mo-
tivé cette opinion d'une manière propre à la justifier.

Il est généralement reconnu que les régisseurs
des domaines sont chargés, sous la surveillance et
le consentement de la caisse d'amortissement, de
poursuivre le recouvrement des rentes foncières
que le Gouvernement a remis ou concédés à ladite caisse. Les poursuites que nécessitent ces re-
couvremens, sont donc toujours dirigés au nom
et par le ministère du directeur des domaines,
agent de la caisse d'amortissement ; celles dont il

s'agit sont par conséquent régulières et valables.

Les consultans n'ont, d'ailleurs, aucun intérêt à plaider plutôt contre l'une que contre l'autre de ces administrations, en ce qu'au fond leurs moyens ne varient pas, quelle que soit l'autorité qu'ils combattent ; qu'ils peuvent triompher de l'une comme de l'autre, et, succombant, payer valablement à l'une comme à l'autre, de manière que jamais on ne mette en question de savoir s'ils sont véritablement libérés. La seule chose qu'il pût arriver, si le versement fait dans une caisse eût dû suivre une autre destination, seroit une mutation qui s'effectueroit pour l'ordre de la comptabilité, sans que les consultans en fussent inquiétés ni même instruits ; nul intérêt conséquemment pour eux de faire examiner les attributions respectives de la caisse d'amortissement et de l'administration des domaines et de l'enregistrement.

La première n'avoit pas besoin de justifier du droit que lui avoit donné le Gouvernement de faire le recouvrement des cens et rentes dont il est question.

Il est constant et notoire que par le décret du 19 juillet 1791, les censitaires ont été déclarés et reconnus tenir directement de la nation. Ces cens et rentes sont donc une propriété nationale ; l'administration des domaines conséquemment a eu le droit d'en demander le payement, et dès que cette administration est en cause, qu'elle poursuit par ses préposés, et qu'elle agit d'intelligence et de concert avec la caisse d'amortissement, on ne peut douter que les poursuites ne soient et dans la forme et quant aux attributions, parfaitement régulières et valables.

Et, d'ailleurs, comme nous venons de l'établir,

il est indifférent aux censitaires de savoir dans laquelle des caisses publiques entre le montant de
leur prestation, pourvu qu'ils aient une quittance
libératoire, leurs intérêts sont en sûreté, et nulle
action, pour cet objet, ne peut jamais avoir lieu
sans entraîner une action infaillible en garantie
contre la caisse, dont peut être émanée la même
quittance.

Il est un moyen de nullité qui paroît plus fondé,
ou du moins plus spécieux.

Les censitaires prétendent que dans le commandement à eux fait, on n'a point énoncé les joignans
et aboutissans de chaque portion de la forêt donnée
à cens à chacun des mêmes censitaires.

Chacun d'eux avoit originairement consenti un
titre particulier. Ce titre devoit contenir non-
seulement la quantité du terrain concédé, mais en-
cor. . . . . ignans et aboutissans.

. . . . . . commandement fait au censitaire, il
falloit donner copie de ce titre en tête de l'exploit.
Il paroît que l'administration n'a pas rempli cette
formalité ; nous devons supposer cette omission
d'après le moyen de nullité que nous examinons,
car si, contre toute présomption, cette copie du
titre avoit été donnée, il arriveroit que le même
moyen de nullité porteroit à faux : par-là les dé-
signations se trouveroient avoir été faites et n'auroient pas eu besoin d'être répétées dans le corps
de l'exploit.

Au surplus, que tous les moyens de nullité
eussent été accueillis par le jugement dont est
appel, il n'en seroit résulté aucun avantage pour
les censitaires, relativement à la question de savoir
si les rentes qu'on leur demande sont ou ne sont
plus exigibles ; car, qu'auroit fait l'administration ?

elle auroit abandonné la procédure pour en re-commencer une plus régulière.

Nous pensons que les premiers juges ont très-sagement procédé, en rejetant les nullités et les fins de non-recevoir, pour s'occuper de la seule question qui divisoit les parties.

La Cour d'appel pourroit en user de même sans nuire aux intérêts des consultans ; mais s'ils les proposent, comme il est toujours prudent de le faire afin de conserver le faisceau de leurs moyens, et que l'administration vienne à se pourvoir en cassation, alors les censitaires pourront les reproduire devant la Cour suprême, sans craindre qu'on leur oppose leur silence ou leur adhésion au jugement qui les en ont déboutés.

IVe. SOLUTION.

L'acte d'appel devoit être interjeté à la requête du directeur-général de la caisse d'amortissement.

Tout acte d'appel doit être fait à la requête de la véritable partie, de celle qui a intérêt dans la cause.

Or, dans l'espèce, la véritable partie, la seule qui a un intérêt réel, c'est la caisse d'amortissement.

Il est vrai qu'elle agit par les poursuites et diligence de la régie des domaines, mais les régisseurs ne sont, d'après leur aveu, que les mandataires de la caisse d'amortissement. Ils n'ont aucun intérêt dans la contestation ; leur directeur l'a ainsi déclaré dans le *visa* qu'il a apposé à la signification à lui faite du jugement du tribunal de Baugé ; donc l'appel devoit être interjeté par la caisse d'amortissement.

V.e SOLUTION.

Il est de principe invariable que dans tous les actes et significations faits pendant le cours d'une procédure, on doit donner à toutes les parties les seules qualités sous lesquelles elles procèdent.

Souvent ce n'est pas le nom de l'individu qui le rend partie, mais bien sa qualité. Ainsi, quand on procède soit contre un tuteur, soit contre un mari lorsqu'il s'agit des biens de son épouse, ou contre une union de créanciers, il faut toujours ajouter aux noms des parties leurs qualités de tuteur, de mari, de syndic, etc.

Les censitaires procèdent sous le nom de syndics qu'ils avoient nommés. L'acte de nomination avoit été régulièrement signifié, la qualité avoit été reconnue, la caisse d'amortissement n'avoit pas cru devoir s'opposer d'aucune manière à un mode qui lui épargnoit une foule de procès pour un seul et même fait. Dans le jugement on ne voit figurer que les noms de deux censitaires, mais on met en qualité les cinq syndics de l'union ainsi qualifiés.

Les syndics défendent donc tant aux demandes qui leur sont faites personnellement, qu'à celles dirigées contre les autres censitaires. Le jugement est commun à tous les censitaires qui avoient signé l'acte d'union du 21 vendémiaire an 14, et signifié le 1.er brumaire suivant; le jugement signifié à la requête des syndics, l'a été pour tous les censitaires, donc l'appel devoit être signifié aux mêmes personnes et dans les mêmes qualités qui avoient été énoncées par le jugement du 30 août, et qu'ils avoient prises dans la signification faite à leur requête.

L'administration des domaines a négligé, oublié

ou n'a pas voulu faire mention de cette qualité de syndic ; elle a fait une signification à MM. Tessier de la Motte et Tessier du Mottay, et n'a fait aucune mention des trois autres syndics ou agens, ou fondés des pouvoirs des censitaires unis, quoique formellement nommés et qualifiés tant dans le jugement que dans l'acte de signification de celui du 23 septembre suivant ; donc la signification est purement personnelle aux sieurs Tessier. Ce sont eux seuls qui doivent défendre à l'appel, et ne point prononcer le nom des autres censitaires vis-à-vis et au profit desquels le jugement du 30 août 1808, a déjà acquis l'autorité de la chose jugée.

L'administration des domaines ou celle de la caisse d'amortissement ne pourront jamais se prévaloir des mots et autres propriétaires de la forêt de Beaufort.

En effet, les détenteurs de cette même forêt n'étoient point tenus solidairement un seul pour tous, du payement des redevances établies par l'ancien propriétaire. Chacun d'eux a reçu particulièrement un avertissement, un commandement. Ainsi la signification de l'appel devoit être faite ou à chaque détenteur en son domicile personnel, ou à celui des syndics de l'union.

Il faut, sur l'appel, qu'on ne voie figurer que les sieurs Tessier, et pour rendre cette forme plus sûre, il seroit sage que chacun d'eux constituât avoué. La défense ainsi divisée montreroit les sieurs Tessier se défendant comme particuliers, et non comme représentant les censitaires.

QUESTION.

Le fils est-il tenu de rapporter à la succession

de son père, la somme que celui-ci a payée, ou s'est obligé de payer, pour lui procurer son remplacement du service militaire auquel la loi l'appeloit, et lui être précomptée sur sa part dans la succession.

SOLUTION.

Le Conseil s'est décidé pour l'affirmative. Son opinion a été fondée sur ce que la conscription est une charge personnelle imposée par la loi à tous ceux qui ont atteint l'âge prescrit; que tous les Français doivent concourir à la défense de la patrie; qu'ainsi étant dette du fils il doit indemniser ses cohéritiers des obligations que son père a contractées pour lui procurer son exemption, et rapporter au partage les sommes qui ont été payées pour lui.

Telle est la disposition de l'art. 851 du Code Napoléon : « Le rapport est dû de ce qui a été em- » ployé pour l'établissement d'un cohéritier, ou » pour le payement de ses dettes ».

L'article 852 n'est point un obstacle à ce rapport dans les dépenses faites par le père pour son fils, et non sujettes à rapport; la loi comprend bien, *les frais ordinaires d'équipement,* sans aucune distinction.

Mais le prix de sa liberté, de son exemption, ne peut être assimilé aux dépenses que le père auroit pu faire soit pour son habillement ordinaire, soit pour son équipement comme militaire; l'un est un don volontaire de sa part, et qu'il étend suivant ses facultés; l'autre est une avance forcée pour laquelle il ne consulte que l'intérêt de son fils, ou dont la loi le force pour libérer son fils d'une obligation qui lui est personnelle.

En un mot il faut distinguer, comme le fait Loisel, entre ce qui n'est que simple entretien, de ce qui concourt à former l'établissement de l'enfant : « Nourriture (dit - il, troisième règle du » livre 2, titre 4, dans ses instituts coutumiers) ». « Nourriture *et entretiennement aux armées,* » *écoles,* etc., *ne sont sujets à rapport* ».

Mais ici ce seroit étrangement s'abuser que de considérer une somme payée par le père, pour soustraire son fils au service militaire, comme simple entretien qu'il lui auroit fourni *aux armées,* son remplacement ne peut être considéré comme le seroient des frais d'éducation ou d'apprentissage, et avant le nouveau Code on tenoit déjà pour certain, que le fils devoit rapporter à la succession de son père, ce qu'il lui en avoit coûté pour le libérer du service militaire ; à moins que le père n'eût manifesté sa volonté et lui en eût fait don.

Cette règle est aujourd'hui d'une rigueur plus stricte, d'après l'article 851 qui ordonne le rapport de tout ce qui a été employé utilement pour le cohéritier, à moins que le père ne lui en eût fait don par *préciput et hors part ;* et on va plus loin, on pense que dans le cas du préciput, s'il excédoit la portion disponible, le fils n'en seroit pas moins tenu au rapport de tout ce qui excéderoit.

Point de fait.

Les habitans de Wentzvillier, département du Haut-Rhin, possèdent une forêt communale dont M. de Rolberg prétend être le propriétaire, et, comme tel, avoir le droit de prendre annuellement douze cordes de bois ; et, attendu qu'il n'en a rien reçu depuis 1788, il réclame les arrérages depuis cette époque.

Il se fondé sur une transaction passée entre les habitans et ses auteurs, en date du 7 février 1727.

La première clause de cet acte porte que le seigneur s'engage à laisser en hiver aux habitans, comme de coutume, et après l'avoir requis convenablement, tout le bois de chauffage; en outre, de fournir à chaque habitant, en particulier, dans le cas qu'il eût besoin de bâtir, les sabliers et les poutres, et à la commune les bois nécessaires pour ses besoins publics.

Par le second article, le seigneur promet de ne prendre annuellement dans ladite forêt que douze cordes de bois, tant que lui et ses successeurs ne fixeroient pas leur demeure audit lieu de Wentzviller; mais, dans le cas contraire, ils pourroient user de la forêt pour tous leurs besoins, tant en bois de chauffage que de bâtisse et autres.

Enfin, il est stipulé que le seigneur pourra prendre seize arbres-chênes une fois pour toujours, et qu'au sujet de la glandée, les choses resteroient sur le pied qu'elles ont été réglées, en 1516, par le prince-évêque de Bâle, de qui la seigneurie relevoit.

Antérieurement, à cette transaction, il s'étoit élevé des difficultés entre le seigneur et les habitans. Les ancêtres de M. de Rolberg, sachant que la commune avoit perdu tous ses titres dans les anciennes guerres d'Allemagne, voulurent se prévaloir de cette circonstance. La commune présenta requête, sur la fin de l'avant dernier siècle, à l'intendant de la ci-devant province d'Alsace; et, par ordonnance intervenue en 1697, il a été fait défense aux ancêtres de M. de Rolberg de couper à l'avenir aucun arbre dans la forêt dont il s'agit, sous prétexte de bois mort ou autrement, et ordonné que, pour le surplus, la commune se conformeroit aux anciennes coutumes. Finalement, il a été jugé que le seigneur feroit apparoir incessamment les constitutions de la communauté, et en donneroit copie aux habitans dans la huitaine.

Au lieu de se conformer à cette décision, le seigneur a intenté action, en qualité de propriétaire, contre la communauté, et par-devant le Conseil souverain d'Alsace, où la contestation est restée long-temps pendante.

De la part du seigneur, la crainte de perdre, et de la part de la commune, la lassitude de débourser des avances, ont rapproché les parties, et de là vint la transaction dont il s'agit.

Aujourd'hui, M. de Rolberg va jusqu'à menacer les habitans de faire procéder au cantonnement de la forêt, s'ils persistent à refuser les cent seize cordes qu'il demande pour arrérages, et les douze cordes annuellement pour l'avenir.

QUESTIONS.

1.º La commune peut-elle être condamnée à payer les arrérages ?

2.º Le sieur de Rolberg est-il fondé à prétendre à l'avenir les douze cordes de bois suivant la transaction ?

3.º Est-il également fondé à demander le cantonnement ?

SOLUTIONS.

Les trois questions doivent être décidées par un motif commun à toutes.

M. de Rolberg est-il propriétaire? Tout révèle la négative.

Il y a plus d'un siècle, et lorsque la féodalité usoit de toute sa puissance, que les ancêtres de ce seigneur voulurent dépouiller les habitans de la possession de la forêt communale. Cette tentative, à ce qu'il paroît, uniquement fondée sur une volonté sans frein, étoit alors partagée en partie par les coutumes locales. L'intendant de la province, à l'autorité duquel on s'étoit d'abord adressé, fut tellement convaincu de l'arbitraire dont vouloit user le seigneur, qu'il ordonna l'exhibition de ses titres. Cette sage ordonnance prouve au moins que rien ne justifioit les prétentions de M. de Rolberg.

Ce dernier prouva lui-même qu'il ne pouvoit produire aucun acte en sa faveur. La demande qu'il forma devant le Conseil souverain d'Alsace, fut évidemment l'effet de cette impossibilité, et la transaction confirme à son tour ce point de vérité. Dans cet acte, il n'a pas été établi à qui étoit la propriété; il paroît même constant que les avantages stipulés au profit du seigneur, n'ont eu d'autre cause que le désir d'ensevelir un procès fatigant pour la communauté; une seconde raison, c'est qu'alors, comme le fait remarquer M. Lochman, il étoit passé en principe que le seigneur avoit droit à une double part d'habitans, ou de bourgeois, d'où l'on présume qu'est l'origine du droit réclamé aujourd'hui par M. de Rolberg.

Il n'étoit donc pas propriétaire; il reçut simplement un tribut des habitans comme seigneur du
lieu.

Tant qu'a duré la puissance féodale, ces sortes
de vexations n'ont pu être reprimées; mais lorsque la sollicitude nationale a embrassé les intérêts
du public, elle a fait cesser les abus des priviléges,
et d'abord les droits féodaux ont été abolis.

Plus tard, un cri général s'étant élevé en faveur
des communes dépouillées, l'assemblée législative
en reconnut le fondement; et les 28 août et 14
septembre 1792, elle rendit un décret dont toutes
les dispositions tendent à réintégrer les habitans
dans leurs droits d'usage et de propriété.

L'article 8 principalement s'applique d'une manière directe à l'espèce: « Les communes (porte
» cet article) qui justifieront avoir anciennement
» possédé des biens ou droits d'usage quelconques
» dont elles auront été dépouillées en totalité ou
» en partie par des ci-devant seigneurs, pourront
» se faire réintégrer dans la propriété et possession
» desdits biens ou droits d'usage, nonobstant tous
» édits, déclarations, arrêts du Conseil, lettres-pa-
» tentes, jugemens, transactions et possessions con-
» traires, à moins que les ci-devant seigneurs *ne*
» *présentent un acte authentique* qui constate
» qu'ils ont *légitimement acheté lesdits biens* ».

Les habitans assurent que la forêt a toujours été
regardée comme appartenant à la commune; qu'elle
en a constamment payé les contributions; qu'elle
a de même engagé les gardes forestiers, acquitté
leurs salaires de ses deniers communaux. Enfin
M. de Rolberg est obligé de demander à la commune la délivrance des douze cordes de bois à lui
accordées annuellement par la transaction, d'où il

résulte qu'elle est propriétaire et la seule propriétaire de la forêt. S'il en étoit autrement, qui peut
douter que le seigneur n'eût pas nommé les gardes
forestiers, dont il auroit fait ses gardes-chasse, et
que toutes les prérogatives résultant de la propriété
envers des usagers, n'eussent été épuisées par M. de
Rolberg ?

S'il possédoit aujourd'hui, les habitans seroient
fondés à lui demander l'exhibition de l'acte constatant son acquisition légitime ; et dans l'impuissance où il seroit de le produire, les habitans pouvant prouver les faits articulés au mémoire, c'est-à-
dire le payement des contributions, la nomination
des gardes champêtres, etc., se feroient réintégrer
dans la propriété nonobstant la transaction, et ce,
en vertu de l'article 8 de la loi précitée.

Ils sont dans une situation plus favorable, ils
possèdent, et n'ont à combattre que la transaction
annullée par le même article 8 ; mais voyons quels
en sont les termes, et préalablement recourons à
l'ordonnance de M. l'intendant. « Le sieur Rol-
» berg ne pourra à l'avenir couper aucun arbre
» dans le bois de la communauté, se conformera
» aux anciennes coutumes....., ne pourra tirer
» tribut ni recevoir des pourceaux étrangers dans
» la pâture des glands, sans le consentement de la
» communauté, et que tous les bourgeois n'en
» aient mis suffisamment pour leur ménage ».

Les réflexions qui naissent de ces deux articles
ne peuvent échapper à personne. La forêt est positivement reconnue être le patrimoine des habitans par ces réflexions formelles : « dans *les bois
de la communauté* ». Les droits de M. Rolberg
se réduisent à une perception féodale, ou du
moins ne résidoient que dans les *anciennes* cou-

tumes ; enfin il falloit que la communauté consentit à ce que le seigneur mît des pourceaux étrangers dans la glandée ; etc.

Ce seroit un étrange propriétaire celui qui ne pourroit couper d'arbres dans ses forêts, qui seroit obligé d'obtenir la permission de ses usagers pour disposer de la chose dont il seroit le maître ! Aussi M. de Rolberg n'étoit-il lui-même qu'usager, et cela en vertu de sa puissance, ou de certains statuts locaux.

Cette assertion, bien loin d'être démentie par la transaction, à laquelle d'ailleurs on ne recourra point pour chercher une preuve quelconque, est confirmée, et nous allons l'établir.

Nous ne voyons pas ici le préambule de cet acte, et nous ne pouvons par conséquent connoître les raisons sur lesquelles portent les clauses stipulées ; mais celles de ces clauses dont nous instruit le mémoire, ne dérogent point à la propriété des consultans.

Par le premier article, le seigneur s'engage à laisser ensuivre, aux habitans de Wentzwiller, comme de coutume, et après l'avoir requis convenablement, tout le bois de chauffage, etc., dont ils peuvent avoir besoin ; et le seigneur s'engage à ne prendre que douze cordes de bois annuellement, sans être tenu à la quantité ci-dessus, s'il arrivoit qu'il fixât sa demeure dans le lieu, en ce cas il pourroit user de la forêt pour tous ses besoins.

Il sembleroit que laisser aux habitans la faculté de prendre, comme de coutume, tout leur bois de chauffage, de bâtisse, etc., c'est leur accorder une grace surtout lorsqu'ils doivent requérir *convenablement* ; mais n'en doutons pas. Les habitans ont dit, en style respectueux, qu'ils continueroient à jouir de leur propriété : aussi le seigneur s'est-il obligé, en cas de dispersement de la forêt, de diminuer le nombre de ses douze cordes en raison de la dégradation.

Quant à la glandée, il a été dit : que quoiqu'elle appartînt au seigneur, les habitans pourroient en user pour leurs porcs nécessaires au ménage, et sans rien vendre ; que le surplus de la glandée, s'il y en a, resteroit au seigneur et à ses *successeurs féodaux*.

Nous voilà parfaitement au fait de la cause : c'est en qualité de seigneur que M. Rolberg a pris les douze cordes de bois; c'est à ce titre que la glandée, non consommée par les habitans, devoit lui appartenir ou à ses successeurs féodaux.

Rien ne peut plus nous embarrasser sur la propriété; d'une part, les habitans en eurent constamment les charges et les prérogatives; de l'autre, le seigneur n'en eût que certains émolumens qui seuls attestent pour lui l'absence de la propriété. Maître de la forêt, tout lui appartenoit, arbre, fruits, pâture, glandée, en un mot, jouissance totale. Sa portion n'auroit pas été un droit de chauffage, une exhubérance de glands, une portion de bois susceptible de diminuer selon l'état de la forêt, mais toute la forêt, tout son produit.

Nous savons que certaines libéralités de la part des seigneurs envers leurs communautés vassales, auroient dû fixer la reconnoissance des habitans; et dans la Haute-Alsace, une prestation provenant d'une source aussi pure, continua de peser sur les cessionnaires, lorsque la redevance fut simple, c'est-à-dire sous la réserve des foi et hommage; mais ici où est la concession ? quel est le titre, quels sont les documens qui établissent le bienfait dont peut résulter la prestation ? M. de Rollberg a-t-il produit devant M. l'intendant le titre qui pût faire provenir de ses ancêtres la forêt communale des habitans ? l'a-t-il rappelé dans la transaction ? On ne vit, on ne voit rien de cette transmission respectable dont les habitans, sans doute, n'oublieront pas la cause; et que demande donc M. de Rollberg ? Il demande l'exécution d'une transaction, et nous allons démontrer qu'il veut ranimer un cadavre.

En effet, la féodalité et les coutumes sont ensevelies par nos lois depuis très-long-temps, et comme M. de Rollberg ne peut indiquer d'autres sources que celles-là pour établir ses prétentions sur leurs bases originaires, il s'ensuit qu'elles n'en ont plus, qu'elles sont des fantômes que doit faire disparoître le souffle de la justice.

Reprenons les questions proposées.

La commune peut-elle être condamnée à payer les arrérages ?

Non; et supposant même qu'il pût exiger les douze cordes de bois conformément à la transaction, la négative n'en subsisteroit pas moins.

Partons de ce point qu'il est démontré qu'il n'est pas propriétaire; il ne le fut jamais. On ne peut donc le considérer que comme seigneur percevant un tribut coutumier, ou comme usager; et c'est sous ce dernier rapport seulement que nous allons le considérer.

L'usager n'a jamais de jouissance pour le passé.

S'il s'agit du droit de pâture, la saison qui suit dévore ce que les bestiaux n'ont pas consommé. S'il s'agit de droit de chauffage, la forêt s'accroît de la portion délaissée. Veut-on savoir pourquoi ? c'est que dans l'espèce, par exemple, le *maximum* est de douze cordes. L'usage peut se réduire à six, à trois, à rien par conséquent; et lorsqu'il ne parloit pas, il renonce tacitement à l'exercice de son droit, sauf l'avenir.

Et distinguons bien entre l'usufruit et l'usage. L'usufruitier administre, tout lui appartient quant au produit; rien de ce qui est d'arrérage ne peut lui être dénié ni refusé, mais l'usager n'administre pas; s'il n'use point, le grévé de l'usage conserve, les moutons du seigneur n'ont pas pâturé le regain du vassal, tant mieux pour celui-ci s'il en a repu ses troupeaux; le seigneur n'a pas pris les douze cordes de bois qui devoient alimenter ses foyers; tant mieux pour les habitans propriétaires de la forêt : c'est comme si ceux-ci auroient dû brûler cette quantité de bois pour l'usager qui n'auroit pas profité du feu; il réclameroit en vain. Tout est consommé, lui répondroit-on; il falloit venir, il falloit participer.

En cette matière la prescription est annuelle, non quant au droit; mais quant à l'usage, on ne peut concevoir une plus longue durée que le besoin même; et certes M. de Rolberg ne prétend pas vouloir se chauffer pour les vingt années pendant lesquelles il n'a rien perçu, ce seroit une trop comique absurdité.

Si nous comparons le droit de chauffage au droit de champart, nous trouvons qu'il n'arrérage *qu'au cas de refus de le payer;* c'est-à-dire, que s'il n'est pas reçu, sur la production d'une année, on ne pourra le réclamer ni le prendre sur la récolte suivante : pourquoi? parce que, 1.º c'est un droit annuel; 2.º que la perception n'en est jamais constatée par quittance ni par aucun acte quelconque.

La dîme, quoique réputée de droit divin, n'ar-

rérageoit non plus que du jour de la demande judiciaire, ensorte que le contribuable n'étoit tenu
de la payer, comme arrérage, que depuis l'action
jusqu'au jugement qui prononçoit la légitimité du
droit, ainsi décidé par arrêt du 5 mars 1633,
rapporté par du Rouss : *hoc verb. sect.* 2, *verb.*
arrérages.

Si le droit de champart et de dîme ne se peuvent demander après l'année révolue, comment
seroit-il possible que le droit d'usage annuel pût avoir
plus d'extension, quand il est certain que ce droit
est appliqué à des besoins fugitifs et qui ne peuvent
jamais s'accumuler ?

Il est probable que M. de Rolberg ne donnoit
pas aux habitans une quittance des douze cordes
de bois lorsqu'il percevoit. Il les prenoit, sans
doute, comme chaque habitant prenoit sa portion
sans en faire aucune mention nulle part ; et de ce
qu'il n'en restoit aucune trace, il faut nécessairement en conclure qu'on ne peut pas plus constater
les arrérages que la perception.

M. de Rolberg est non recevable dans ce chef
de demande.

Est-il plus fondé à demander, pour l'avenir, les
douze cordes de bois ?

Il est de principe qu'on ne peut valablement
transiger sur un objet illicite, parce que rien ne
peut légitimer tout ce que défendent les mœurs, le
droit naturel ou positif.

Or, les prétentions de M. de Rolberg étoient
injustes et contraires à la propriété manifeste des
habitans. Ceux-ci n'eurent à lutter que contre la
puissance féodale ; ils y cédèrent en partie en consentant une transaction dans laquelle le seigneur
s'est créé des droits, et notamment celui de prendre

annuellement douze cordes de bois dans la forêt ; et plus, le cas prévu arrivant, cette prestation n'étoit point dictée dans l'ordonnance de M. l'intendant, elle est donc une novation, et n'a d'autre fondement qu'une clause oppressive.

Supposons que ce droit ait une source moins odieuse, soit la coutume locale ou générale, soit les principes particuliers du pays consacrés au profit des seigneurs ; et dans cette hypothèse quelle conséquence en tirera-t-on ? que de tout cela, il ne reste plus rien aujourd'hui.

Ou le seigneur a imposé arbitrairement une obligation sans cause autre que la puissance féodale, ou il a usé du bénéfice des coutumes. Au premier cas, l'obligation est nulle ; au second, les coutumes et priviléges sont abrogés, abolis, et sous quelque point de vue que l'on envisage la cause, les habitans sont fondés à refuser la delivrance des douze cordes de bois.

La transaction ne peut produire aucun effet, parce qu'elle consacre une usurpation proscrite par les lois libératrices qui ont été rendues en faveur des communes dépouillées. Elle ne peut produire aucun effet, parce qu'elle est formellement annulée par l'article 8 de la loi du 28 août 1792, époque depuis laquelle les communes sont restituées contre ces sortes d'actes.

Ces lois restitutrices n'étoient pas sans exemple avant la révolution. Le 20 avril 1667, Louis XIV rendit un édit mémorable portant pouvoir aux habitans des paroisses et communautés du royaume de rentrer dans les usages, droits et biens communaux par eux *vendus et aliénés*.

Dans l'espèce il n'y a pas eu d'aliénation, mais grévement équivalant à l'aliénation de partie de la forêt.

L'on ne voit pas que le pacte ait été, soit autorisé, soit approuvé par l'intendant de la province ; on ne voit pas si les habitans ont été ou non convoqués régulièrement. Mais à supposer que les formalités aient été remplies, la transaction n'en est pas moins nulle : 1.º elle est sans cause ; 2.º elle a été conçue sous le joug de la féodalité ; 3.º elle est annulée par une loi positive et directement applicable au cas particulier.

L'usurpation est démontrée par la comparaison de l'ordonnance de l'intendant et de la transaction. Si cette violence peut être adoucie, parce que la coutume a pu la motiver, l'effet n'en a pas moins cessé avec l'abolition des lois municipales et des priviléges.

M. de Rolberg a lui-même exécuté la loi abolitive en s'abstenant de prendre les douze cordes de bois pendant l'espace de vingt ans. En vertu de cette loi, les habitans sont entrés en possession de l'affranchissement ; ils ont prescrit par le laps de dix ans entre présens, et ils peuvent repousser l'attaque de M. de Rolberg par une fin de non-recevoir résultant de cette prescription ; ils ont de l'effet de la même loi le temps nécessaire pour être éternellement libérés. En vain dira-t-il qu'ils n'ont pu prescrire contre un titre ; misérable objection : le titre est annulé depuis 1792. Loin de s'être pourvu pour demander d'être excepté de cette loi générale, M. de Rolberg est resté dans l'inaction ; les habitans ont dû penser qu'il se conformeroit au décret de l'assemblée législative, et aujourd'hui il n'est plus permis d'examiner s'il y avoit ou non lieu à l'exception en sa faveur : il est non recevable en tout cas. Au fond il seroit débouté, car les habitans prouvent qu'ils ont anciennement possédé comme pro-

priétaires, et que le droit réclamé par **M.** de Rolberg n'est autre chose qu'une excroissance féodale
dont il a incommodé les habitans par une volonté
unique, mais alors insurmontable.

Il n'a d'autre prétention à établir que celle de
simple habitant, s'il demeure dans le lieu; tout ce
qui pourra excéder ce point sera infailliblement
réprouvé par les tribunaux.

Maintenant il est oiseux de s'occuper de la question de savoir s'il peut former son action en cantonnement. Il n'est ni propriétaire, ni usager, sur
quoi donc fondera-t-il sa demande ?

Sur la transaction, répondra-t-il; mais elle est
annulée. D'ailleurs, la loi du 10 juin 1793, ne
laisse pas l'ombre de difficulté sur la propriété absolue des habitans.

L'article 1.er de la section 4 s'exprime ainsi :
« Tous les biens communaux en général, connus
» dans toute la République sous les divers noms
» *de terres vaines et vagues, galtes, garrigues,*
» *langues, pacages, palis, ajones, bruyères,*
» *BOIS COMMUNS*, et sous toute autre dénomina-
» tion quelconque, sont et appartiennent de leur
» nature à la généralité des habitans, ou membres
» des communes ou des sections des communes
» dans le territoire desquelles ces communaux sont
» situés, et comme tels lesdites communes ou sec-
» tions de communes sont fondées et autorisées à
» les revendiquer ».

L'art. 8 porte : « La possession de quarante ans
» exigée par la loi du 28 août 1792, pour justifier
» la propriété d'un ci-devant seigneur sur *les terres*
» *vaines, vagues,* etc., ne pourra en aucun cas
» s'appliquer le titre légitime; et le titre légitime
» ne pourra être celui qui émaneroit de la puis-

» sance féodale, mais un titre authentique qui
» constate qu'ils ont légitimement acheté lesdits
» biens, conformément à l'article 8 de la loi du
28 août 1792 ».

Donc, non seulement la transaction est annulée,
mais la forêt dont il s'agit est encore restituée aux
habitans par une disposition expresse de laquelle
il suffit de rapprocher les documens qui prouvent
que cette forêt est communale.

Les consultans n'ont pas eu besoin de révendiquer, lors de la promulgation de la loi qui permet
cet action, ils étoient en possession de la forêt, dont
la propriété leur auroit été restituée s'il en eût été
besoin ; et comme ce communal n'étoit grévé que
par la transaction, il s'est trouvé libéré du droit
d'usage par l'annullation de cet arrangement, en
soi extrêmement vicieux et fragile.

Sur aucun des points examinés les habitans n'ont
rien à craindre, et doivent se défendre avec confiance s'ils sont attaqués.

Point de fait.

Le sieur François-Xavier Susini de Bonifacio,
épousa en 1798, demoiselle Marie - Françoise
Bossy d'Ajaccio, époque à laquelle étoit en vigueur la loi du 17 nivose an 2 sur les donations et
substitutions. Suivant l'article 14 les conjoints pouvoient se faire des avantages, *même pendant le
mariage.*

L'âge des époux est disproportionné. M. Susini
n'a que trente-sept ans, et sa femme en a cinquante-
cinq ; mais quoique des vues de convenance eussent
été les premiers motifs de cette union, la conduite
du mari et ses attentions pour sa compagne, l'ont

rendue heureuse. Il a même fait des dépenses considérables pour améliorer les biens de sa femme.

Pénétrée de ces procédés, elle fit à son mari une donation entre-vifs de plusieurs biens fonds. Par cet acte passé le 11 thermidor an 8, la donatrice déclara qu'elle avoit toujours joui de la paix et tranquillité avec son mari, sans haine, chagrin ni autres; qu'au contraire elle avoit expérimenté en lui les traits d'amour et de loyauté dignes d'un époux, occupé sans discontinuation aux soins desdits biens, dans lesquels il avoit même dépensé de son propre pour les améliorer et les rendre plus utiles, se trouvant en partie détériorés, notamment un moulin; qu'en conséquence voulant lui donner une preuve de sa reconnoissance, et pour l'indemniser de tous ces bienfaits, elle lui cédoit et transportoit, à titre de donation entre-vifs, plusieurs desdits biens, particulièrement ledit moulin dont elle se désaisit dès l'instant même de la donation : à condition, par son dit mari, de continuer à vivre avec elle comme par le passé.

Il n'étoit pas présent à la donation, mais il l'a acceptée par acte du 21 octobre 1806, et a fait notifier à sa femme l'acte notarié de cette acceptation.

Postérieurement, la dame Susini a révoqué la donation.

Procès en conséquence entre les conjoints sur la validité ou l'invalidité de la donation.

QUESTIONS.

1.° Le donataire a-t-il pu valablement accepter la donation par l'acte du 21 octobre 1806?

2.° La révocation postérieure détruit-elle l'effet de la donation.

3.º En cas d'affirmation, comment récompenser le mari des dépenses qu'il a faites, et qui sont attestées dans la donation?

SOLUTIONS.

Il faut d'abord examiner ce qu'ont voulu les lois pour rendre les donations valables; ensuite si elles prennent date de leur confection ou de leur acceptation.

Les lois ont voulu l'expression formelle de la libéralité; la désignation des objets donnés; la transmission *hic et nunc* des biens; l'acceptation du donataire et l'insinuation (aujourd'hui la transcription).

Dans l'espèce la libéralité est formellement exprimée, les objets en sont désignés, la donataire s'en est désaisie; mais l'acceptation n'a eu lieu que long-temps après, et la transcription a été omise.

Il sembleroit que l'acceptation n'est pas nécessaire dans tous les cas où il n'y a pas de condition onéreuse, le bienfait ne pouvant être censé avoir été refusé. Cependant le législateur n'a pas, sans motifs, prescrit cette formalité; et d'abord, c'est que jusqu'à l'acceptation le don n'est qu'une offre, et il ne prend ce titre que lorsqu'il est véritablement reçu; il n'est pas censé l'être sans qu'il soit certain que le donataire en a eu connoissance. Et, par exemple, une personne reconnoissante ou mue par tout autre sentiment, peut placer dans la maison de son bienfaiteur ou de son ami, et à son insçu, un bijou, de l'or, etc., sans que le don ait lieu; il peut être renvoyé, comme cela arrive quelquefois; il n'est donc pas constant que l'offre de la dame Susini ait été acceptée avant la manifestation du fait ; il ne l'est pas même qu'antérieurement il en ait eu connoissance.

En second lieu, le public est intéressé à ce que la formalité de l'acceptation soit nécessaire : pour quoi ? parce que toute libéralité qui laisseroit mobile l'objet donné entre l'iuconstance du donateur, le refus du donataire et l'acceptation, cacheroit un piége où pourroit souvent tomber la confiance des particuliers. Il arriveroit, par exemple, que le donateur, surchargé d'engagemens, en éluderoit l'éxécution, soit en provoquant une révocation que le donataire lui accorderoit par bienveillance, soit en déclarant lui-même qu'il ne veut pas accepter la donation.

Il y a plus, c'est que sans l'acception, la donation est nulle, qu'elle est restée en projet, et certes, une telle prétention seroit toujours fondée ; et plus particulièrement encore, lorsque la transmission ne seroit constatée par aucun acte, par aucun fait.

Selon le droit romain, il n'étoit pas nécessaire que l'acceptation fût faite en termes formels ; elle pouvoit se suppléer par équipolence, attendu, dit *Domat*, « que c'étoit une maxime établie par » plusieurs lois, que celui qui agréoit par *effet* » étoit réputé avoir suffisamment confirmé et » accepté ce qui avoit été fait en sa faveur, » quoiqu'il n'y eût aucun acte écrit de son ac- » ceptation ».

Mais l'auteur entend ici par effet, la tradition réelle, et la jouissance de l'objet donné ; ainsi la faveur du droit romain ne s'étend pas à notre espèce. La tradition a bien été déclarée dans l'acte, mais la possession n'a pas révélé ni constaté le fait de la transmission ; d'où il suit qu'on ne sait pas plus si le consultant a régi comme propriétaire, que comme administrateur de la communauté.

En France les lois étoient plus rigoureuses sur l'acceptation. L'ordonnance de 1731 vouloit qu'elle fût expresse, et qu'elle ne pût se présumer de la présence du donataire, ni même de la tradition des biens donnés ; mais cette disposition n'avoit pas d'application en Corse, où l'ordonnance n'avoit été ni promulguée ni mise en vigueur.

Mais si les lois romaines favorisoient les donataires en général, elles devinrent, à une certaine époque, très-sévères relativement aux époux. Elles abolirent entre eux les donations entre-vifs, et la seule modification que la jurisprudence y apportât, ce fut de vouloir bien que les donations entre-vifs valussent comme donations à cause de mort. Le changement survenu dans cette partie, vint de ce que fréquemment le donateur se trouvoit misérable après la mort ou le divorce du donataire.

Le droit écrit et plusieurs coutumes ont permis entre époux les donations de meubles, d'acquets et d'une partie des propres, mais ces donations étoient révocables.

Voyons maintenant ce qu'avoient disposé les lois intermédiaires sous le règne desquelles a été faite la donation.

Les époux (porte l'article 13 de la loi du 17 nivose) sans enfans, peuvent se donner ce qu'ils jugent à propos, soit que la donation soit réciproque, ou qu'elle soit faite seulement d'un époux à l'autre, soit qu'elle précède le contrat, ou qu'elle soit postérieure.

L'article 3 de la loi du 4 germinal an 8 , ne laisse à la disposition du testateur ou du donateur qu'une portion de ses biens, s'il a des frères ou neveux, mais l'article 6 déclare ne point déroger aux lois qui concernent les dispositions entre époux.

Ainsi l'article 13 de la loi du 17 nivose est resté dans toute sa force, et la donation pouvoit par conséquent épuiser la totalité des biens de la donatrice.

Voilà bien établie la capacité de donner et de recevoir dans notre espèce, mais le mode des donations étoit-il différent à cette époque de celui auparavant et depuis ordonné?

Pour qu'une donation faite en vertu des lois précitées fût valable, il falloit qu'elle fût rédigée devant notaire, acceptée par le donataire, et rendue publique par la formalité de l'insinuation. Les lois, coutumes, ordonnances, l'exigeoient auparavant; et n'ayant pas été abrogées en ce point, elles ont continué d'avoir lieu.

Ainsi, dans les pays de droit écrit, par exemple, on pouvoit alors, comme auparavant, accepter par le fait; l'exécution de la donation équipolloit par conséquent à l'acceptation explicite.

Mais de-là nous ne pouvons rien conclure en faveur du consultant : cette équipollence ne se rencontre pas dans sa cause.

Pour qu'il fût fondé dans ses prétentions, il faudroit que la donation ne dépendît pas de l'article 1096 du Code Napoléon.

Dans le désir de produire une solution motivée sur cette question neuve, nous avons singulièrement examiné ce point décisif, si la donation date de l'acceptation, ou si cette dernière formalité acquiert la date. Beaucoup de raisons contraires se sont présentées à notre esprit.

On peut dire, en effet, qu'une donation dictée dans un acte public est une œuvre consommée de la part du donateur, qu'à quelqu'époque que puisse se manifester l'acceptation, elle doit remonter à la cause, parce que l'acceptation n'est qu'une sorte de réponse affirmative à l'offre fixée dans un acte ayant date certaine, et qu'enfin le donateur, dépouillé du moment où il s'est dessaisi des objets donnés, n'étant pas rentré dans ses droits par une volonté contraire avant l'acceptation, ne put plus faire ensuite qu'une vaine rétractation; qu'en un mot la chose a cessé d'être à lui dès qu'il l'offerte et qu'il a déclaré s'en dessaisir.

Ce raisonnement ne seroit pas sans poids, si le consultant eût joui de l'effet de la donation : mais de ce qu'il n'en a pas joui, il en résulte une objection qui paroît invincible.

Qu'est-ce qui constitue la validité des actes ? c'est le concours des conditions qui sont de leur essence, et l'acceptation formelle, suivant le droit français et suivant le droit romain, l'acceptation de fait, sont du nombre de ces conditions. Une libéralité isolée de cette acceptation quelconque n'est encore que l'expression du donateur auquel, jusques-là, l'acte appartient comme un simple projet émané de lui ; il ne devient donc véritablement obligatoire que lorsqu'il reçoit le caractère du contrat qui dépouille l'un et revêt l'autre de la propriété. « Il n'y a point, dit *Domat*, de donation sans acceptation, car si le donataire n'accepte, le donateur n'est pas dépouillé et son droit lui demeure ».

Ainsi, tant que la libéralité est restée l'œuvre de la donatrice seule, sa volonté a pu varier au gré de ses affections et de son déplaisir.

Par parité de raison, du moment où le mar[i a]
donné son consentement, l'acte n'a plus apparte[nu]
à la femme; le mari s'en est emparé.

Reste à savoir si le sort de ce contrat, à l'époq[ue]
de l'acceptation, n'appartenoit pas à la loi: c'est [là]
le nœud gordien.

Pothier pense que lorsque le donataire n'accep[te]
pas aussitôt la donation, il se soumet, par son r[e-]
tard, à l'événement et à la disposition des lois po[s-]
térieures.

Ce sentiment est puisé dans l'imperfection de [la]
donation non encore acceptée. Il n'est pas, comm[e]
on semble le croire dans le mémoire à consulte[r,]
ni le résultat de l'ordonnance de 1731, ni le com[-]
mentaire d'aucune disposition de cette loi; c'e[st]
une maxime générale, vraie dans tous les temps [et]
sous toute espèce de législation. De ce que le do[-]
nateur n'est pas dépouillé, sa disposition doit dé[-]
pendre des lois futures; et s'il arrive, par exempl[e,]
que ces lois défendent de donner, toute acceptatio[n]
postérieure seroit sans vertu, parce que le don n'[a]
lieu qu'au moment où on le reçoit; et ce moment[,]
en matière de donation entre-vifs, est l'acceptatio[n.]

Or, le consultant n'ayant accepté que depuis l[a]
promulgation du Code Napoléon, il est obligé d[e]
s'en référer à ses dispositions. La révocation fait[e]
par la dame Susini est donc valable; l'article 109[6]
ne laisse à cet égard aucune incertitude.

« Toutes donations faites entre époux pendan[t]
» le mariage, quoique qualifiées entre-vifs, seron[t]
» toujours révocables ».

Cette disposition se rattache au droit romain[,]
qui laissoit à ces dons entre époux la même mobi[-]
lité, d'où il suit que soit qu'on invoque le droit[,]
écrit, ou que l'on consulte le Code Napoléon, l[a]

vocation se trouve encore valable sous ce second double point de vue.

Pourquoi le consultant ne fut-il pas présent à la donation? les termes de cet acte semblent l'expliquer. Sa femme, satisfaite alors des soins et des marques de tendresse qu'elle en avoit reçu, « à condition, par sondit mari, de vivre avec elle comme *par le passé* », elle lui a fait donation de..... Mais ne l'ayant pas conduit avec elle chez le notaire, il paroîtroit qu'elle eût voulu ne rien faire de définitif encore alors, et attendre de l'avenir la confirmation de la tendresse dont elle se louoit et la persévérance qui fut une des conditions de la donation.

On objecte qu'il a satisfait à cette condition en restant avec elle jusqu'au moment où il a été obligé de quitter l'asile nuptial pour céder au désir de sa femme, instiguée par son neveu. Rester avec sa femme n'est pas une démonstration d'amour, et la donatrice seule a pu juger de la conduite de son mari; elle en a été mécontente, puisqu'elle a révoqué la donation, et d'alors seulement date la libéralité qui, par cette raison, n'a pu être régie par des lois antérieures.

Nous le répétons encore, la possession, si elle eût lieu, est occulte, rien ne prouve que le consultant ait agi comme propriétaire; il n'a pas, d'ailleurs, rempli immédiatement la formalité de la transcription, formalité qui auroit pu fixer la propriété dans ses mains, et équivaloir à une acceptation formelle: en un mot, on ne trouve aucune trace de *l'effet* que le droit romain accueilloit comme équipollence, au moins avant la promulgation du Code Napoléon.

Les deux décisions citées ne sont d'aucun poids,

et ne peuvent être invoquées que dans le sens de l'opinion produite par *Domat*. D'abord il ne peut y être question de donations entre-vifs par des époux, puisque le droit romain les défendoit, et que l'usage, dans les pays de droit écrit où elles n'étoient pas défendues, étoit de les rendre révocables jusqu'à la mort; usage qui ne différoit en rien de cette jurisprudence romaine qui permettoit que les donations entre-vifs valussent comme donations à cause de mort. Ensuite, et nous avons établi les motifs pour lesquels la donation gratuite, comme la donation à titre onéreux, doit être acceptée. Nous devons cependant marquer une certaine différence qui rentre dans l'esprit de la résolution 48; c'est que l'acceptation de la donation gratuite peut s'induire de quelques faits, et notamment de la tradition réelle, lorsque la présomption de l'acceptation ainsi révélée n'est détruite par aucun refus résultant d'expressions ou d'actes du donataire, tandis que l'acceptation d'une donation onéreuse doit toujours être formelle.

La cause du consultant rapportée à l'article 61 de la loi du 17 nivose, n'en devient pas plus favorable. « Toutes les lois, coutumes, usages et statuts » relatifs à la transmission des biens par donation » ont été abolies. » Mais cette disposition ne concerne que la faculté de donner et non le mode, de telle sorte qu'on ne peut en conclure qu'alors la donation pouvoit être réelle sans l'acceptation qu'on n'a pas eu le droit de présumer sous le règne de cette loi non plus qu'auparavant, quelque convenable que fût la chose au donataire.

D'ailleurs le consultant étoit sur les lieux lors de la confection de l'acte, on ne peut donc dire que son absence a été la cause du retard de l'acceptation,

et que lui opposer le Code Napoléon seroit lui donner un effet rétroactif.

Sous quelqu'aspect que l'on envisage la question,
elle est défavorable au consultant ; voyons si la
clause rémunératoire peut fonder une action en
indemnité.

« Les donations appelées rémunératoires, disent
» les auteurs, qui sont faites pour récompenses de
» services, ne sont véritablement des donations que
» lorsque ce qui est donné ne pouvoit être exigé
» par le donataire. La récompense qu'il pouvoit
» demander n'est pas une donation. »

D'après cette maxime, qui devint un point de
jurisprudence, il seroit exact de conclure en faveur
du consultant ; il pourroit demander le dédommagement des dépenses qu'il a faites pour améliorer
des biens de sa femme. Mais aucune loi n'accorda
jamais, à l'un des époux, le droit de reprendre les
fonds numéraires qu'il avoit appliqués à l'augmentation des valeurs immobilières appartenantes à
l'autre époux, ni le prix des soins de ses travaux, etc. ; on ne connut que le remploi des
propres, et il ne s'agit pas ici de cette sorte de reprise réelle. Les sacrifices, constatés par la donation, ne peuvent être qu'un motif de considération
pour la Cour d'appel.

Si la conduite du consultant a toujours été
louable ; si la révocation n'a pris sa source que
dans certaine humeur fréquente dans les femmes
qui devenant plus âgées, n'en sont que plus exi-
geantes, l'arrêt pourra modifier les principes par l'é-
quité, et maintenir la donation par ces considérans.

« Attendu qu'aucune loi n'ordonnoit l'exécution
» des anciennes dispositions relativement à l'accep-
» tation des donations, à l'époque où celle dont il

» s'agit a eu lieu ; attendu que cette donation a eu
» pour cause des dépenses qui avoient en quelque
» sorte constitué la donatrice débitrice de son mari,
» et que, pour acquitter cette dette, elle s'est des-
» saisie de biens équivalens ; attendu qu'elle s'en
» trouvoit encore dessaisie lorsque la transcription
» et l'acceptation ont été accomplies ; attendu que,
» par cette double formalité, la donation est re-
» montée à l'époque où par le fait de l'acte et la
» déclaration de la transmission elle a été exécutée ;
» attendu que le Code Napoléon n'étoit pas encore
» en vigueur lors de ladite donation, la révocation
» est déclarée nulle : en conséquence il est ordonné
» que la donation aura son plein et entier effet ; et
» attendu la qualité des parties, les dépens sont
» compensés. »

Point de fait.

Michel Schitz et Antoine Seitz, en qualité de
cessionnaires de M. Treuchsess de Rébeauvillé,
firent citer (sans avoir fait notifier leur cession)
les sieurs Blanel, Jean Muty, Félix Haas et Léonard Schaeffer, afin de condamnation de différentes
rentes foncières assises sur divers biens qu'ils possèdent au Ban-de-Folgenspourg, provenans de la
famille Treuchsess, au contenu des terriers des
années 1578 et 1688 ; et copie d'iceux de 1774,
servant de collégendes.

Le 4 février 1808, les demandeurs, faute de
conciliation, firent assigner les consultans devant le
tribunal civil, et donnèrent copie de la cession.

Sur cette instance, les mêmes consultans deman-
dèrent, 1.º qu'on leur désignât les pièces de biens
sur lesquelles on prétendoit que les rentes étoient

assises ; 2.ᵉ qu'on leur exhibât des procès-verbaux des libelles Terriers des années 1578, 1688 et 1774, relatés en l'obligation, ensemble du procès-verbal de la clôture desdits titres, etc.

Quelques jours après les demandeurs firent signifier un titre conçu en idiôme allemand sous la date du 16 juillet 1578, sans en agir de même à l'égard de ceux de 1688 et 1774, relatés dans leur demande.

Lors de la plaidoierie, les défenseurs prirent respectivement des conclusions, l'un, conformes à la demande, et l'autre à la défense des parties.

Sur quoi le Tribunal a ordonné que le terrier du 16 mai 1578, ceux des années 1688 et 1774, seroient déposés au notariat de Mᵉ. Neuville, commis à cet effet, pour en être délivré expédition légale aux défendeurs, moyennant salaire ; qu'en outre les demandeurs déposeroient au même notariat l'acte primordial du bail à cens, le tout dans la huitaine, à compter de la signification du présent jugement.

Les demandeurs se sont rendus appelans de ce jugement (il est inutile de distinguer ici les parties, puisque la cause est la même), et la Cour d'appel, séant à Colmar, a condamné les intimés à payer aux appelans, savoir : en argent, trois schellings onze deniers en grains, trois neseaux, trois boisseaux, etc. pour rentes foncières, etc.

Vu les pièces des procédures contre Jean-Jacques Mutz, et Paul Blanel et consorts, ensemble le mémoire à consulter produit par Mᵉ. Genty, greffier de la justice de paix du canton de Ferette.

QUESTIONS.

1.º Les demandeurs ne sont-ils pas tenus de jus-

21

tifier de leur demande, comme le prescrit impérativement l'article 65 du Code judiciaire?

2.º L'aveu fait, par les consultans, d'avoir servi les rentes jusqu'en 1771, suffit-il pour asseoir une condamnation, sans préalablement examiner si les rentes sont ou non allodiales?

3.º A supposer que les demandeurs déposassent le renouvellement des terriers qui n'énoncent pas la cause desdites rentes, mais seulement qu'elles sont assises sur telles ou telles pièces de terre, on ne pourroit pas les obliger à produire le titre primordial?

4.º D'après la copie du terrier du 16 juillet 1578, il n'est pas démontré que la rente est féodale, ou si elle n'est pas entachée de féodalité?

5.º Attendu qu'il n'est pas probable que la Cour d'appel se réforme, ayant déjà décidé dans la même espèce au profit des demandeurs, ne sera-t-il pas convenable de se pourvoir en cassation? les consultans sont-ils fondés à attaquer les arrêts déjà rendus?

SOLUTIONS.

Depuis qu'il existe parmi les hommes une justice distributive, il a toujours été nécessaire de fonder les demandes judiciaires sur une preuve quelconque; autrement le plus audacieux auroit toujours pu triompher du plus honnête, et s'enrichir d'obligations imaginaires et de succès injustes.

Les législateurs de tous les temps n'ont adopté qu'avec circonspection la preuve testimoniale. Le Code Napoléon ne l'admet que jusqu'à concurrence d'une valeur de 150 fr.

La même loi (article 1315) veut « que celui

» qui réclame l'exécution d'une obligation doit la
» prouver ».

L'article 65 du Code de procédure civile établit le mode d'exécution, la disposition précédente
en ordonnant qu'il soit donné copie des pièces ou
de la partie des pièces sur lesquelles la demande
est fondée. A défaut de ces copies, celles que le
demandeur sera tenu de donner dans le cours de
l'instance, n'entreront point en taxe.

Voyons si les demandeurs ont satisfaits à cet
article.

Leur action reposoit sur les terriers des années
1578 et 1688, ensemble sur les copies de ces titres énoncés sous la date de 1774, et servant de
collégende.

Ils n'ont fait signifier que la copie d'un titre
allemand sous la date du 16 juillet 1378.

Les consultans ne l'ont pas trouvé suffisant
pour les obliger ; ils ont en conséquence demandé
que les autres titres énoncés en l'assignation fussent déposés au greffe pour en obtenir des expé-
ditions : un jugement l'ordonna. Un arrêt sur l'appel en décida autrement.

La loi est-elle d'accord avec cet arrêt ?

L'article 1335 du Code Napoléon s'exprime
ainsi :

« Lorsque le titre original n'existe plus, les co-
» pies font foi d'après les distinctions suivantes ».

« 1°. Les grosses des contrats ou premières ex-
» péditions, font la même foi que l'original; il en
» est de même des copies qui ont été tirées par
» l'autorité du magistrat, partie présentes ou due-
» ment appelées, ou de celles qui ont été tirées en
» présence des parties ou de leur consentement
» réciproque ».

2°, « Elles peuvent, en cas de perte de l'ori-
» ginal, faire foi quand elles sont anciennes.

» Elles sont considérées comme anciennes quand
» elles ont plus de 30 ans ».

D'après ces dispositions il sembleroit que la
copie signifiée dût être regardée comme probante
et devant faire foi, attendu qu'elle procède d'une
autre copie tirée en présence des parties lors de
la convocation de 1778.

Mais une dernière distinction, renfermé dans
l'article 1335 déjà cité, porte :

« Les copies des copies pourront, suivant les
» circonstances, être considérées comme simples
» renseignemens ».

Or, le prétendu titre dudit jour 16 juillet 1578,
ne peut être admis que comme copie d'une partie
du titre primordial, et rien ne prouve qu'elle soit
conforme à l'original ; ce qui, d'une part, laisse
incertain sur la légitimité de la prestation, ou si
l'on veut, sur la cause de la prétendue rente foncière ; d'autre part, on ne peut considérer cette
production que comme renseignement. Ainsi elle
indique le service d'un droit ou d'une rente, mais
elle laisse à désirer la connoissance de la cause de
l'origine de la nature du cens qui a été acquitté,
et c'est précisément ce qu'il importe de savoir.

Le Code Napoléon, article 1337, en disposant
à l'égard des actes récognitifs et confirmatifs, s'exprime ainsi : « Les actes récognitifs ne dispensent
» point de la représentation du titre primordial,
» à moins que sa teneur n'y soit spécialement re-
» latée, ce qu'ils contiennent de plus que le titre
» primordial, ou ce qui s'y trouve de différent n'a
» aucun effet.

» Néanmoins, s'il y avoit plusieurs reconnois-

» sances conformes, soutenues de la possession,
» et dont l'une eut trente ans de date, le créancier
» pourroit être dispensé de représenter le titre
» primordial ».

Nous sommes arrivés au point de certitude que
la copie, signifiée par les demandeurs, n'est pas suffisante pour satisfaire à l'article 65 du Code de procédure civile, ni pour constater une obligation, aux
termes des art. 1335 (quatrième distinction,) et
1337 du Code Napoléon.

Pour constater une obligation, il faudroit que
*plusieurs reconnoissances conformes, soutenues
de la possession,* continssent la désignation des
terres concédées, la quotité des rentes et leur nature, tandis que les demandeurs n'ont produit
qu'une copie tout au plus capable de servir de renseignement, et qui ne désigne ni les terres chargées
du cens, ni le cens lui-même.

Pour obtenir sur ces derniers points, quelque
lueur très-incertaine, il a fallu nommer des experts
et leur faire suppléer les titres, y rapporter leur
opinion ou leurs méprises, et composer enfin un
titre récognitif tant de la copie de 1578, que du
rescensement dénué de base et de certitude.

De tout cela il résulte que les art. 65 du Code de
procédure, 1335 du Code Napoléon, ont été trans-
gressés par l'arrêt.

Point de fait.

A l'époque où la ville de Bâle a embrassé la
religion réformée, l'Etat s'est emparé de tous les
biens ecclésiastiques. Les monastères, qui étoient
en grand nombre, possédoient quantité de rentes

foncières dans les ci-devant provinces de la Haute Alsace, notamment dans la partie du Smydau, contigue au canton de la ville de Bâle. Ces rentes ne purent avoir pour source que des fondations faites par de riches propriétaires, l'exercice de l'instruction à donner par les moines de ces monastères aux enfans et aux pauvres du Smydau, dont la ville de Bâle étoit alors réputée comme le chef-lieu.

Le titre de bordereau confirme cette présomption. Cependant lesdites rentes ont été payées jusqu'au moment où la révolution a éclaté.

L'administration de Bâle, au lieu de poursuivre le service de ces prestations, les a vendues à des spéculateurs moyennant 1,200,000 fr.

Le prête-nom des acquéreurs a formé action contre quelques censitaires.

Ces derniers pensent ne pouvoir combattre efficacement cette demande, par le motif que l'objet a été aboli; mais craignent de mal payer, attendu que les rentes dont il s'agit paroissent appartenir au domaine de la couronne.

QUESTIONS.

1.º Les prestations dont il s'agit (si elles proviennent de fondations destinées à des œuvres pies, et à l'instruction publique, suivant les dogmes de l'église catholique, apostolique et romaine), peuvent-elles être encore exigées?

2.º En cas d'affirmative, l'administration de Bâle a-t-elle eu capacité pour les vendre? et les consultans peuvent-ils les acquitter aux acquéreurs sans courir les risques d'être recherchés par la régie et payer une seconde fois?

SOLUTIONS.

Quoiqu'en thèse générale, il soit vrai que l'effet cesse avec la cause, ce principe n'est pas tellement applicable à tous les cas, que dans certaine espèce, il ne puisse être moins puissant que l'exception ; et par exemple, la cause des rentes dont il s'agit peut être une fondation dont l'objet ne soit plus rempli, sans pouvoir en tirer la conséquence que l'obligation est éteinte ; car si à cette cause évanouie, il en a été substitué une autre que le temps a légitimée, qu'au lieu de découler de la première, il découle de la seconde source.

Nous allons diviser ce premier examen en deux paragraphes, afin de procéder avec ordre et ne pas jeter de confusion ni dans les principes ni dans les conséquences.

§. I.

Le titre du bordereau des rentes porte en tête :
« Etat des communes en Haute-Alsace qui doi-
» vent des rentes foncières à l'administration de
» l'église, des écoles et des pauvres au couvent fau-
» bourg de Pierre, à Bâle. »

Cette énonciation indique d'une part des fondations, et de l'autre elle constate des concessions, puisque les prestations sont qualifiées de rentes foncières, pourtant ni l'un ni l'autre des faits ne prend de là aucun caractère de certitude suffisant pour convaincre. Assez généralement tous les droits des maisons religieuses, des hôpitaux, des églises, etc. étoient déclarés et perçus sous la dénomination de rentes foncières, et particulièrement lorsqu'ils étoient assis sur des héritages spécialement destinés à les supporter et les garantir.

En France nous connoissions plusieurs natures de rentes foncières. La plus ordinaire étoit le contrat de bail à rente; la seconde, résultant de lots inégaux, ou de l'échange d'un héritage contre un autre héritage de moindre valeur, grévoit l'héritage valant le plus, pouvoit être chargé d'une rente foncière. On pouvoit aussi léguer à perpétuité une rente sur un héritage, laquelle étoit appelée rente foncière; et toute irrégulière qu'elle fût, elle n'étoit point rachetable.

Nous ne pouvons partir de cette législation pour définir les prestations dont il s'agit; mais au moins nous pouvons assurer que nulle part aucune rente n'est véritablement foncière, si elle n'a eu pour cause une concession de terrain ou d'immeuble quelconque.

En établissant ces distinctions, notre objet est de faire concevoir la différence qui existe entre la rigueur d'une obligation provenant d'une valeur réelle, et la raison comminatoire relativement à un droit dérivant d'une libéralité, ou d'une convention dont celui qui réclame ne remplit plus la clause qui lui est onéreuse.

Ainsi, lorsqu'il est certain que le débiteur d'une rente jouit de l'héritage, qu'il n'a eu que moyennant cette indemnité annuelle, son refus de la payer sera toujours examiné sévèrement dans ses motifs; et s'il n'est pas secondé de toute la puissance, de toute la volonté de la loi, les tribunaux repoussent ses exceptions.

Si, au contraire, il est évident que le droit réclamé a été consenti par pure bienveillance, soit par celui qui en est grévé, soit par ses auteurs, alors il faut que le réclamant ait en sa faveur l'autorité du temps par lequel tout peut se consolider, pour que la justice puisse ordonner, par exemple, la continuation d'une charité, sur tout, quand à celui qui étoit en possession de cet acte de piété, a succédé un riche spéculateur avide des veilles et des sueurs d'autrui.

La même raison de repousser de pareils dévorateurs, sollicite la conscience et l'équité en faveur de ceux qui ont fait une convention ou qui la supportent par suite d'hérédité, lorsque celui qui réclame l'exécution de l'obligation à son profit, ne remplit plus celle qui lui a été imposée en conséquence et par réciprocité.

Après cette digression, qui ne nous a pas paru déplacée, reprenons l'examen des rentes dont il s'agit.

Suivant le mémoire produit pour les consultans, ces rentes ont été constituées à charge, par les *Bálois*, 1°. de recevoir, dans leurs hospices, les malades indigens des quatre-vingt-dix-huit communes du Smydau; 2°. de faire distribuer des aumônes dans ces communes; 3°. de donner l'instruction à la jeunesse; et 4°. de faire célébrer, dans l'église du couvent du faubourg de Pierre, des obits et des anniversaires pour le repos des ames des fondateurs.

D'après cet assertion le fait des fondations n'est plus incertitude: Mais si le succès de la cause en dépendoit absolument, il faudroit vérifier ce fait par les pratiques aux unes desquelles on peut encore remonter. La réforme de la religion a naturellement supprimé les œuvres de l'église romaine, mais non les œuvres de charité et d'instruction.

Le mémoire énonce que les anciens habitans du Smydau se rappellent encore que les administrateurs des rentes, faisoient annuellement distribuer dans les communes de ce canton, des vêtemens, des bas, des souliers, et un peu de numéraire aux pauvres les plus nécessiteux ; mais ces vieillards n'ajoutent pas si ces actes de bienfaisance étoient obligatoires, où s'ils provenoient du propre mouvement des administrateurs, ce qui laisse le doute planer comme auparavant sur l'un et l'autre de ces points.

Rassemblons donc les probabilités et formons en une preuve.

Les rentes en question, étoient perçues par une administration, au profit de l'*église, des écoles,* et des pauvres.

Il auroit été possible, qu'en réunissant les dons et les charités, on acquit des biens au profit de la fabrique, des écoles et des indigens ; mais ces biens eussent été donnés à bail pour un temps limité, l'administration auroit perçu les fermages pour être appliqués à une destination certaine, ou rester en caisse jusqu'à ce que des biens quelconques en exigeassent l'emploi. Jamais l'administration n'auroit pu les concéder moyennant une rente foncière perpétuelle, cette sorte d'aliénation n'est pas permise à ceux qui n'ont d'autre pouvoir que d'administrer dans le sens le plus étroit.

Déjà nous atteignons la certitude qu'au lieu d'avoir été acquis, les biens ont été donnés par des ames charitables et pieuses, ou bien qu'ils ont simplement été affectés sans que les propriétaires cessassent de les posséder ; et ce, pour assurer, après leur mort, l'accomplissement de leurs vues bienfaisantes : dans l'un et l'autre cas, ces actes ne peuvent être que des fondations.

A cette présomption, dont l'infaillibilité est manifeste, se joint la circonstance que des aumônes ont été distribués aux habitans nécessiteux des com-

munes en question. Pour s'assurer si ces distributions étoient obligatoires, il suffiroit, ce nous semble, de faire constater qu'elles ont eu lieu annuellement et juridiquement; cette régularité ne pourroit, certes, avoir été l'effet spontané de la com-
misération, sentiment que produisent des cas for-
tuits non espacés par la Providence : il n'est qu'une
obligation positive qui puisse porter ou l'homme
ou l'administrateur à soulager le malheur dans un
temps donné, c'est-à-dire, tous les ans à la même
époque.

De tout cela nous concluons que les consultans
sont fondés à soutenir, comme ils le prétendent,
que, d'une part, les rentes au profit de l'église,
avoient pour objet le salut et le soulagement des
ames des fondateurs; au profit des écoles, l'instruction de la jeunesse ; au profit des pauvres,
les secours qui leur ont été accordés jusqu'à une
certaine époque ; que, n'y ayant plus d'obits,
d'anniversaires, d'enseignement ni d'aumônes, les
rentes n'ont plus de cause, qu'elles ne peuvent
être servies gratuitement, ni par conséquent exigées.

Le demandeur pourroit faire une objection
qui, dans la bouche de tout autre titulaire, ne
seroit pas dénuée de force; faisons le parler.

« Il n'importe que la rente, autrefois consa-
» crée à des pratiques chrétiennes et à des bien-
» faits, n'ait plus de destination; vous n'êtes pas
» partie capable pour demander l'exécution des
» fondations, à moins que vous ne prouviez que
» vous possédez, à titre d'héritiers et de descen-
» dans des fondateurs. Tant que vous n'aurez
» pas fait cette preuve, vous serez censé avoir
» acquis le bien grévé en tant moins du capital
» de la rente dont l'emploi vous est étranger, et

» indifférent; emploi que vous n'avez ni intérêt ni
» qualité de régler. »

Pour réfuter ce raisonnement, il faut se tenir
concentré dans le cercle des fondations dont on
ne prouve pas l'existence littéralement; mais dont
on révèle la création par des probabilités aussi
imposantes que des preuves, par des présomptions
enfin dont les juges doivent s'emparer, et qu'ils
ont le pouvoir de prendre pour motif de leur
décision.

A ces présomptions, le demandeur n'a à opposer que le titre capable de les détruire, s'il ne
le produit pas, elles se trouveront confirmées,
alors plus de cause de la rente, plus de destination, et rien, en un mot, qui puisse fonder la réclamation.

Alors encore l'objection se sera anéantie contre
un écueil que présente ce dilême. Ou les consultans possèdent en qualité d'héritiers des fondateurs, et ils ont qualité et intérêt pour constater
le service des foundations dont l'objet n'est plus
rempli ; où ils possèdent en qualité d'acquéreurs,
et ils ont qualité et intérêt pour contester ce service à quiconque n'en remplit pas les obligations;
ils ont qualité pour soutenir que le demandeur
n'a point de droit, et ils ont intérêt à dégréver
leurs héritages. Ce second point de proposition
sera plus particulièrement justifié, lorsqu'en son
lieu nous établirons les fins de non recevoir à opposer au demandeur.

§. II.

Nous venons d'établir que la cause a cessé avec
l'accomplissement des fondations, que l'effet a dû
cesser avec la cause; mais la perception des rentes
ayant continuée, n'a-t-elle pas opéré un contrat

tacite entre les parties, et constitué un droit et des redevables?

D'une part, on ne peut assigner l'époque où les fondations n'ont plus été accomplies, sinon relativement aux obits et anniversaires qui n'ont pu être observés depuis l'adoption de la religion réformée; mais on ne sait à quelle quotité s'élevoient les rentes destinées à ces solemnités chrétiennes, et l'on ignore quels sont les héritages qui étoient chargés de ces mêmes rentes; on ne pourroit pas même établir que, depuis lors, elles ont ou n'ont pas été perçues, incertitude que ne fixe pas le titre dont nous avons déjà analysé le sommaire, car il ne peut être que la copie du bordereau primitif, ou antérieur à la suppression des sacrifices divins, d'où par conséquent on ne peut rien conclure.

Qu'en effet, les rentes dues à l'église n'eussent pas été acquittées depuis la nouvelle croyance des Bâlois, cet affranchissement n'auroit pas empêché d'exister l'ancienne contexture du titre, qui, copié fidèlement jusqu'à nous, ne prouve rien.

Cependant, admettons que l'on pût établir que les prestations envers l'église ont été continuées comme les autres rentes, et voyons s'il en résulteroit un titre au profit de qui que ce fût, comme se disant représentant de l'église, des écoles et des pauvres.

Ici, c'est la faculté de prescrire, et le bénéfice de la prescription qu'il faut considérer.

Or, l'administration de Bâle a-t-elle pu, d'une part, libérer l'église, les moines et les hôpitaux des obligations à eux imposées, et, de l'autre, acquérir, cause cessante, le droit de faire payer les rentes foncières créées par les fondateurs?

Il est d'abord nécessaire de fixer un fait important : c'est que le titre portant création de ces rentes, renferme les devoirs à remplir au moyen desquels ces mêmes rentes sont dues, et sans l'accomplissement desquels conséquemment on n'a aucun droit à cette prestation, qui n'est autre chose qu'une indemnité d'une part; de l'autre un dépôt pour être distribué aux indigens. Ce titre, comme on l'observe très-bien dans le mémoire à consulter, est un contrat synallagmatique, qui assujétit chacune des parties à donner ou à faire quelque chose ; d'où il suit nécessairement qu'alors que l'administration a cessé de donner, elle a cessé d'avoir le droit de recevoir : cet argument est fondé sur les lois, les principes, la réciprocité et la raison.

Il y a plus, c'est que l'administration étoit également obligée de faire remplir le vœu des fondateurs, et quant à l'accomplissement de leurs vues bienfaisantes ou pieuses, et quant à la perception des rentes foncières destinées à un emploi déterminé, et qui devoit être suivi par le ministère de l'administration, et la fidélité des administrateurs. Ceux-ci étoient des fondés de pouvoir des mânes de chaque fondateur, comme ils l'étoient de l'église, des hôpitaux et des couvens chargés de l'institution de la jeunesse ; ils n'ont donc pu prescrire, contre le but de leur mission, en faveur de qui que ce pût être, d'abord parce que le titre s'y opposoit, en second lieu parce qu'ils auroient agi de mauvaise foi et violé le mandat auquel ils n'ont pu se dispenser de se conformer.

S'ils n'ont pu prescrire jamais, les rentes ne sont plus exigibles, parce que la cause en est éteinte.

Tout le monde sait que la prescription ne peut

point commencer tant que celui qui a intérêt de l'interrompre ne peut agir ; or, les fondateurs, de leurs tombes, ne pouvoient requérir l'exécution des fondations, et les administrateurs qui, par devoir, devoient empêcher cette prescription, n'ont pu l'acquérir, on le répète, par leur propre et coupable négligence. D'un autre côté, l'église qui, depuis long-temps, n'existe plus à Bâle suivant le christianisme, les couvens représentés par l'administration, et les pauvres qui étoient intéressés à la conservation du secours qui leur étoit assuré par l'exécution du contrat, n'ont pu avoir l'intention de prescrire, ainsi le principe de la prescription, la volonté d'acquérir par cette voie n'a jamais pu exister et ne peut être présumée, car ce qui est absurde, impossible, n'est pas présumable.

Le droit refuse aux pères qui ont administré le bien de leurs enfans, le secours de la prescription *nullam poterit prescriptionem opponere filiis quandocumque rem suam vindicantibus*, ainsi s'exprime la loi, 1, *de bonis maternis*. Cette loi a été modifiée par la novelle 22, mais ce temps n'a commencé à courir que du jour où les enfans sont devenus *sui juris*, c'est-à-dire, affranchis de la puissance paternelle, soit par la mort de leurs auteurs ou par l'émancipation.

Quoique cette doctrine paroisse s'éloigner de notre espèce, elle y est nécessairement applicable. Les ames des trépassés, sont comme les mineurs, dans l'impuissance d'agir ; la jeunesse à instruire, et les pauvres à secourir, encore bien qu'ils soient des individus, sont dans la même impuissance, parce que, d'une part, ils sont perpétuellement mineurs, et sous la tutelle d'administrateurs chargés, obligés de surveiller leurs droits et de les maintenir ; de l'autre, parce qu'ils existent aussi bien dans la postérité que dans la génération présente : le demandeur ne peut donc se prévaloir de la prescription.

Sous un autre point de vue, les administrateurs ne peuvent obtenir ni libération, ni acquisition par la prescription, par la raison, comme nous l'avons déjà dit, qu'ils ne représentent que des êtres sans volonté posssible et sans capacité : le demandeur, qui ne peut avoir plus de droit que n'en avoient les administrateurs, ne peut donc invoquer la prescription.

Ces administrateurs, en laissant tomber en désuétude les fondations, qui ont-ils déservi ? ils ont desservi les fondateurs, les pauvres et la jeunesse de 98 communautés, tous sans capacité d'agir et représentés par l'administration ayant seule le pouvoir d'agir. En percevant les rentes sans motif et sans droit, qu'ont fait les administrateurs ? ils ont violé les conventions, leur mission, ils ont agi de mauvaise foi, et toute prescription commencée de cette manière est vicieuse.

Nous concluons donc que sous tous les aspects imaginables la cause des rentes foncières n'a pu revivre dans une autre cause ni légitime ni légale, et que quelle que soit la longueur du temps pendant lequel les rentes ont pu être servies nonobstant la cessation des messes, des aumônes et de l'instruction prescrites, il ne peut s'être opéré aucune espèce de prescription dont on puisse partir pour grever les consultans.

Enfin nous le répétons, de ce qu'il seroit impossible d'assigner l'époque où la cessation a eu lieu, on ne pourroit désigner le moment où la perception gratuite a commencé, ni par conséquent compter les années qui se sont écoulées depuis; partant on ne pourroit savoir si la prescription pour acquérir les rentes est révolue.

Cette proposition s'explique d'elle-même. Le demandeur réclame des rentes, les consultans répondent; elles ont été créées pour célébrer des messes, faire des aumônes et enseigner la jeunesse, rien de tout cela n'a plus lieu, donc on ne doit plus les rentes. Que le demandeur réplique que le droit est acquis par la prescription; on lui répondra que la prescription n'a pu courir que du jour où l'on a cessé de remplir l'intention des fondateurs, que rien ne constate l'époque de cette cessation, et qu'on peut d'autant moins l'opposer, attendu l'incertitude sur le commencement de son cours, et surtout l'obligation où étoient les administrateurs eux-mêmes de continuer à remplir le vœu des fondateurs.

C'est toujours à ce dernier terme que viendra échouer le demandeur.

Maintenant que nous sommes arrivés au double but de l'examen que nous nous étions proposé, qu'il résulte de la première partie, que les rentes foncières dont il s'agit proviennent de fondations tombées en désuétude, que l'effet a cessé avec la cause, et de la seconde partie, que la prescription ne peut avoir lieu et que les héritages ne peuvent être restés grévés des rentes formant l'objet de la demande, jetons un coup-d'œil sur les moyens de prescrire en général, et en particulier sur la nature de l'objet dont il s'agit pour nous assurer en dernière analyse, s'il est possible d'acquérir une rente quelconque par l'effet de la prescription.

Il est de principe que l'esprit de la loi n'a jamais été nulle part qu'on pût opposer la prescription à ceux qui étoient hors d'état d'agir, et ce point nous l'avons déjà démontré : nous ajoutons seulement que, de même que la prescription ne court pas contre les mineurs, quoique les tuteurs soient chargés de veiller à leurs intérêts et qu'ils répondent des droits des pupilles, elle ne court pas non plus ni contre les corps, les établissemens, les classes dont les biens, les droits et les revenus sont régis et gérés par des administrateurs dont la mission est l'image de la tutelle et ne peut être soumise à d'autres règles, si toutefois il n'y a pas de statuts dérogatoires au droit commun.

Pour acquérir, il faut, suivant le droit universel que la possession, qui est le fondement de cette sorte de prescription soit publique et non précaire, c'est-à-dire, que le possesseur jouisse à titre de propriété, et non comme engagiste, fermier, locataire ou usufruitier. Cette possession doit être exercée enfin *animo domini*.

On entend par là, 1.º la possession d'une chose réelle, telle qu'une maison, un héritage quelconque, et non un objet fictif, tel qu'un cens ou une rente de quelque nature qu'elle soit, ce qui nous confirme dans la certitude que les administrateurs n'ont pu prescrire ni pour libérer les devoirs de leurs représentés, ni pour acquérir à leur profit parce qu'ils n'ont administré que des immeubles fictifs, et qu'ils n'ont en aucune manière possédé *animo domini*.

Il faut enfin réduire la question à sa véritable simplicité.

L'on ne peut en aucun cas acquérir rien de fictif par la prescription : ainsi, et pendant deux siècles les rentes dont il s'agit auroient été régulièrement payées que si elles l'eussent été sans droit et sans titre, elles ne seroient pas dues en vertu de la possession de les percevoir. Ceux qui les ont acquittées ne seroient pas fondés à en demander la restitution; mais non plus ils ne pourroient être contraints à les continuer.

Mais si des redevables prétendoient s'être affranchis des rentes parce que le titre constitutif n'auroit pas été renouvellé, cette exception seroit proposable et ne pourroit être écartée que par la preuve que les rentes ont toujours été servies; mais pourquoi cette preuve seroit-elle efficace? C'est que la prescription auroit été empêchée par le payement des rentes; que ce payement se rattachant au titre, l'eût fait revivre, et en auroit maintenu et la force et l'effet. Alors, comme on le remarque, les propriétaires des rentes n'auroient pas acquis par la prescription, mais conservé par le fait des débiteurs qui ont négligé de se libérer par la prescription; différence totale et qui s'applique parfaitement à l'espèce; et de cette manière en admettant qu'il ne reste aucun doute sur le service des rentes jusqu'à la révolution, il faut, pour en demander la continuation, que le demandeur prouve, par un titre, qu'elles étoient dues, et que ce titre soit positivement obligatoire.

« La bonne foi nécessaire pour la prescription,
» disent les auteurs, consiste dans l'ignorance du
» droit qu'un autre peut y avoir...... Lorsque le
» titre du possesseur est contraire à la propriété, il
» ne peut alors acquérir la prescription, quelque
» espace de temps qu'il possède. C'est ce qui a
» donné lieu à cette maxime, qu'il vaut mieux
» n'avoir point de titre que d'en avoir un vicieux :
» c'est encore un principe reçu que l'on ne peut
» prescrire contre son titre. »

De cette doctrine fondée sur des principes im-muables comme la justice, il suit que l'administra-tion, considérée même comme propriétaire des rentes, n'a pu se libérer de l'obligation de faire cé-lébrer des services divins, soulager les pauvres et instruire la jeunesse; et ne le faisant plus, elle a perçu de mauvaise foi les rentes créées pour com-penser les charges ci-dessus.

On peut raisonnablement assimiler les rentes dont il s'agit, à des gages, à des traitemens accordés pour prix de services quelconques, de sorte que quand ces services n'ont plus lieu, l'indemnité ne peut en être due; si elle a été touchée abusivement, elle ne peut, quelle qu'en ait été la durée, devenir un titre contre ceux qui ont à se plaindre de l'abus.

Nous devons faire remarquer que les proprié-taires actuels qui auroient acquis les héritages grévés depuis la cessation du service des rentes dont il s'agit, et qui auroient possédé pendant dix ans entre présens, et vingt ans entre absens, auroient une exception particulière à opposer, résultant de la possession suffisante conforme à leur titre d'acqui-sition : la prescription leur seroit acquise, la pro-priété, affranchie de toute espèce de charge, se trouveroit consolidée entre leurs mains.

Passons aux fins de non recevoir, que nous avons légalement indiquées plus haut.

Nous demandons d'abord de qui l'administration de Bâle tenoit ses pouvoirs? Nous pensons, et cela doit être, qu'elle étoit instituée par l'autorité sou-veraine ou municipale, et que les administrateurs étoient nommés par l'une ou l'autre de ces auto-rités, et dans tous les cas par un pouvoir quel-conque; car ils ne sont pas nés les tuteurs de l'é-glise, des couvens, ni des hôpitaux.

Nous voyons cependant en tête de la cession, que ladite administration se qualifie propriétaire des rentes dont il s'agit, et qu'elle se déclare autorisée par le Gouvernement à les vendre.

L'ensemble de cet énoncé implique contradiction; et en effet, si l'administration étoit propriétaire, elle n'avoit pas besoin de l'autorisation du Gouvernement pour aliéner ou céder ses droits. Cette approbation, citée sans être prouvée, décèle que les administrateurs n'avoient pas la disposition desdites rentes, ce que tout fait présumer, et qu'elles n'ont pu être transmises par eux au demandeur.

Celui-ci, dans son exposé au juge de paix, dit positivement que les rentes ont été cédées en toute propriété à l'État de Bâle ; ce qui dément l'assertion portant que la propriété en appartient à l'administration, *qui n'est pas l'État.*

Il n'en faut pas davantage pour établir l'incapacité des vendeurs, et la non qualité de l'acquéreur, et conséquemment une fin de non recevoir invincible.

Qu'est-ce d'ailleurs que ce traité de paix en vertu duquel l'État de Bâle est devenu propriétaire des rentes? Il faudroit d'abord voir ce pacte pour connoître la clause translative de ces rentes, leur nature, leur quotité, leur assiette enfin. Ensuite, et dans la supposition où tous ces points seroient indubitables, on verroit si ce traité de paix subsiste encore, ou bien s'il a été rompu.

Le droit positif des gens est établi par les traités politiques, comme le droit commun de chaque peuple l'est par la collection écrite des lois qui le régissent. Or, on sait que les traités de paix et les

Codes ne sont pas éternels; les uns n'ont plus d'application lorsqu'on y a dérogé par d'autres stipulations contraires, ou par une rupture radicale, comme les autres n'ont plus de force lorsqu'on y a substitué un droit nouveau; et cet exemple vient de s'établir parmi nous, où le Code Napoléon a fait disparoître la législation précédente.

Et distinguons bien entre le droit naturel et positif des gens. Le premier subsiste entre toutes les nations, même en temps de guerre où pourtant toutes les relations disparoissent; le second est anéanti au premier coup de canon entre les deux nations respectivement en état d'hostilité.

C'est que le droit naturel a sa source et sa conservation dans une puissance à laquelle ne peut atteindre la volonté ni des hommes ni des rois, quelle que puisse être l'énormité de leurs divisions entre eux; au lieu que le droit positif vient de la puissance humaine, et que ce qu'a fait l'homme il peut le détruire.

Or, on ne peut nier que les rentes dont il s'agit, si réellement elles ont été cédées par un traité de paix, ne dérivent d'une stipulation, et ne soient de droit positif une convention subordonnée au maintien ou à la rupture du traité.

Il faut donc voir d'abord ce traité, et s'assurer ensuite s'il subsiste ou non.

A cette pièce, dont la production est indispensable, il faut que le demandeur joigne les terriers, titres et colligendes qui lui ont été remis par l'administration.

Et quand il aura satisfait à cette première obligation de tout demandeur, il faudra examiner la cause des rentes, si cette cause n'existe plus, ou

qu'elle ne consiste que dans une contribution volontaire, gratuite ou conditionnelle, il n'y aura
plus d'obligation de la part des consultans.

Si, d'un autre côté, le dernier titre a plus de
50 ans, la prescription pourra être opposée au demandeur.

Si ce dernier objecte l'interruption résultant du
service des rentes, on lui répondra qu'elles ont été
mal à propos payées, et que la perception ayant été
abusive, ne peut faire un titre.

On soutiendra le demandeur non recevable
comme cessionnaire de personnes qui n'avoient ni
droit ni qualité pour transmettre les droits dont il
s'agit.

En dernière analyse, on établira que dans l'hypothèse où ces rentes seroient encore dues, ce qui
n'est pas probable, elles feroient partie du domaine
de la couronne, et la régie seule auroit qualité
pour en réclamer le service au nom de S. M. l'Empereur; et ce en vertu de l'article 1.er de la loi du
13 pluviose an 2.

Enfin, les consultans conclueront très-subsidiai-
rement à ce que, dans le cas où la vente seroit
jugée valable, les rentes dues et les fins de non recevoir non admissibles, il leur soit donné acte de
ce qu'ils déclarent, entendre profiter du bénéfice
de l'article 1699 du Code Napoléon, en conséquence rembourser le prix de la cession, frais,
loyaux coûts, avec les intérêts à compter du premier payement jusqu'à ce jour; ce qu'ils offrent de
réaliser en temps et lieu.

Il seroit prudent de déposer sur le bureau ces
offres subsidiaires.

L'article 1699 est applicable aux consultans,
d'abord parce que le Code fut promulgué avant la

cession dont il s'agit ; en second lieu , c'est que les droits cédés sont litigieux , et le litige est censé avoir commencé du moment où le payement des rentes a cessé.

L'article 1700 porte : « la chose est censée liti-
» gieuse dès qu'il y a procès et contestation sur le
» fond du droit. »

L'intention de cette disposition explicative n'est pas de vouloir que le procès ait existé lors de la cession , mais qu'il existe lors des offres.

Nous convenons cependant que si le payement des rentes eût encore eu son cours lors de la cession, le procès survenu depuis ne reporteroit pas le litige au temps où cet acte a été passé, et que dans ce cas les consultans ne seroient pas admissibles à invoquer la faveur de l'article 1699, mais dans notre espèce le service des rentes étoit suspendu depuis plus de 16 ans : il existoit dans l'esprit de l'administration un doute avoué sur la légitimité, ou sur le maintien de ce prétendu droit, et dans la volonté des redevables la résolution d'en refuser l'exercice. Il est si vrai que la contestation actuelle fait remonter le litige jusqu'au moment de la cessation du service des rentes, que la demande embrasse les arrérages courrus depuis 1789 ; que si dès-lors cette demande eût été formée, elle auroit été combattue comme elle l'est aujourd'hui ; qu'enfin si l'administration n'a pas cédé un procès, elle a cédé la nécessité d'en intenter un, et par conséquent le demandeur n'a acquis que des droits litigieux, des droits refusés de la cession, et qui sont justement contestés aujourd'hui.

La faveur dont sont environnées les offres des consultans est spécialement sans bornes. Un débiteur ordinaire en recevroit l'application d'après

l'intention évidente de la loi; les redevables des pré-
tendues rentes foncières peuvent de plus invoquer
des considérations qui ne se rencontrent pas ailleurs. 1.º Si les rentes subsistent, c'est par un abus;
2.º celui qui les réclame est un entrepreneur d'affaires qui ne mérite aucun intérêt ; 5.º il est plus
que vraisemblable que les rentes proviennent de
fondations éteintes. Enfin, s'il est dû des égards,
ce n'est pas à un spéculateur qui demande à qua-
drupler ses fonds, mais à des cultivateurs laborieux,
ou à des propriétaires recommandables en faveur
desquels la loi, la raison et l'équité réclament ; car
c'est toujours pour le débiteur que la justice doit
pancher.

QUESTION.

A qui appartiennent les fruits pendants par racines sur les fonds appartenant à l'un et l'autre
conjoint au moment de la mort du prémourant;
au moment de la dissolution de la communauté,
par la mort de la femme dont la dot consistoit en
biens fonds ?

SOLUTION.

Le mariage a été célébré le 1 juin 1784, et
dissout par la mort de la femme, arrivée le 22
août 1809, sans enfans.

Pour résoudre la question proposée, il faut nécessairement balancer entre elles, les dispositions
du Code relatives à l'usufruit, et au partage des
fruits relatifs à la communauté, aux droits du
mari, constant la communauté sur les biens propres à la femme.

Les revenus des biens dotaux de la femme, ap-

partiennent au mari, du jour même de la célébration du mariage; en cela l'article 1549 du Code
Napoléon n'a point introduit un nouveau droit il
n'est que la version des lois 7. ff. *De jure dot. et
2 Cod. eodem*

*Dotis fructum ad maritum pertinere debere,
œquitas suggerit.*

*Cum enim ipse onera matrimonii subeat,
œquum est eum etiam fructus percipere.*

L'article 1549 porte : « Le mari seul a l'admi-
» nistration des biens dotaux pendant le mariage,
» le droit d'en poursuivre les débiteurs, et *d'en*
» *percevoir les fruits et intérêts* ».

Constant le mariage le mari fait les fruits siens
de tous les revenus de la dot.
L'article 1403 assimile les droits de la communauté à ceux de l'usufruit et de l'usage.

*Si pendente fructus jam maturos reliquisse
testator fructuarius eos feret si die legati ce-
dent adhuc pendentes deprehendisset nam et
stantes fructus ad fructuarium pertinent.*
Liv. 27, §. *de Usufruc.*

*Fructuarius, etiam si maturis fructibus,
nondum tamen perceptis, decesserit, hœredi
suo eos fructus non relinquet.* L. 8, est fin. §. *de
Ann. Leg.*

Même décision dans l'article 585 du Code Napoléon: « Les fruits naturels et industriels pen-
» dant par branches ou racines au moment où
» l'usufruit est ouvert, appartiennent à l'usufrui-
» tier.

» Ceux qui sont dans le même état au moment
» où finit l'usufruit, appartiennent au proprié-
» taire ».

Relativement à la communauté, l'article 1401

la compose activement , « de tous les fruits, reve-
» nus, intérêts *échus ou perçus pendant le ma-*
» *riage ,* provenant des biens, appartenant aux
» époux ».

Si cet article étoit le seul du Code, relatif aux
droits de la communauté sur les biens des époux ,
il est incontestable que les fruits non recueillis ,
au moment de la dissolution du mariage, appartiendroient à chacun des propriétaires des héritages sur lesquels les fruits sont pendans, parce
que les fruits seuls *échus* ou *perçus* entrent en
communauté, puisque tous les fruits non recueillis
au moment où finit l'usufruit , appartiennent au
propriétaire : art 585.

Examinons actuellement si l'article 1571 du
Code Napoléon a dérogé à l'article 585 , ci-devant cité, et à l'article 520, conçu en ces termes :
« Les récoltes pendantes par les racines, et les
» fruits des arbres non encore recueillis, sont im-
» meubles ».

L'article 1571 porte : « A la dissolution du
» mariage, les fruits des immeubles dotaux se par-
» tagent entre le mari et la femme ou leurs héri-
» tiers, à proportion du temps qu'il a duré pen-
» dant la dernière année.

» L'année commence à partir du jour où le
» mariage a été célébré ».

Partant de cet article, le mari est-il fondé à
soutenir que le mariage ayant été célébré le 1er.
juin, et dissout le 22 avril, il doit avoir les fruits
non recueillis, à proportion du temps qu'il a duré
la dernière année 525 part de 365 ?

Le conseil a été de l'avis de la négative, et il
s'est appuyé sur la combinaison et le rapprochement des différens articles du Code ci-devant cités.

Les revenus des fruits de la dot de la femme appartiennent à la communauté, au mari qui en est le chef, le dispensateur, *ad sustinenda matrimonii onera*, la communauté, le mari se trouvent libérés de la charge, par conséquent des fruits qui en sont le prix, du jour de la mort de la femme.

Les fruits de la dernière récolte sont destinés à fournir aux besoins des époux jusqu'à la récolte prochaine, et c'est en ce sens que se concilie l'article 1571 avec les articles 1401 et 1549, qui n'accordent soit à la communauté, soit au mari que *les fruits perçus pendant le mariage.*

Vouloir étendre l'effet de l'article 1571 aux fruits à percevoir dans l'année de la dissolution du mariage, ce seroit anéantir les dispositions des articles précédens, et supposer une absurdité dans la loi, dont elle n'est pas susceptible.

En effet, l'administration du mari, les droits de la communauté cessent du moment même de la dissolution du mariage, du moment de la mort du mari. Pour admettre le système de celui-ci, il faudroit donc continuer fictivement cette communauté pour enlever aux héritiers de la femme les droits que la loi assure au propriétrire au moment de la cessation de l'usufruit, il faudroit pour lors déchirer l'article 1470, qui dit qu'au moment de la dissolution du mariage et lors du partage de la communauté, chacun des époux ou ses héritiers, prélève *ses biens personnels, s'ils existent en nature,* et l'article 520, qui dit que les récoltes pendantes *sont pareillement immeubles.*

Les meubles seuls entrant en communauté, les fruits n'étant meubles qu'après qu'ils sont recueillis, il faudroit donc les mobiliser d'avance, pour les y faire entrer, ce qui est absolument impossible.

Dans le cas particulier, le mari, la communauté ont profité des fruits pendants par racines sur les héritages, ils ont reçu d'avance le prix de l'obligation où la communauté étoit de fournir aux besoins de la femme, comment le mari pourroit-il donc étendre sa jouissance au-delà du terme fixé pour les charges cessantes, *causa cessat effectus ?*

Le véritable sens de l'article 1571, est que les fruits perçus par la communauté, lors des dernières récoltes, se partagent entre le mari et les héritiers de la femme, en proportion du temps que le mariage a duré pendant la dernière année, proportionnellement à sa durée, à partir du jour où le mariage a été célébré.

Ainsi, sur les fruits recueillis en 1808, les héritiers de la femme emporteront un douzième, plus huit trentième du douzième.

Quant aux intérêts des rentes, ils se partagent également jour par jour, et on pense que le prorata de ceux non échus, appartient à la communauté, du jour du dernier payement, au jour de la mort de la femme.

Point de fait.

Jacob Gangrenin fut marié avec Suzanne Bessire; ils eurent un fils, nommé Jacob, qui épousa Lidie Gros-Jean. De ce mariage naquit un fils qui, après avoir perdu son père, mourut à l'âge de dix-sept ans.

Lidie, veuve, a convolé en secondes noces avec

Abraham Beguelin, et eut sept enfans qui vivent.

Le jeune homme, fils du premier lit, a été élevé jusqu'à sa mort chez sa grand'mère, Suzanne Bessire, qui, depuis sa viduité, a fait ménage commun avec deux de ses frères.

Après la mort de Jacob Gangrenin, et avant le mariage de son fils Jacob avec Lidie Gros-Jean, ils avoient un fief qui fut rendu mâle et femelle.

Lidie, femme de feu Jacob Gangrenin, n'a rien tiré de la succession de son mari.

QUESTION.

Comment la succession de ce jeune homme doit-elle être partagée?

SOLUTION.

L'objet de la succession dont il s'agit consiste dans le bien qu'a pu recueillir de son père, Jacob, qui vient de mourir chez son aïeule.

La loi ne considère ni la nature, ni l'origine des biens pour en régler la succession; ainsi, il n'importe aucunement que les immeubles proviennent d'une ligne ou d'une autre, ou qu'ils aient eu autrefois un titre particulier qui les destinât alors à la primogéniture ou à la masculinité : ces distinctions ont disparu, conformément aux dispositions de la loi.

Il ne s'agit donc que de la consulter cette loi, et d'établir d'abord la qualité des successibles.

Or, le défunt laisse vivante sa mère, une aïeule paternelle et des frères utérins.

Il faut conséquemment fixer le droit des ascendans et des frères.

L'article 748 porte : « Lorsque les père et mère

» d'une personne morte sans postérité lui ont sur-
» vécu, si elle a laissé des frères, sœurs ou des
» descendans d'eux, la succession se divise en deux
» portions égales, dont moitié seulement est dé-
» férée aux père et mère qui la partagent entr'eux
» également.

» L'autre moitié appartient aux frères, sœurs
» ou d'escendans d'eux, ainsi qu'il sera expliqué
» dans la sect. 5 du présent chapitre ».

Ici la mère seule survit à Jacob son fils ; elle ne prend par conséquent qu'un quart dans la succession. A qui appartient le surplus?

Il appartient aux frères seuls, d'après l'esprit et la lettre de l'article 749, qui défère à ces mêmes frères la portion qu'auroit prise le prédécédé.

Cette disposition est répétée dans l'article 751, portant : « Si le père ou la mère seulement ont
» survécu, ils sont appelés à recueillir les trois
» quarts ».

Ainsi, Lidie, mère du défunt, a un quart, et les frères les trois autres quarts, encore bien qu'ils soient utérins.

Ces trois quarts seront partagés entre eux par portions égales, attendu qu'ils sont tous du même lit.

Quoique l'aïeule paternelle représente le père du défunt, elle ne prend aucune part dans la succession. L'article 750 l'en exclut formellement :
« En cas de prédécès des père et mère d'une per-
» sonne morte sans postérité, ses frères, sœurs ou
» leurs descendans sont appelés à la succession, à
» l'exclusion des ascendans et des autres colla-
» téraux ».

La communauté de ménage de l'aïeule n'empêche en rien l'exécution de l'article précédent :

elle a pu également élever, nourrir, entretenir son petit-fils, sans avoir par-là acquis aucun droit à la succession de ce dernier : cette succession est irrévocablement déférée pour un quart à la mère, et pour les trois autres quarts aux frères utérins; et nous le répétons, cet enfant a recueilli tout ce que Jacob, son père, possédoit au moment de son décès.

Point de fait.

Après la mort de Jean Guichard, Marie d'Ozière, sa veuve, renonça à la communauté. Comme tutrice de Jean Guichard, son fils, alors âgé de vingt ans, elle fit procéder à la vente du mobilier de la succession; mais ce mobilier n'ayant pas suffi, à beaucoup près, pour acquitter les dettes, un conseil de famille l'autorisa à vendre des immeubles, soit pardevant notaire, soit par licitation.

Pour éviter les poursuites d'un propriétaire qui avoit affermé des héritages à Jean Guichard père, Marie d'Ozière, toujours en qualité de tutrice, a consenti une obligation, à l'echéance de laquelle la même tutrice n'a pu payer; exécutée en ses meubles et effets, et menacée d'une saisie-réelle, elle vendit conjointement avec son fils, alors encore mineur, mais très-voisin de la majorité, plusieurs petites pièces d'héritage provenant de la succession, moyennant 303 livres, dont 184 livres furent déléguées au créancier poursuivant, et ensuite réalisées. Le surplus fut touché par Marie-Anne d'Ozière.

La vente est de 1778.

Peu de temps après, Houzctot vendit tous ses biens au sieur Cousin. Les lettres de ratification obtenues par ce dernier ne furent scellées qu'à la charge de plusieurs oppositions, ce qui donna lieu à une instance d'ordre devant le baillage de Troyes, et à la consignation du prix de la vente de la part du sieur Cousin.

Le mineur Guichard étant décédé en 1781, le sieur Hounet, son héritier, assigna le sieur Houzetot en désistement d'une ou deux pièces d'héritages à lui vendues par le mineur et Marie d'Ozière.

Cette action fut intentée devant le présidial de la même ville de Troyes.

Le sieur Houzetot soutint la vente valable, mit cependant en cause le sieur Cousin son vendeur, qui, de son côté, appela Marie d'Ozière en garantie.

Toute cette procédure fut dénoncée au poursuivant l'ordre devant le baillage de Troyes.

Le créancier poursuivant présenta sa requête au présidial, dans le courant d'avril 1788, dans laquelle il établit les moyens qui devoient faire valider la vente des biens du mineur. Par cette requête, il demanda d'appeler en cause la dame Marie d'Ozière, et conclut contre elle à toutes fins à la garantie de la vente. Elle a effectivement été mise en cause par exploit du 23 juin 1788.

Depuis cette époque jusqu'au 11 janvier dernier, les deux procédures sont restées stagnantes. Alors le sieur Petit, héritier de Marie d'Ozière, décédée, reprit l'instance en son lieu et place, non à la requête du sieur Honnet, mais bien à celle du créancier poursuivant l'ordre, et plus dans l'intention de recouvrer ses frais que de poursuivre l'ordre.

Par requête du 3 mai dernier, le sieur Petit a

repris l'instance et le fait et cause du sieur Cousin.
Il a employé les moyens produits tant par le sieur
Houzelot, que ceux employés par le créancier
poursuivant l'ordre.

Sur cette reprise d'instance, le 24 mai, intervint jugement par défaut contre Honnet, qui a
été débouté de la demande en désistement, et condamné aux dépens envers toutes les parties.

Sur l'opposition par lui formée, intervint, le
1er. août suivant, un jugement contradictoire qui
annulle la vente, et condamne le sieur Pétit aux
dépens envers toutes les parties.

Ce jugement est rendu en dernier ressort, par
le motif que le présidial s'étoit déclaré compétent le 19 décembre 1785.

QUESTIONS.

1°. Le sieur Petit est-il recevable dans son
appel?

2°. Au fond est-il fondé ?

SOLUTIONS.

L'édit de création des présidiaux leur défendoit
de juger présidialement, ou en dernier ressort,
les affaires concernant le domaine du roi, les eaux
et forets, les immeubles de l'église et des mineurs, etc.

En admettant donc que le Tribunal de première instance ait pu se considérer comme pouvant juger suivant la compétence du présidial,
on ne peut en tirer la conséquence que la disposition, *en dernier ressort*, soit inattaquable; il est
au contraire certain qu'elle renferme une contravention formelle à la loi précitée : cette disposi-

tion auroit été anéantie par le Parlement où l'appel eût été porté ; elle doit l'être également par la Cour, qui a aujourd'hui le même pouvoir.

Il importe peu que les présidiaux pussent, après un jugement de compétence et une estimation, juger jusqu'à la concurrence de 2000 fr., lorsqu'il s'agissoit d'une contestation concernant des particuliers majeurs : dans l'espèce, l'objet litigieux étoit des immeubles d'un mineur, il falloit donc, jugeant présidialement, s'abstenir de prononcer en dernier ressort.

La preuve que le Tribunal n'a pas prononcé d'après les lois constitutives de l'ordre judiciaire actuelles, résulte de ce qu'il énonce avoir suivi les erremens du jugement de compétence rendu le 19 décembre 1785.

L'émanation du jugement étant ainsi fixée, il ne s'agit plus que d'examiner l'espèce quant au fond.

Néanmoins il est bon de se reporter auparavant aux deux instances originairement portées devant le présidial et le baillage de Troyes : la première concernoit la validité ou la nullité de la vente ; la seconde en dépendoit relativement à la valeur des immeubles provenans du mineur.

Par l'événement, les deux causes se sont trouvées jointes en dernier lieu, et le Tribunal avoit à statuer, non-seulement sur ces deux objets, mais encore sur la demande incidente du poursuivant l'ordre contre Honnet, tendant à ce que celui-ci fût tenu, en sa qualité d'héritier du mineur Guichard, de payer, pour sûreté des condamnations à prononcer, toutes les sommes qu'il pourroit devoir à Marie d'Ozière, pour ses reprises et conventions matrimoniales.

A quoi se portoient ces sommes ? on l'ignore ; on ne connoît pas plus la valeur et le revenu des immeubles, d'où il suit que le Tribunal de première instance n'a pu présidialement, ni en vertu de sa compétence actuelle, prononcer en dernier ressort.

Cette disposition devient encore plus choquante lorsqu'on se reporte au jugement par défaut sur l'opposition duquel il a été statué. Ce jugement n'avoit pas été rendu en dernier ressort, alors le Tribunal s'étoit renfermé dans ses pouvoirs ; pourquoi les a-t-il excédés en portant une décision contradictoire ? on ne le conçoit pas ; mais quoique cette différence importante ne soit pas un grief par elle-même, il n'en est pas moins vrai qu'elle aggrave celui qui résulte de l'excès de pouvoir.

Au fond, le jugement est injuste. La validité de la vente se trouvoit établie dans l'espèce, et sanctionnée par un arrêt rendu dans une cause semblable.

D'ailleurs, le motif de décision étoit offert par l'article 159 de la Coutume de Troyes, sous l'empire de laquelle la vente a été faite. Cet article est ainsi conçu : « L'enfant en puissance de père et » mère ou de tuteur, ne peut vendre sans leur » consentement ».

Il est impossible de ne pas induire de cette disposition que le mineur étoit capable de vendre avec la participation de ses père, mère ou tuteur. La prohibition, sans ce concours, constitue nécessairement la faculté d'aliéner avec ce concours ; ainsi, point de doute que la validité de la vente dont il s'agit ne repose sur le texte même de la loi : la raison et l'équité n'en forment pas moins la base.

Il est, en effet, dans l'intention perpétuelle du législateur que l'économie règle toutes les actions de la tutelle. User de formalités dispendieuses, lorsqu'elles peuvent être évitées, c'est donc agir directement contre l'esprit des lois protectrices de la minorité. Les formes sur la matière ont pour objet de ne pas laisser les pupiles à la discrétion des tuteurs mal-intentionnés ; mais lorsque la vigilance active de la partie publique est évidemment onéreuse, ou l'auroit été, alors ne pas la requérir est un acte d'économie et de sagesse. Penser autrement, seroit prêter à la loi des vues stupides, et vouloir que, par des procédés réguliers, on dévorât le patrimoine des orphelins.

Or il est constant, dans l'espèce, que la vente a dû être affranchie des règles générales. La mère tutrice avoit prudemment arrêté le cours des poursuites en vigueur ; par cette vente, elle a prévenu une saisie-réelle, et conséquemment le sacrifice des immeubles, dont enfin, pour conserver le prix actuel, il falloit s'affranchir des formalités. La raison l'exigeoit ; la coutume le permettoit.

L'arrêt cité dans le mémoire produit par M. Chearlin, notaire correspondant du Conseil, est empreint de sagesse. Cet arrêt confirme pareille vente, en considération, 1°. de la modicité de l'objet ; 2°. du silence du demandeur en nullité sur aucune différence entre le prix et la valeur de la chose ; 3°. de l'emploi d'une portion du prix à l'acquit d'une créance sur le mineur, etc.

Même circonstance dans l'espèce ; d'où il suit que les mêmes motifs militent en faveur du consultant.

En ces sortes de matières, la qualité de collatéral n'est jamais une recommandation : un héritier de cette nature se présente toujours sous un aspect odieux, lorsqu'à la place du décédé, il forme une action dont le succès doit rejaillir sur la mère de ce dernier. Le jeune Guichard ne se seroit pas avisé d'établir une pareille réclamation, sans exciter une sorte d'indignation dans l'esprit des juges; à ses droits l'héritier devoit en remplir les devoirs: en violant ceux-ci, il méritoit la même défaveur.

Et comme tous les frais des deux instances proviennent du manque d'égard et d'honneur dont cet héritier s'est rendu on peut dire coupable envers la mère de son parent, le tribunal devoit prendre cet objet en considération, le regarder même comme se confondant avec le capital, et ne pas au moins prononcer souverainement.

Il y a à la fois iniquité, excès de pouvoir. Ce jugement est sujet à l'appel, quoiqu'autrement qualifié.

Le tribunal ne pouvoit juger qn'en première instance, et par la raison qu'il s'est attribué l'autorité présidiale, et par celle que, se renfermant dans ses attributions légales, il n'auroit pas eu le pouvoir de prononcer en dernier ressort sur des objets litigieux dont la valeur n'est pas déterminée.

Le sieur Petit se rendra donc appelant, mais comme l'appel, en soi, n'est pas suspensif dans l'espèce, il faut assigner à bref délai.

QUESTIONS.

La déclaration faite à la municipalité de la commune que l'on va quitter pour aller en habiter une autre, suffit-elle pour opérer le changement de domicile, lorsque non-seulement la déclaration n'a point été faite à la municipalité du domicile indiqué, et que dans le fait le déclarant n'habite pas la commune indiquée?

Dans cette hypothèse, les significations faites à l'ancien domicile sont-elles valides ?

SOLUTIONS.

Le conseil a résolu négativement la première question, et affirmativement la seconde.

Dans le fait, le déclarant, domicilié à Saint-Amant, notifie à la municipalité qu'il quitte son domicile pour aller le fixer à Paris, sans indiquer dans laquelle des douze municipalités de la ville de Paris il entend habiter.

Il ne fait aucune déclaration, ne fait aucun choix ni de l'une ni de l'autre de ces municipalités, et fixe son domicile de fait dans une campagne, à quatre lieues de Saint-Amand.

Les créanciers, après avoir vérifié les faits, font notifier tous exploits au dernier domicile, à Saint-Amand ; ces exploits sont argués de nullité.

L'article 103 du Code Napoléon pose en principe, que deux circonstances doivent concourir à la preuve du changement de domicile : « Le fait » d'une habitation réelle dans un autre lieu joint à » l'intention d'y fixer son principal établissement. »

Que la preuve de cette intention « résulte d'une » déclaration expresse faite tant à la municipalité » du lieu que l'on quittera, *qu'à celle du lieu où* » *l'on aura transféré son domicile.* ».

La loi exige donc cumulativement deux déclarations, l'une faite à la municipalité du lieu que l'on quitte, l'autre à celle où l'on entend prendre son domicile : le défaut de l'une ou l'autre rend comme non avenue celle qui est faite ; ainsi il n'y a point changement de domicile, et toutes les procédures faites et notifiées à l'ancien domicile sont valides.

D'abord la ville de Paris étant composée de douze municipalités, on ne pense pas que celui qui veut changer de domicile, et le transférer à Paris, rempliroit le vœu de la loi, en déclarant simplement qu'il veut établir son domicile en cette ville, mais qu'il doit désigner celle des douze municipalités dans laquelle il se propose de le fixer. Que cette déclaration est principalement exigée pour que celui qui a des notifications à lui faire, puisse connoître le domicile indiqué où il devra s'adresser.

Mais à défaut de déclaration dans aucune des municipalités de la ville de Paris, le changement de domicile n'est point constant, le débiteur n'a point cessé d'avoir son domicile à Saint-Amand ; en conséquence toutes significations faites en ce domicile sont valides comme si elles eussent été faites à la personne même du débiteur.

En vain objecte-t-on que conformément au §. 8 de l'article 69 du Code de procédure, la signification devoit être faite en la personne de M. le procureur impérial près le Tribunal, et affichée à la porte principale de l'auditoire.

Cette forme est celle indiquée par la loi contre les vagabonds, gens sans aveu et sans domicile, mais qui ne peut avoir lieu contre celui qui avoit un domicile connu, et où l'on suppose qu'il a laissé un surveillant pour le prévenir de ce qui seroit fait contre lui, ou avertir du domicile qu'il avoit choisi.

La présomption est plus forte dans le cas particulier où, quittant son domicile, il déclare qu'il va le fixer à Paris, résolution qu'il n'exécute pas à l'instant même, et va habiter une campagne à quatre lieues de Saint-Amand.

On pourroit même supposer un peu de fraude

ou un certain détour dans cette déclaration. Mais il suffit qu'il n'y ait point eu d'élection de domicile, de déclaration à la municipalité indiquée, et exigée cumulativement, pour qu'il n'y ait point eu de changement de domicile, et que toutes les procédures faites à l'ancien domicile soient régulières.

Point de fait.

Le 12 septembre dernier, est mort *ab intestat*, dans la commune de Loone, département de Montenotte, Jacques Rottondo, fils de feu André, ayant laissé après lui son fils André, mineur; Rose, veuve Muno; Claire, femme de Jean Polloo; et Marie-Marguerite, femme de Jacques Vana, ses enfans légitimes.

Les filles susdites ont été mariées avant le 22 septembre 1805, antérieurement au Code Napoléon.

Alors les lois du Piémont et de la Ligurie (en vigueur) excluoient de la succession les filles qui avoient seulement droit à une dot congrue.

Lesdites filles ont été légitimement dotées par feu leur père Jacques Rottondo, au temps de leur mariage, et cependant elles prétendent venir à partage avec leur frère André, encore bien qu'elles aient renoncé dans l'acte de constitution de dot.

QUESTION.

Les prétentions des filles Rottondo sont-elles fondées !

SOLUTION.

Il faut considérer ici la renonciation comme

l'effet des lois qui les excluoient des successions de leurs père et mère.

Il n'est pas douteux que si ces successions se fussent ouvertes sous l'empire de ces droits, que leur frère ne les eût recueillies en totalité.

Il est également vrai que si ce même frère se fût marié, et que par son contrat de mariage il eût été institué héritier universel, à charge de doter ses sœurs, il recueilleroit les successions, et ne seroit obligé qu'au payement de la dot.

Mais la succession dont il s'agit vient de s'ouvrir sous le règne du Code Napoléon. D'un autre côté, il n'existe pas d'institution contractuelle au profit du fils, d'où il résulte que ni les lois anciennes, ni les actes de renonciation qui en furent l'effet, ne peuvent aujourd'hui régler les droits des enfans de Jacques Rottondo.

C'est depuis la promulgation du Code qu'il est décédé, et il est de principe que les successions sont régies par les lois en vigueur. Or, ces lois qui nous règlent établissent une parfaite égalité entre les successibles de même qualité ; et les enfans Rottondo doivent par conséquent prendre chacun une part égale dans le patrimoine de leur père.

Pourquoi les demoiselles ont-elles renoncé ? c'est que, sans cette formalité, elles n'auroient pu recevoir leur dot ; mais on n'en peut conclure qu'elles soient exclues, ni imputer cette formalité à transaction, ni empêcher l'effet du Code actuel, parce qu'elle a pris sa source dans une loi éteinte, et qu'elle n'a pu lier personne relativement à la loi qui ordonne, non pour le passé, mais pour le moment actuel où s'est ouverte la succession.

Point de Fait.

Pierre, tuteur de Denis, a, en 1785, vendu ses immeubles à Jean : ils étoient alors grévés de l'hypothèque résultant de l'administration de la tutelle.

Jean n'a pas obtenu de lettres de ratification sous l'édit de 1771; depuis lors il n'a pas fait transcrire son contrat.

En 1788, Pierre a rendu son compte de tutelle à Denis, et a été constitué débiteur de plus de 4000 livres.

Quelque temps après Denis a fait assigner Jean devant le tribunal compétent, afin de voir déclarer les immeubles qu'il a acquis de Pierre, affectés et hypothéqués aux 4000 liv., reliquat du compte de tutelle de Pierre, et afin de payément de cette somme.

Jean prétend, 1.º que, suivant les dispositions du Code Napoléon, l'action hypothécaire étant abrogée, Denis est non recevable : il se fonde sur l'article 2169 de cette loi; et 2.º sur ce que Denis ne pouvoit exercer d'autre procédure que celle organisée par cet article.

Denis prétend, au contraire, que les dispositions de la loi du 11 brumaire an 7, et celles du Code Napoléon, ne sont pas applicables aux créanciers qui ont hypothèque sur des immeubles vendus en 1785; que les droits de ces créanciers sont acquis depuis cette époque; qu'il n'est pas obligé de faire à cet acquéreur, qui n'a pas purgé, les sommations prescrites par les articles 2169 et 2183 du Code Napoléon. Il soutient, en outre, que bien loin que le Code Napoléon ait abrogé l'action en déclaration d'hypothèque, il la conserve par les articles 2167 et 2168; et particulièrement par l'article 2173, qui porte que le tiers détenteur peut délaisser par hypothèque, après qu'il a subi condamnation en cette qualité, et croit enfin que cette condamnation ne peut être que celle qu'il aura subi sur une demande en déclaration d'hypothèque.

QUESTION.

La demande en déclaration d'hypothèque contre l'acquéreur d'immeubles qui n'a pas fait transcrire son contrat d'acquisition, est-elle abrogée par l'article 2169 du Code Napoléon, ou conservée par les articles 2167, 68 et 73.

SOLUTIONS.

D'après les termes de la discussion qui s'est élevée entre les parties, nous devons commencer ici par une discussion essentielle.

Un droit acquis ne peut être altéré ni modifié par une loi postérieure. Tout le monde connoît le principe qui s'oppose à tout effet rétroactif, et le Code Napoléon nous apprend combien cette règle est inviolable. Ainsi, nul raisonnement à faire sur la question de savoir si la législation de ce règne dispose autrement que les lois ou les conventions précédentes; il faut que les droits acquis ayent tout l'effet qu'ils auroient eu dans le temps où ils ont été conférés.

Mais le mode de les exercer peut varier, et ce ne sont pas les formes prescrites lors des conventions, qu'il faut remplir, si ces formes sont abrogées, mais bien celles qui, depuis, ont été introduites et qui se trouvent en vigueur. On ne procédera donc pas aujourd'hui et désormais comme l'on procédoit sous les ordonnances disparues;

on sera obligé de se conformer au Code de procédure civile ; le fond reste intact, le mode est différent.

Voyons maintenant quelle est notre espèce, et comment elle est régie.

Il s'agit d'un droit hypothécaire qui a suivi et qui suivra l'immeuble en quelques mains qu'il passe, tant et si long-temps qu'il n'en sera pas purgé.

L'action en déclaration d'hypothèque n'est pas littéralement conservée par nos Codes, mais la dénomination d'une chose n'en change pas l'espèce, et nous allons nous convaincre que le défendeur n'élève la difficulté que sur des mots, au fond très-indifférens.

Sous l'ancienne législation, le tiers acquéreur ou le détenteur d'un héritage hypothéqué, étoit tenu ou de rembourser la créance, ou de délaisser le gage hypothécaire. Cette option est encore accordée à tout détenteur qui n'est pas personnellement obligé (art. 2167 du Code Napoléon.) .

L'article 2177 détermine les obligations du détenteur qui n'a pas purgé ; l'article 2168 établit l'alternative de délaisser ou de payer, et l'article 2173 lui accorde l'exercice du délaissement, même après avoir reconnu l'obligation ou subi la condamnation en sa qualité de tiers détenteur.

Il est vraisemblable que si, après avoir assigné le détenteur, il eût offert le payement ou le délaissement, le demandeur auroit supporté les frais.

Mais, s'étant livré à une discussion sur la forme, sans faire une option propre à désintéresser le créancier, la demande a tenu lieu de sommation, et l'action est devenue régulière.

En matière de droit réel, les formalités tiennent

si essentiellement du fond, qu'on ne pourroit ré-
noncer aux unes sans attenter à l'autre, et toujours
on suit la marche qui a été tracée pour cette sorte
d'action, et qui étoit suivie à l'époque où le droit
que l'on exerce a pris naissance.

Nous en avons un exemple dans l'action en déguerpissement : elle ne peut plus naître de conventions actuelles, mais elle s'exerce toujours pour les
conventions antérieures au Code Napoléon, et résultera du bail à rente tant qu'il en existera parmi
nous.

Par parité de raison, l'action en déclaration
d'hypothèque aura lieu tant qu'il s'agira d'un droit
hypothécaire créé avant l'état actuel de la législa-
lation.

Point de fait.

Le sieur Fargin, propriétaire, et non marchand
ni commerçant, a souscrit, le 27 mai 1807, au
profit du sieur de Saint-Horent, médecin, un billet
à ordre de 14,568 fr., pour valeur reçue en numéraire, payable le 26 novembre suivant.

Le sieur Saint-Horent a passé cet effet au sieur
Pradel. A l'échéance, protêt faute de payement.
Assignation, tant au sieur Fargin qu'à Saint-Horent,
pour se voir condamner au payement de ladite
somme de 14,568 fr. Saint-Horent a formé, contre
le sieur Fargin, une demande en garantie. Le sieur
Pradel a obtenu condamnation, contradictoirement contre le sieur Saint-Horent, et par défaut
contre le sieur Fargin. Le même jugement accorde
audit sieur Saint-Horent la garantie par lui demandée.

Il paroît que le sieur Fargin a fait une opposition tardive, et que, pendant le temps qu'il a plaidé, tant en première instance qu'en cause d'appel, il a négligé d'appeler du jugement de condamnation, comme ayant été rendu par un juge incompétent.

QUESTION.

Le sieur Fargin peut-il profiter du bénéfice des dispositions du Code Napoléon, en faisant cession judiciaire de tous ses biens?

SOLUTION.

L'article 1265 du Code Napoléon, qui définit la cession des biens, n'y admet pas exclusivement les marchands et les négocians : il n'excepte personne. Tout le monde peut en invoquer avec succès le bénéfice, excepté le stellionataire, le banqueroutier frauduleux, ceux qui ont été condamnés pour vol ou pour escroquerie, les comptables pour les deniers qu'ils ont reçus, les tuteurs, les administrateurs ou dépositaires pour les fonds qu'ils ont reçus en cette qualité, et enfin les étrangers.

Telle est l'énumération des cas, il n'est pas permis de se libérer de la contrainte par corps, moyennant l'abandon des biens du débiteur condamné.

Si la cession n'étoit introduite qu'en faveur des négocians, on ne trouveroit pas dans la loi cette définition générale : « Cet acte est l'abandon qu'un » débiteur fait de tous ses biens à ses créanciers, » lorsqu'il se trouve hors d'état de payer ses dettes. »

D'ailleurs, remarquons bien qu'il est dit : « Un » débiteur, et non un *négociant* débiteur. » Remarquons encore que le Code Napoléon, en spécifiant tous les cas où la contrainte par corps peut être prononcée en matière civile, les a presque tous exceptés du bénéfice de la cession des biens. Il faut donc en conclure que tout débiteur hors de ce cas, qui a été condamné par corps, doit obtenir le secours de la cession, parce qu'il faut entendre la loi avec l'effet et dans toute l'étendue de la faveur qu'elle peut offrir à l'infortune.

On peut même soutenir avec raison que la disposition dont il s'agit a été particulièrement consacrée à la classe de ceux qui ne sont pas dans le commerce, mais qui ont souscrit des effets de nature à les rendre, pour cette cause, justiciables des tribunaux consulaires. Pour les négocians, en effet, il existe une législation spéciale, un mode et des règles destinés à leur faciliter, soit un attermoiement, soit une cession, et à les préserver de la contrainte par corps.

Point de fait.

Le 1.er complémentaire an 12, le sieur Raverol, qui s'étoit le même jour rendu adjudicataire d'un immeuble national vendu par l'autorité administrative, fit l'élection de command en faveur des sieurs Gouin, Chamard, Tardy, Desjoyaux et Rullière.

Cet acte ne fut signé que des quatre premiers, le sieur Rullière n'a pu, ni n'a pas voulu être un des acquéreurs.

Cet acte, rédigé pardevant notaire, fut enregistré le même jour; et, dans le certificat délivré par le receveur de l'enregistrement, on trouve que Rullière étoit au nombre des acquéreurs.

Cependant les noms, profession et demeure du sieur Rullière se trouvent rayés et raturés sur la minute de cet acte.

Le sieur Raverol est convenu, devant le juge de paix, qu'il avoit lui-même rayé et biffé le nom de Rullière, et il a signé sa déclaration.

Les quatre acquéreurs ont joui pendant près de vingt mois de l'immeuble à eux adjugé.

Mais ils n'ont point fait les payemens par eux stipulés.

L'administration a fait revendre à la folle enchère, sur le sieur Raverol qui n'avoit pas, on ne sait pourquoi, fait notifier l'élection de command qu'il avoit faite.

L'immeuble a été revendu pour une somme inférieure à celle portée dans la première adjudication.

Le sieur Raverol a été poursuivi en payement de la différence.

Il avoit, pendant le délai de l'adjudication sur folle enchère, dénoncé les poursuites aux sieurs Chamard, Tardy et Desjoyaux ; et, depuis l'adjudication, il a formé contre eux une demande, pour les faire condamner solidairement à la garantie de toute perte, frais et faux frais de ladite revente à la folle enchère poursuivie sur sa tête, faute par eux d'avoir acquitté le prix de l'adjudication dont ils étoient tenus par suite de la déclaration de command, du 1.ᵉʳ complémentaire an 12, en 10,000 fr. de dommages et intérêts, et à l'impression et l'affiche du jugement.

QUESTION.

L'article de command est-il nul ?

SOLUTION.

L'affirmative est certaine.

Une élection d'ami, un acte de command est un

24

véritable acte de vente : il en a tous les caractères,
et il produit les mêmes effets.

Quand l'élection est faite en faveur de plusieurs
comme dans l'espèce, chacun doit accepter cette
élection, et s'oblige solidairement avec les autres,
à remplir toutes les obligations stipulées, soit dans
l'acte de vente, soit dans celui d'élection de command. Or, le sieur Rullière ne s'est pas obligé, il
ne peut être tenu à aucune charge ; la nullité de
l'acte ne peut actuellement être invoquée par les
autres acquéreurs.

Mais il paroît que Tardy, Chamard et Desjoyaux
ont joui entre eux, et avec le sieur Gouin, tant
qu'il a vécu, de l'immeuble à eux cédé ; qu'ils en
ont perçu les fonds et revenus ; qu'ils ont acquitté
quelques-uns des droits auxquels cette acquisition
donnoit ouverture ; qu'ils ont fait procéder à la
démolition, vente ou partage entre eux d'une partie des matériaux. Ils ont donc joui.

La jouissance qu'ils ont eu entre eux quatre de
l'objet vendu, le partage qu'ils ont fait du produit des fonds ou revenus et des matériaux, prouvent évidemment qu'ils ont voulu entendre être
seuls acquéreurs de l'objet qui leur étoit vendu ;
qu'ils n'ont plus voulu y admettre ni le sieur Rullière, ni ses représentans ; qu'ils avoient voulu profiter de l'accroissement que leur procuroit le refus
ou le silence du sieur Rullière ; enfin, qu'ils avoient
consenti à ne plus être que quatre acquéreurs au
lieu de cinq.

Un acte de vente, pour être parfait, n'a pas
besoin d'être rédigé par écrit ; il peut être fait,
dit le Code Napoléon, par acte authentique ou
sous signature-privée, ce qui suppose la faculté de
faire une vente verbale ; mais dans ce cas, s'il sur-

vient quelque contestation entre les parties contractantes, la preuve de la vente ne pourra être admise, si le prix de la vente excède la somme de 150 fr., si l'acte de vente est parfait, la propriété est acquise de droit à l'acheteur.

A l'égard du vendeur, dès qu'on est convenu de la chose et du prix; à plus forte raison lorsque la chose vendue a été livrée, et que l'acquéreur en a joui comme acquéreur et en vertu du contrat de vente.

Or, cette jouissance opère une fin de non-recevoir qu'il est impossible de détruire, et que le sieur Raverol doit opposer avec courage, persévérance et confiance dans les Tribunaux.

Le consultant doit d'autant plus avoir une pleine confiance dans la fin de non-recevoir, qu'il ne paroît pas que la revente ou l'élection de command lui ait procuré aucun bénéfice; qu'il n'a fait que les fonctions de mandataire, et que dans ce cas il doit être non seulement remboursé de tous les prix, avances et déboursés qu'il a pu faire, mais qu'il doit être garanti, par ses commettans, de toutes les condamnations qui peuvent être prononcées contre lui, à cause de l'inéxécution de ses mandans, des obligations qu'ils avoient contractées comme mandataires.

QUESTIONS.

Dans le partage d'une succession où il existe des mineurs, lorsque les droits des co-partageans sont inégaux en quotité, comme s'il existe des enfans de deux lits, peut-on faire le partage par attribution?

La loi s'oppose-t-elle à l'homologation du rapport des experts qui ont proposé un pareil partage.

SOLUTIONS.

Le partage de l'héridité entre cohéritiers, n'est que l'exercice du droit réciproque qu'ils ont de prendre chacun une portion séparée, égale aux droits qu'ils ont sur la masse indivise entre eux; droit qu'ils exercent par suite du principe que nul ne peut être contraint à demeurer dans l'indivision, et que toute stipulation prohibitive du partage, est regardée comme non écrite. Liv. 14, §. 2, *Comm. Divid.*

Telle est la disposition de l'article 815 du Code Napoléon, qui n'est que la version de l'article 43, §. *Fam. Erscis* : et de la L. 8, *Cod. Eodem, Comm. Div.*, et l'art. ultim., *Cod. Eodem.*

Arbitrum familiœ erciscundœ vel unus petere potest. Nam provocare apud judicem, vel unum hœredem posse palam est igitur et prœsentibus cœteris et invitis, vel unus arbitrum poscere.

Jusque-là point de difficulté; mais l'article 834 veut *que les lots*, soit qu'ils soient faits par l'un des cohéritiers ou par experts, *soient tirés au sort*, l'inégalité qui existe entre les cohéritiers, apportant de l'inégalité dans les lots, il seroit impossible d'exécuter cette disposition de la loi, et sera-t-on forcé de procéder à la licitation prescrite par l'article 827, en cas que le partage ne puisse se faire commodément?

Non : c'est dans l'ensemble des dispositions de la loi qu'il faut en saisir l'esprit. Que veut le législateur? Que le propriétaire ne puisse être forcé de rester en société; il veut qu'il obtienne divisément sa part, et n'ordonne la licitation que dans le cas où le partage ne pourroit se faire commodément.

Mais la licitation, surtout en cas de minorité de l'un des copartageans, ne peut être ordonnée qu'après qu'on a épuisé tous les moyens de donner au mineur sa portion en nature même, et, comme le dit la loi, à moins qu'il ne soit évident que c'est pour le plus grand avantage du mineur. *Nisi sit evidens utilitas pupilli.* Lib. 17, *Cod. de Præd,* et *Al. Reb. Min.*

Aussi l'article 824 du Code Napoléon veut-il que l'estimation des immeubles soit faite par experts; que leur procès-verbal présente les bases de cette estimation, qu'il indique de quelle manière l'objet peut-être commodément partagé, et qu'il fixe chacune des parts qu'on peut en former.

Ainsi, dans le cas du partage concurremment avec des mineurs, et dans l'hypothèse où il y a inégalité de droits entre les copartageans, les experts, après avoir fait l'estimation générale des immeubles, peuvent attribuer à chacun des lots les fonds qui doivent y entrer, d'après les droits des parties; fixer en un mot chacune des parts qu'on doit en former, et l'attribuer à celui des cohéritiers auquel elle appartient pour le remplir de ses droits.

Le partage fait dans cette forme ne pourra jamais être attaqué par les mineurs, puisque c'est pour l'intérêt de leurs droits, et pour leur conserver leur propriété, qu'on procédera au partage par portions inégales, pour leur attribuer celle qui leur appartient.

Ainsi, dans l'espèce soumise à la décision du conseil, point de doute que le procès-verbal des experts, qui attribue aux mineurs des immeubles de l'hérédité proportionnellement à la part qui leur appartient dans la masse commune, ne doive être homologué, l'attribution qui leur est faite d[u] lot, étant la suite nécessaire de l'inégalité du par[tage].

Point de fait.

On va voir une demoiselle passer du temple de l'amour, avec un nouvel objet, dans les bras de l'hymen, dont elle éteindra le flambeau par le divorce, pour retourner à ses premières liaisons; ensuite elle foulera aux pieds ces guirlandes que le temps n'avoit pu flétrir, pour reprendre les liens qu'elle avoit méprisés et rompus; ensuite les époux, solemnellement unis, scandaleusement divisés, **et** réunis par la vengeance et la rage, poursuivront l'amant au civil, puis à la police correctionnelle, sous prétexte qu'il a escroqué à la femme, tour à tour amante, épouse infidelle, repentante ou vindicative, des meubles, des bijoux et du numéraire, à l'aide d'espérances chimériques, c'est-à-dire, de sermens d'amour et de promesses de mariage; enfin, *la correspondance brûlante* des amans deviendra, dans les mains de l'époux, l'arme la plus étrange dont puisse se servir un homme qui agit de concert avec sa femme adultère.

En 1786, M. D.... vint de sa province à Paris, pour respirer l'air de la capitale, et se former dans la bonne compagnie. Alors il avoit vingt ans, son cœur étoit neuf, et susceptible des plus tendres, des plus profondes impressions.

A cet âge, loin d'éviter les traits de l'amour, on s'y livre soi-même : M. D.... en fut bientôt blessé, et c'est mademoiselle St... qui remporta ce facile triomphe, sous le beau nom de Virginie. Elle avoit vingt ans aussi, de grands yeux bleus pleins d'ex-

pression, des cheveux et des sourcils bruns parfaitement dessinés ; elle réunissoit à la fraîcheur de
son âge tous les attraits de son sexe ; elle savoit
plaire, séduire, aimer ou persuader ; en un mot,
elle ressembloit à ces divinités que crée l'imagination pour calmer et charmer le cœur dans ses premières inquiétudes.

Enivré de sa conquête, le jeune homme ne son-
gea pas que son bonheur pût jamais être troublé ;
il ne lui vint pas dans l'esprit que, sans la pudeur,
la beauté est toujours l'écueil de la vertu, et que,
sans l'une et l'autre, l'amour n'est qu'un foyer de
corruption. Il ne réfléchit pas sur les suites d'une
liaison qui pouvoit l'abreuver d'amertume et l'ac-
cabler de regrets. Pour résister à tant d'appas et
prévoir tant de chagrins, il lui auroit fallu toute sa
raison, et il étoit dans le délire ! Il lui auroit fallu
de l'expérience, et il débutoit dans le monde !

Avec l'expérience acquise dans la province, on
n'est pas à l'abri des méprises dans la capitale. Dans
les villes ordinaires, les personnes et leurs actions
sont connues, l'opinion exerce une censure austère
et vigilante, qui classe sur trois lignes distinctes les
femmes honnêtes, les femmes équivoques et les
femmes corrompues : là, l'hommage du public en-
courage les impressions tendres, comme le blâme
ou le mépris étouffent des goûts qui ne pourroient
sans opprobre devenir des passions : là enfin, cette
autorité morale est le frein de la jeunesse et le repos des familles. Mais dans la capitale, cette précieuse boussole se perd dans la confusion. Ici, la
vertu édifie dans un cercle étroit, où, dans la re-
traite, elle devient nulle pour l'exemple. Ici, la licence et la dépravation choquent, mais elles ne font
noter personne ; les femmes les plus souillées con-

servent la perfide ressource de jouir tour à tour
des fruits de la prostitution et du prix de l'honnêteté. Caméléons redoutables, elles ont l'art d'as-
sortir leur rôle aux personnages avec lesquels elles
figurent. Obscènes avec le libertin grossier, dé-
centes et sentimentales avec l'homme délicat, ces
femmes ont des appas pour les sens dépravés, et
des piéges pour les cœurs honnêtes ; et tel est le
déplorable effet du mystère qui recelle à Paris la
notoriété honorable ou fâcheuse, qui forme ailleurs
les réputations ; que la fille qui seroit en province
un objet d'infamie, peut à Paris exciter l'intérêt
d'un homme estimable, le captiver et l'entraîner
dans le plus dégoûtant précipice.

Faut-il transformer quelques indices inquié-
tans ! soudain une fable embellit le désordre même ;
et, par exemple, une prostituée malheureusement
féconde, déplore avec art les égaremens d'un
époux imaginaire : une fille qui a fui sa famille
pour s'abandonner sans obstacle à la licence, ra-
conte qu'elle n'a trouvé d'asile contre le despo-
tisme paternel, et pour se soustraire à une alliance odieuse, que dans le sein d'une amie dont
les ressources sont épuisées. Une larme acrédite
le roman, et devient une éloquente persuasion. On
attendrit pour aveugler, et souvent la dupe n'é-
chappe à l'artifice, que pour rester en proie à la
calomnie.

Sans appliquer à la demoiselle......... cette
digression utile, elle avoit quitté sa famille, domi-
ciliée à Paris, pour habiter une chambre garnie.
Elle y vivoit avec une amie, comme elle sans état,
sans fortune, voloit de plaisirs en plaisirs, du spectacle au bal, et recueillant partout les hommages
que l'on adressoit, plus alors encore qu'aujourd'hui,

à l'élégance qu'à la beauté. Quelle étoit donc la source de cette parure dispendieuse ?

La facilité avec laquelle elle se lia avec M. D.... nous explique cette énigme. L'aborder, lui faire agréer une longue entrevue, d'abord dans un café, et de-là au spectacle ; lui faire une déclaration, lui proposer des services que vulgairement on appelle entretiens, en conclure et régler les conditions : tous ces préliminaires d'une liaison formelle, furent l'effet d'une soirée.

QUESTION.

Les promesses de mariage que prétend avoir reçues cette fille, et la prétendue célébration au pied des autels, lui donnent-elles l'état de femme du sieur Le.... ?

SOLUTION.

La conduite de la demoiselle Virginie la range perpétuellement parmi les prostituées. Les promesses et la célébration qu'elle reclame ne pourroient pas être efficaces pour une demoiselle honnête, abusée ; à plus forte raison pour une fille qui a perdu toute espèce de pudeur, d'intérêt et d'estime.

Extrait d'un Discours sur l'éloquence, prononcé par un Membre du Conseil.

L'orateur considère l'art de persuader dans quelques-unes des parties principales qui le composent ; il le suit rapidement dans plusieurs de ses moyens, et dans ses rapports avec l'art de parler.

« L'art de persuader, dit-il, a une affinité si

grande avec l'art de parler, leurs rapports sont si vrais ; il y a une conformité, une union si parfaite entre eux, que, semblable à des jumeaux entre lesquels l'œil n'aperçoit aucune différence, l'esprit, souvent entraîné, leur adjuge indistinctement le prix.

» Mais, si l'on vouloit considérer ce qu'est en lui-même l'art de parler, on se convaincroit qu'il n'est réellement qu'une faculté plus étendue chez quelques-uns qui, par l'effort d'un travail soutenu, conduit à l'art bien supérieur de persuader, qui pour lors est la faculté de parler perfectionnée. Le bouton qui commence à se développer est loin encore d'offrir aux yeux la fleur qu'il annonce ; chaque chose a son mouvement de progression ; ce n'est que par lui qu'elle arrive au but où elle tend. Cette progression est celle qui manque à l'art de parler : tout le monde parle, chacun attache de l'importance à cette faculté ; et, comme nous sommes naturellement portés pour tout ce qui nous donne de nous une idée plus flatteuse, chacun se croit supérieur en parlant, et en possession du droit de persuader ; mais il n'est pas moins vrai qu'entre l'art de parler et l'art de persuader, il y a encore une différence aussi grande que celle du fruit le plus vert au fruit parvenu à sa maturité ; elle est telle que l'un commande partout la victoire ; car que n'obtient pas l'art de persuader ; et, sans lui, qu'est-ce que la parole ? Sa supériorité est donc évidente ; il a conséquemment des parties principales qui tiennent à lui, qu'il faut connoître ; des moyens d'où il tire ses avantages, qu'il faut étudier. Conséquemment on a trop confondu ces deux rivaux ; on a trop légèrement décerné à l'un les honneurs du triomphe qui appartient à l'autre.

» Dans la bouche de l'orateur, la parole est un javelot sûr, lancé par la main d'un archer adroit; dans celle d'un homme ordinaire, elle devient un simple instrument qui résonne sous la main d'un écolier. Disons-le, le principe de l'harmonie universelle, de toute intelligence, réside dans l'art touchant de persuader. A la chaire, au barreau, au théâtre, à la tribune, ce triomphe est celui qu'on ambitionne le plus. L'art de parler est donc insuffisant, puisqu'il est des connoissances à acquérir, autres que celles qu'enseigne la rhétorique, puisqu'elle laisse des découvertes à faire, des moyens à trouver, des victoires à remporter, d'autant plus nécessaires au barreau surtout, que c'est là où l'orateur ne doit combattre que pour vaincre. »

L'orateur pénètre ensuite dans les secrets de l'art ; il découvre que les agrémens, l'invention, la clarté, sont des parties principales de l'art de persuader, qu'il définit ainsi :

« Persuader, dit-il, c'est s'armer du caractère de la vérité; c'est porter le jour au milieu des ténèbres, c'est mettre l'évidence sur le siége, et à la place de l'erreur. Lorsque la vérité a secoué son flambeau, il faut que l'opiniàtreté elle-même cède; elle affecteroit en vain de détourner la vue de la lumière qui la poursuit, il faut qu'elle se rende. La parole ne peut démentir les preuves, l'esprit ne peut repousser cette clarté; ainsi les argumens sont les armes de l'orateur, et la clarté prépare son triomphe.

» Quels obstacles, quels efforts, quelle résistance tiennent contre cet art, si infini qu'il embrasse tout, qu'aucun sujet, qu'aucune conquête ne lui sont étrangers ! Comme un torrent, il entraîne ; comme un beaume, il guérit, il désarme, il adoucit, il concilie, il va chercher les passions, il les remue, il les met de son parti ; c'est lui, dans le champ de la gloire, qui double le courage : suivons-le dans le sanctuaire des lois ; il est l'apôtre de la vérité, il brise le stylet du mensonge. A la tribune, il mesure la terre ; il décide les intérêts des peuples et des rois. Au théâtre, il est l'effroi du vice et l'egide de la vertu ; et sur le mont sacré qu'habite Polymnie, il moissonne encore les palmes que sa main décerne aux talens qui se sont voués à l'immortalité.

» Heureux qui combat avec les armes de la persuasion, il est bien sûr de vaincre ! Mais à quelles mains cet art daigne-t-il les confier ? Est-ce à l'orateur prolixe, à l'énergumène, au Stentor dont la voix fulminante écrase l'attention ; à celui dont les mouvemens extraordinaires montrent la foiblesse ; à celui dont la volubilité n'imprime que le son des paroles ? Non, mais à l'orateur sage qui s'est rendu le confident intime de l'art, qui a su mesurer justement son étendue et sa profondeur, qui enfin a étudié les arts sans nombre, dont il est l'art principal.

» Quelle victoire le suit, lorsque, lancé dans l'arène par un détour adroit et permis, il cède tout-à-coup à la résistance qu'on lui oppose, il feint de se plier à la nécessité ! Guidé par le flambeau de son génie, il se rapproche de ses adversaires, il paroît sans armes, il s'empare de la confiance, il étudie les caractères, les humeurs, jusqu'aux légers penchans ; comme un jour doux qui s'est glissé dans des yeux délicats, qui les rassure en même temps qu'il les éclaire, il arrive aux passions qu'il caresse ; il les flatte ; et, répandant sur elles la vapeur d'un encens délicieux qu'il a su préparer, il les endort avec une voix enchanteresse; puis, s'armant soudain du caractère imposant de l'auguste vérité, il la montre sous ses propres traits; embellie des charmes de l'éloquence, elle parle, on se tait; il saisit ce moment propice; il frappe alors des coups sûrs et rapides, il tonne...... il ne permet plus de respirer.

» Quel triomphe pour lui ! il a produit tout ensemble l'étonnement, le silence, l'admiration, l'ivresse; les cœurs ont été émus, les esprits soumis. Il a conclu; les juges se regardent; ils ne se fient plus à leurs lumières. C'est un innocent condamné qu'il a rendu à la vie; une veuve opprimée dont il a été le libérateur et l'appui; un orphelin dépouillé dont il s'est rendu le père; la vérité blessé qu'il a vengée; l'état qu'il a défendu dans les droits d'un citoyen, contre l'état lui-même. Il a persuadé, il a vaincu; son nom est porté sur l'aile de la renommée; et sa gloire ne l'abandonne, à son dernier moment, que pour le faire revivre, de siècle en siècle, dans la postérité. »

Après ces effets de l'art de persuader, l'orateur a développé deux des moyens qui sont à son usage, la disposition et l'exorde, les ornemens naturels et artificiels.

« Il n'est aucun orateur, dit-il, qui ne se propose de gagner la faveur de son auditoire et d'enchaîner son attention. Elle dispose l'esprit à recevoir les impressions de la vérité; il se rend docile lorsque l'on sait l'intéresser, et rien n'échappe à celui qui s'attache aux choses qu'il veut connoître. C'est par la précision d'un exorde lumineux, formé de ce qu'il y a de plus éclatant et plus élevé dans le sujet, que l'orateur obtient la faveur qu'il ambitionne, et qu'il écarte déjà les nuages qui viendroient à répandre de l'obscurité dans son discours.

» Mais aussi l'écueil est près du port; le pilote qui, par une confiance aveugle, s'abandonne à ses propres forces, s'expose au naufrage, dont il se garantit difficilement dès qu'il a perdu de vue le fanal placé pour lui servir de guide. L'orateur court le même danger, s'il promet plus qu'il ne peut tenir. S'il prend un vol trop hardi, il rend sa chute pour ainsi dire inévitable ; elle est d'autant plus cruelle, qu'il devoit la prévoir, qu'il ne pouvoit pas ignorer qu'une assurance téméraire indispose. Un auditoire est semblable à la coquette qui ne tient aucun compte de ce qu'on a fait pour elle, qui seulement veut qu'on ne néglige aucun moyen de lui plaire, et qu'on attache le plus haut prix à la moindre faveur. La modestie, cette qualité qui donne un nouveau lustre au talent, est donc la sauve-garde de l'orateur ; elle est un bouclier impénétrable aux efforts d'une prévention injuste, aux traits d'une critique envenimée ; car la vérité elle-même ne toucheroit plus, si elle cessoit d'être modeste. Ainsi elle doit se montrer, dans le précis d'un exorde, comme un des moyens qu'emploie l'art de persuader.

» La disposition, d'un autre côté, fait une loi de se rendre difficile sur le choix des circonstances qui accompagnent et servent au développement de l'action. Toutes ne sont pas toujours égales, il en est qu'il convient de taire; d'autres sur lesquelles on doit passer légèrement, ou ce seroit une mal-adresse, la vérité qui seroit mal présentée deviendroit funeste. C'est toujours une imprudence de provoquer et de hâter un jugement;

on ne revient que difficilement au but, lorsqu'il est dépassé. La disposition ne permet que ce qui est utile ; elle est, ainsi que la précision et la probabilité, le plus sûr rempart d'un orateur.

» Il est précis, si, après avoir dit ce qui étoit indispensable, il n'a dit que ce qu'il falloit ; il est clair par la même raison ; parce que la clarté résulte de la précision. Quand à la probabilité, elle est réellement inhérente au discours, puisque l'orateur chargé d'énoncer la vérité, ne peut trouver qu'elle qui lui ressemble, ni qui se rapproche autant d'elle.

» Celui-là est sûr de persuader, qui, après avoir médité profondément son sujet, en a formé son exorde ; qui s'est assuré, dans la disposition, de n'isoler aucune circonstance ; qui a su justifier celles qu'il rapporte par le concours de celles encore qui y sont jointes, après s'être rendu difficile sur le choix ; et enfin qui a su répandre, mais avec autant de sagesse que de goût, sur un travail déjà perfectionné, les ornemens propres à en rehausser l'éclat.

» On juge du bon état d'une plante par les fleurs qu'elle produit, on juge par les ornemens semés dans un discours, de la justesse et du goût de l'esprit qui l'a composé. Ce qui se rapproche d'un état de perfection, a le signe évident d'une supériorité. Ainsi la beauté est une perfection, comme elle est la fleur de la santé : considérée par rapport au jugement qu'il faut en porter, elle est ce qui plaît à qui sait juger raisonnablement. De-là ce qui plaît, comme ce qui est fait pour plaire, persuade ; le plaisir naît du rapprochement des images présentées, et de la vérité qui brille dans leur peinture ; et comme la vérité n'est qu'un parfait rapport de la peinture avec les choses, c'est elle qui plaît. Aussi, lorsque la conformité est parfaite, l'orateur n'a rien laissé à désirer.

» Concluons donc que, dans un discours, il n'y a de véritablement beau que ce qui est utile, parce que ce qui est utile est vrai, et que ce qui est vrai, persuade. Ainsi, des ornemens qu'on ne peut retrancher dans un discours sans l'affoiblir, parce qu'ils y sont amenés, qu'ils tiennent au sujet, qu'ils parent le style, en garantissent le succès et la durée, comme les colonnes d'un édifice, et qui en font l'ornement principal, qu'on ne pourroit abattre sans le détruire.

» Il est encore des ornemens dont on use comme d'un fard innocent, que l'on nomme artificiels. On en rencontre à chaque pas chez les orateurs les plus distingués. Lorsqu'ils ont été semés avec art, ce sont des stations pour l'esprit qui s'y arrête et se délasse; le goût même s'en nourrit; il est attiré à l'école de l'instruction par l'attrait du plaisir. Lorsqu'on a dit ce qui est nécessaire, il est juste de se livrer à ce qui est agréable; la nature elle-même se joue dans ses productions; en donnant même des fleurs, les arbres ne portent pas tous des fruits ».

Joignant l'exemple au précepte, la grace du débit à la force du raisonnement, l'orateur a facilement persuadé son auditoire, et de la vérité de ses principes et de son mérite personnel.

Fin du premier Volume.